本研究受以下项目资助：

国家社会科学基金项目“新生代农民工的婚恋模式及其风险应对机制构建研究”（14CSH029）

河南省高等学校哲学社会科学研究优秀学者资助项目："农村社会学、三农问题"(2016-YXXZ-14)

河南省高等学校青年骨干教师培养计划项目“城镇化背景下的农民工家庭再生产研究”（2017GGJS039）

河南农业大学社会治理创新研究中心项目“农民工的家庭再生产：要素、资源与出路”（2017-SG-05）

—— 特此致谢！

Marriage
and
Love
Transformation

婚恋转型

新生代农民工的婚恋实践

The Marriage and Love Practices of
the New Generation
of Migrant Workers in China

宋丽娜 ———— 著

社会科学文献出版社
SOCIAL SCIENCES ACADEMIC PRESS (CHINA)

序

被困的自由婚恋

本书有点像一部婚恋大片。作者基于深度访谈资料呈现的婚恋情节,生动展现了农村青年务工者婚姻恋爱过程中的困惑、焦虑和无奈。书中论及的闪婚闪离、高额彩礼、跨省婚姻、婚姻失败等现象,现实中有无数农村青年正在经历。作为当局者,他们共同演绎着青年务工群体的婚恋困境。

一

2008 年我在浙西农村调研时遇到一个案例。东子是 80 后,在杭州打工时与河南姑娘晓芳热恋,年底把晓芳领回家过年。东子父母得知晓芳怀孕两月有余,甚是欢喜。母亲悉心照料,诚惶诚恐。家里买了许多烟花,那个除夕之夜格外绚丽。

初一早晨,来自河南的长途电话打破了幸福气氛。晓芳父母坚决反对这门婚事,命令女儿立即回家。当时全国正遭遇大范围降温降雪灾害,回家的长途汽车已经停运。无奈之下,晓芳父母让亲戚从河南农村开车长途跋涉,不顾冰雪路况,十万火急地把晓芳接走。看着汽车远去,东子父母心中百般滋味,想起准儿媳肚子里的孩子,心痛不已。

晓芳走后,就再也联系不上了。

此后,东子又和云南农村的春燕恋爱。二人通过网络认识,不久春燕怀孕。女方父亲勉强同意婚事,二人很快结婚。只是孩子不到两岁的时候，两人闹矛盾，春燕离家出走，去杭州打工，长期分居后办了离婚手续。此后，东子又谈了几个女朋友，分分合合，曲曲折折，都没能成婚。目前孩子由爷爷照顾（奶奶已去世），东子则间断性打工，三代三口之家生活困顿。

东子的故事并非特例。这种农村男青年的婚恋困境，在中西部农村地区更加突出。许多老年人感叹：好不容易花大价钱讨个儿媳妇，生了娃，儿媳妇一走，这个家几乎就算毁了。

二

婚恋困境中，农村务工女青年也有自己的苦恼。在外打工期间，她们确实拥有自由恋爱的机会，勇敢追求和品味属于自己的爱情。遗憾的是，在从夫居婚姻模式主导下，农村务工女青年超出婚姻圈（特别是跨省）的自由恋爱，往往面临着巨大风险。第一，自己父母大概率反对，不希望女儿远嫁。第二，即便男方父母不反对，但这种家庭往往经济困难，不好娶媳妇。自己如果选择忠于爱情，就要提前做好在男方家乡过苦日子的心理准备。第三，突破层层障碍后的异乡婚姻生活，因为缺少娘家的多元支持，特别是在面对矛盾和压力时孤立无援，就会不断抱怨自己嫁得太远。婚后每次不如意，都会催生更多悔意。心浮气躁事端多，婚姻稳定性更低。

人们常说婚姻是爱情的坟墓，但对于大部分农村外出务工女孩来说，婚姻中的最大隐患不是琐碎日常消磨了爱情，而是其恋爱和婚姻往往发生在不同场域，难以统一。务工期间的恋爱大多发生在异乡城镇，奶茶的甜蜜、咖啡的香醇、玫瑰的艳丽、逛街时的愉悦、KTV里的欢快、酒吧里的沉醉，这些和现代都市恋情高度匹配的消费模式和生活方式，伴随着青春躁动和荷尔蒙释放，对农村青年男女来说是最深刻的洗礼和启蒙。大部分务工女孩带着这些感受和想象回到乡村过日子，难免会产生巨大落差。无论在物质上还是精神上，都容易形成另一种意义上的文化震惊。

也许更可怕的是，一些务工女孩在经历男友死缠烂打、费尽心机追求后坠入爱河，可能怀了孩子，甚至生下了孩子，直到跟准老公回准婆家时才发现，在城里衣着光鲜、出手阔绰、情话绵绵的潇洒青年在老家其实生活窘困，可能只有一间半土房、几亩地和多个未婚兄弟。相比刚才说的城乡生活落差，这简直是更为沉重的打击，更夸张地展现着农村务工女孩恋爱与婚姻之间的对立、冲突甚至分裂。

<h2 style="text-align:center">三</h2>

针对青年农民工婚恋中的种种失范问题，我们不能用泛道德化视角去审视和评价。他们正在经历一种新的，被流动、分化、非均衡、城市化、市场化、不确定性裹挟着的巨大婚恋转型。这种婚恋实践并非传统婚恋模式所能解释，需要新的分析框架。正是从这个角度来讲，本书具有重要的理论意义。作者通过婚备竞赛、婚恋技术主义、婚恋风险、婚姻失败、工厂恋情等概念，构建了一个"发展主义、婚姻市场与婚恋转型"的整体性框架，用于分析新生代农民工的普遍性婚恋困境。

基于这个理论框架，我们可以发现：当前新生代农民工婚恋生活中的种种痛苦、焦虑、失范以及非理性，都源于婚恋转型中深层次的结构性矛盾。第一，青年农民工的婚恋生活具有两栖性。恋爱在城，成婚在乡。婚恋关系高度嵌入城乡关系之中，这种二元属性在当前社会经济条件下更大程度地影响着务工青年的婚恋命运。第二，全国劳动力市场和婚姻市场都处于高度分化之中，地域之间愈发不均衡，进一步诱发农民工群体的婚姻压力和婚姻风险。第三，身处婚恋困境的青年务工者及其家长为了应对婚姻压力和风险，避免婚姻失败，纷纷采取更高强度的经济支持和婚姻干涉。这些基于个体家庭理性的婚姻风险应对策略，反而容易诱发群体非理性，不同程度加剧婚恋转型的速度和婚姻失范的强度，风险被进一步放大。总之，当代中国农村新生代农民工的婚恋困境，是在劳动力城乡间周期性流动、农村社会分化加剧、婚姻市场竞争激烈、家庭发展高度卷入城镇化、家庭发展压力剧增等因素共同作用下的综合症候。

本书作者的深层思考在于："半工半耕"生计模式中，农村青年的婚姻家庭秩序的变迁逻辑和动力机制是什么？农村青年的美好家庭生活秩序何以可能？这些都是非常重大的理论和现实问题。

我们欣喜地看到，近年来，中国家庭社会学研究不断涌现出新成果，特别是在农村婚姻家庭研究方面，越来越多的学者不再局限于聚焦边缘群体，亦不再满足于新现象、新问题的单一性解释，而是尝试对农村社会正在发生的多类婚姻家庭现象进行整体性观照和综合性解释。在解释变动社会的问题复杂性和形成机制方面，基于深度访谈的定性分析、多点调研的类型化思维和区域比较视角的研究优势得以更好地发挥。本书正是这种研究路向和旨趣的大胆探索和实践。中国婚姻家庭研究十分需要这种宏大叙事。

四

另一个悬而未解的问题是：婚恋困境背后，中国农村青年家庭再生产为何还能保持基本有序，并未发生恩格斯在《英国工人阶级状况》中描写的婚姻家庭危机？这个问题同样值得深思，从而透视转型期中国农村家庭更深层次的保护性机制。大体说来，至少有以下两个方面值得关注。

一方面，以父代责任和子代孝顺为内核的家庭伦理，在应对家庭婚姻转型风险中发挥着关键性保护作用。父代不仅通过辛勤劳作为子女成家提供最大化经济支持，还可能极其执着地掌控子女婚姻。那些苦口婆心的唠叨甚至胁迫，有时不是传统包办婚姻的"复辟"，而是子代婚恋迷局中的关键拯救。许多青年男女，也会从孝顺角度来谨慎应对婚恋选择。如果子代发展难以脱离父代支持，那么传统父权在不同程度上削弱子女婚恋自主性的同时，也产生了婚姻风险防范效果，具有一定的底线保护作用。

另一方面，当代中国城乡结构中蕴含着诸多保护性因素。现有农村土地制度是对农村务工群体的关键保障，加之各种扶贫、兜底政策所构建的保障体系，不仅可以让务工者有乡可返、有家可安，还给那些婚姻失败者以底线保障。农村男青年只要勤劳肯干，较少会因为失婚而破产，农村女青年失婚后也有更多机会去追求自己想要的幸福。不能回避的是，失婚家庭儿童的教育和保障问题日益突出，需要构建和完善相关支持体系。

综合两方面来看，要真正保障婚恋自由、防范婚恋风险，并不能单纯寄望于农村青年个体的理性选择和婚恋技术，还要依托传统家庭伦理和现代国家政策制度所形成的保护性结构。

我们有理由相信，伴随着中国经济和科技的发展进步，当更多企业在国际产业分工体系中有能力分享更大比例产业利润的时候，各行业工资水平普遍提高，国家有更大实力加大社会保障力度，越来越多的农村外出务工青年有能力在城镇安家，婚恋统一性有望提升。

当然，即便到那个时候，我们也不能乐观地认为农村青年可以实现彻底的婚恋自由。恋爱与婚姻的张力，是现代人普遍要面临的问题。爱情是善变的，所以为了增强两性关系的稳定性，必须通过婚姻制度来加以确定和保护。婚姻的本质不是为了解放爱情，而是为了限制。这种限制，是现代家庭秩序的根本保障。从这个意义上讲，农民工群体的婚恋二元性矛盾，既展现着城乡关系的特殊性影响，也反映着现代人婚恋关系的一般性难题。这种婚恋困境，不会因为经济社会发展而消失，但会因城乡差别减小而弱化。

陈　辉

2021 年 3 月 9 日于西北农林科技大学

自　序

一

　　新生代农民工群体是一个研究婚恋问题的绝佳入口。一方面，他们的年龄段使得他们当下的婚恋体验更加丰富，对时代感的体验也更加敏感；另一方面，在城乡之间的两栖生活也给予了他们的婚恋生活以特殊的浸染。因而，对于新生代农民工婚恋问题的研究不仅关注婚恋行为本身，更要以新生代农民工的特殊身份和特殊事件来体验社会转型的逻辑和时代脉搏的跳动。

　　事实上，婚姻家庭研究一直都是我学术研究的重要兴趣点之一。在读博期间（2009 年前后），我曾经在农村调研中关注到"跨省婚姻"现象，这是以新生代农民工为主体形成的特殊婚恋现象。后来，在更多的社会调研中，我又逐渐关注到了农村高价彩礼、婚姻市场的型构、光棍的形成、离婚率高升、婚恋风险剧增、双系婚姻等议题。这些议题有的来自典型的中西部农村，有的来自发达地区的农村或者城郊。打工经济兴起之后，农民的生计方式转变为"半工半耕"，也有不少农民刚刚脱离农业生产但是尚未摆脱农村生活逻辑，生计方式的改变和城乡之间的流动生活是新生代农民工婚恋逻辑转变的基础。对于新生代农民工婚恋问题的研究，需要在其农村生产方式转变、生活消费方式变迁、家庭结构变化等问题域中来理解，将其看作"结构中的人"；也需要在不同的生活场景（如中西部农村、城市、城乡接合带）中来理解，将其看成"情境中的人"；还需要在其时间周期的安排和城乡之间的流动中来理解，将其看作"流动中的人"。因而，对于此命题的研究不仅包括新生代农民工自身，也包括他们的亲友邻里；不仅局限在农村的场景中，也注重对城市和城乡接合带的调研；不仅从静态的事实层面呈现，也注重他们的生命历程和生活体验。

对于新生代农民工婚恋问题的研究，我有一个从感性认识到理性分析、从个别突破到全面出击、从现象描绘到机制构建的研究过程。2014年，我有幸获得了国家社会科学基金青年项目"新生代农民工的婚恋模式及其风险应对机制构建研究"（编号：14CSH029）的资助，于是我便在以往对于婚恋问题较为零散和粗浅的认识的基础上进行了系统的调查研究。然而，由于研究主题限制和快速结项的压力，我所提交的国家社会科学基金项目最终成果也只是一个大致的框架和粗浅的分析。结项之后，仍然觉得此主题对我来说是一项"未竟的研究"，于是我便继续研究。在对新生代农民工进行全面调研的基础上提炼出了"婚恋转型"的研究议题，并且对于婚恋形态多样、婚恋路径重组、婚姻市场重构、工厂恋情兴起、婚恋价值变革形成了系统的看法。如此，以往我所进行的社会调研及获得的零散认识便在整个框架中获得了相应的位置。至此，我所进行的这项关于新生代农民工"婚恋转型"的研究才在一定程度上做到了系统化和专业化。因而，本书的内容不仅是国家社会科学基金项目的部分研究成果，还涵盖了做项目之前和之后我对于此话题研究的全面认识。

二

打工经济及其所代表的流动生活是理解新生代农民工婚恋问题最重要的社会背景之一。打工不仅使农民的生产方式和收入结构发生了变化，也影响了农民的婚恋路径；不仅造成了家庭成员之间物理空间的区隔，也使得城乡文化在家庭内部的对撞成为可能；不仅让新生代农民工感受到了城市婚恋文化的熏陶，也使得农村婚姻市场重构；不仅丰富了新生代农民工的婚恋体验，也增加了其婚恋风险。打工经济在多数农村地区已经兴起多年，其自身也已经历了逻辑上的转变，进而又深度影响了婚恋问题的转型。因而，本书对于婚恋转型的讨论建立在打工经济不断向纵深拓展的社会背景下，这已经与打工初期的婚恋转变有所不同。

以新生代农民工为主体所彰显的婚恋转型是一种综合性的变革。它与婚恋的"传统－现代"模式转变相关，具有丰富的社会实践形态。在经验层面，我们首先看到的是婚恋形态多样，其背后的社会机制是婚恋路径重组、婚姻市场重构和工厂恋情兴起；通过对婚姻失败与婚恋风险的分析，我们又触摸到了婚恋价值变革。由此，婚恋转型完成了其在"经验－机制－价值"层面的统一。

新生代农民工的婚恋正在经历一种怎样的转型呢？以收入增长和物质丰裕为主要特征的发展主义嵌入其中，通过物质化、竞争化、自由选择权、以感情为核心、高额彩礼等具体机制来重塑婚恋，使得新生代农民工的婚恋行为多样、婚恋路径分化、婚恋价值变异；同时，在社会层面上重构了婚姻市场和工厂恋情。这样的婚恋转型既是对"婚"与"恋"之间统一性的重构，也是对婚恋关系主体的重塑；既是婚恋现象的多元化发展，也是婚恋行为背后的结构性转变。这种婚恋转型的路径也决定了其固有的逻辑陷阱，当条件适合和情境恰切的时候，这种陷阱便会适时呈现。

也正是从转型的意义上，新生代农民工的婚恋并不仅仅是我们可以听闻到的一个个匪夷所思的婚恋故事，也不仅仅是农村的婚恋传统与城市里婚恋文化的对撞，婚恋领域正在借着打工经济的时代背景和新生代农民工的两栖流动而不断重组与重塑。

当下的时代，经验丰富、社会多元。新生代农民工的婚恋问题也只是时代背景下的简略"一画"，只是，若我们可以将这"一画"写好并研究透彻，那么便不会辜负这个巨变的伟大时代与学者的身份。由此，学术研究仍旧是个"未竟的事业"。

宋丽娜

2020 年 10 月 9 日

目　录

第一章 婚恋问题研究径路

本书关注新生代农民工的婚恋问题，以打工经济和城乡之间的两栖流动为其社会背景，以多元的婚恋现象和婚恋情境的营造为主要表述形态，以婚恋转型为核心命题。本书试图将以新生代农民工为主体的婚恋转型建构为"行为－机制－价值"的三位一体结构，即全面论述新生代农民工所呈现的多元婚恋现象，并且在社会机制的层面上论证婚恋路径重组、婚姻市场重构、工厂恋情兴起，也会在婚恋风险和婚姻失败的问题域中讨论婚恋价值变革，最终回应婚恋转型的问题。新生代农民工的婚恋模式及其背后所彰显的婚恋转型，构成了理解中国社会变迁和现代化转型的重要视角之一。

本章中，我们从问题的提出、文献综述、研究设计、调研工作开展情况四个方面来具体介绍本研究开展的背景。

一　问题的提出

新生代农民工的婚恋问题在打工经济形成之后便呈现愈加复杂的变革之势。早在 2006 年，风笑天就提醒人们，要重视青年农民工的婚姻家庭问题，认为这是一个重要的研究领域（风笑天，2006）。2000 年前后，我国形成了全国范围内大规模的打工经济。2000 年之后，新生代农民工成为打工经济的主体。到了 2006 年，打工经济已经深入开展多年，其所引发的各层面的社会效应也已日渐呈现，新生代农民工的婚恋问题愈演愈烈，跨省婚姻、闪婚闪离、婚外情等问题被摆到了大众面前。2010 年之后，更多的相关问题被推到了前台。最近几年，关于天价彩礼的报道不断刷新着人们的认知，与此同时，乡村社会的光棍也日益进入公众的视域，临时夫妻问题也被提出……

新生代农民工呈现的这些婚恋问题是在特定的时空背景下出现的，而打工经济是新生代农民工婚恋生活的基本背景。由此，在打工经济的背景下理解新生代农民工的婚恋成为我们进行此项研究的一个基本出发点。然而，问题却不仅止于此。首先，在新生代农民工群体中，婚恋问题是少数，多数的婚恋模式是怎样的？婚恋模式又如何孕育出一些特殊的婚恋问题？其次，这些特殊的婚恋问题如何运作演绎？婚恋问题又如何与打工经济和时代背景发生逻辑上的关联？再次，婚恋问题所彰显的婚恋风险是什么，如何规避，如何应对？最后，婚恋问题的彰显在何种意义上可以理解为婚恋变革和婚恋转型，为什么？

事实上，以新生代农民工为主体的婚恋问题产生于社会转型的大背景下，婚恋转型构成了社会转型的有机组成部分。如何解释以新生代农民工为主体的婚恋转型？如何通过对经验层面的分析，抽离出新生代农民工婚恋转型的基本框架，进而对中国的婚恋现代化模式进行理论上的阐释和讨论？

由此，我们形成了一个总的问题意识：如何解释新生代农民工所面临的婚恋转型？其中的运作逻辑是什么？我们认为，新生代农民工的婚恋问题建立在一个背景和一个基础条件之上，一个背景是2000年前后城乡社会所呈现的全方位的社会转型；一个基础条件是新生代农民工在城乡之间的流动。一方面，新生代农民工的婚恋是整个社会转型体系的有机组成部分；另一方面，双栖性也使新生代农民工的婚恋问题呈现了更多复杂的面向。因而，我们需要将新生代农民工的婚恋问题放置在城乡社会运作机制差异的基础上来理解，并且在逻辑上将其融入社会转型的大背景。由此，我们将问题意识操作化为以下五个具体层面。第一，新生代农民工婚恋行为的呈现形态是什么？第二，其背后的婚恋路径有何变化？第三，农村婚姻市场条件下的婚备竞赛如何可能？第四，工厂恋情中，婚恋技艺如何成为影响新生代农民工的重要因素？第五，婚恋风险如何发生，其背后彰显着怎样的婚恋价值变革？本书将在大量社会调研的基础上逐一讨论并回应以上问题，最终形成婚恋转型的判断。

二　文献综述

（一）　现代性视野中的婚恋

婚恋生活是人类亲密关系的内核，社会学、社会心理学、人类学等学科对此都有悠久的研究传统。对于本书比较有启发意义的是西方社会科学中现代性与后现代性对于婚恋生活的解释。

西方社会中有"浪漫革命"，那是以浪漫的爱情来挣脱旧有制度藩篱的革命，爱情自此成为婚姻的唯一合法性基础。当然，"浪漫革命"通常是以男女平等的新型两性关系为基础的。然而，现代意义上的婚恋逻辑却不止于浪漫之爱，很快，吉登斯（2001）在现代性的框架中阐释了"纯粹的爱情"。他认为现代避孕技术的进步使纯粹的爱情成为可能，这构成了重塑男女两性关系的基础，也是吉登斯所追求的"情感民主化"的前提。所谓纯粹的爱情，即亲密关系建立在个人满足的基础上，共享各方利益。追求纯粹的爱情存在本体论安全问题，即个体选择威胁了个人生活的连续性与秩序，削弱了人们赖以建立社会关系的确定性基础。因而，在吉登斯的视野内，这种以个体化、反身性和性别平等为基础的现代婚恋生活是一体两面的。而在鲍曼（2007）看来，固态抑或液态则是区分现代性与后现代性的核心，液态的爱是流动的爱，没有一定的形态和存在方式，无处找寻却又无处不在。在液态之爱的实践里，人们无处不矛盾统一着。

此外，婚恋模式与家庭模式相互关联。美国的古德在《世界革命和家庭模式》（Goode，1963）等著作中集中阐释了其关于婚姻家庭的观点。古德认为，夫妻家庭模式是适应工业化社会的家庭模式，即夫妻关系大于代际关系。在全世界"现代化"的洪流中，这种"夫妻家庭模式"伴随着工业化的进程在世界范围内"趋同"。进而，他塑造了一种典型的"现代"家庭，即核心家庭、儿童中心、私密性。美国的切尔林（Cherlin，2012）在反思后现代社会的过程中提出了婚姻三阶段理论，用于解释婚姻模式的变革：传统社会中存在遵从传统规范的制度婚姻，现代社会中存在夫妻遵循性别角色的亲密的伴侣婚姻，后现代社会存在强调个体成长的个体化婚姻。

很显然，建立于社会进化论基础上的"传统－现代"分析是西方社会科学中分析婚恋模式的主流方式。我们将以上从现代性层面上对于婚恋的解读称为婚恋现代化，其中的核心在于，首先，爱情挣脱了生育、婚姻、家庭、社区等所代表的制度规范，而只成为"纯粹的"且独立的实体；在现代化的背景下，男女之间的关系秩序不仅可以是关于婚姻的、生育的、家庭的、社区的，也可以是关于爱情的。其次，纯粹的爱情所构建的男女关系是一种亲密的伴侣关系，它是平等的、独立的、亲密的、自由的、互惠共赢的，而非依附的、义务的、相互粘连的、男尊女卑的。最后，追求纯粹的爱情与建立稳定可靠的社会关系，两者之间面临着结构性的张力，即吉登斯所言的纯粹的爱情的本体论安全问题。纯粹的爱情无所依，在现代化的语境中，它只有把自己建构成一个独立的实体来参与一切社会事务和社会关系；而事实上，爱情以人的体验为核心，其又不能构成实体。因而，爱情往往也配以婚姻的形式。可是一旦具有了内涵与形式的区分，其所呈现的问题就会复杂化。

西方社会对于婚恋现代化的论点是本书的基本参照系，以爱情的形式与内涵为核心。然而，中国的婚恋情况要复杂得多。

中国传统的婚恋关系实质是"合两家之好的外交结合。在农村，娶媳妇是雇一个不付工钱的女工。夫妻相敬如宾，使他们之间永远隔着一层亲密的障碍……"（费孝通，1985）。费孝通先生的这段话有几层意涵：第一，中国的婚姻是两个家庭的外交事件，忽略个人的婚姻体验；第二，夫妻之间的分工有较为固定的模式，夫妻关系诸问题由伦理道德来规范；第三，传统的婚姻关系中不存在现代意义上的亲密关系。

不过自新文化运动以来，被定义为封建礼教的传统伦理道德日渐式微。尤其是新中国成立后颁布的婚姻法，明确了男女平等、反对包办婚姻、妇女能顶半边天等意识形态，激发了中国人潜意识中对于爱情的渴望。男女之间的婚前交流逐渐增多，当事人的主体性逐渐增强，直到改革开放之后，自由恋爱才逐渐盛行。在农村，发生革命性变化是在打工经济兴起之后。打工经济让青年男女远离熟人社会的场域，在城市的陌生人社会中相遇并相恋，这使与熟人社会相匹配的传统婚姻制度逐渐失效，以"感情"为核心的自由恋爱在广大农村确立了自身的合法性。

（二）私人生活变革与亲密关系兴起的视角

目前，对于社会转型期中国人婚恋生活的解释，有私人生活变革与亲密关系兴起、打工经济的影响与婚姻市场变化两个典型视角。

事实上，关注私人生活变革在学界并不是一个新鲜的话题，西方社会关于婚恋现代化的论述多以亲密关系兴起为表达方式。英国社会学家吉登斯（2001）认为伴随着民主政治的开展，现代社会中正在发生一种亲密关系的变革，现代避孕技术的普及使男女之间可以建构"纯粹关系"，这是一种类比于公共领域中民主政治的性别民主，性革命由此发生。通过性革命的作用，吉登斯致力于建构亲密关系中的民主问题，他认为情感在很多方面成为生活－政治问题。德国社会学家鲍曼用"流动"来比喻现代社会中亲密关系的变动不居和人类纽带的脆弱性（吉登斯，2009）。夫妻式家庭模式或者横向的夫妻关系重于纵向的代际关系，这是婚姻家庭生活现代化的核心议题。然而，从20世纪70年代开始，以美国为典型的西方社会开始进入"第二次人口转型"（Lesthaeghe，1986），即学术意义上的后现代社会。在此阶段，初婚年龄大幅提升，结婚率下降，离婚率上升，生育率持续低迷，个体主义价值观至上，强调人的自我实现（Lesthaeghe，2010）。切尔林（Cherlin，2004）据此提出了著名的婚姻三阶段理论：遵从传统规范的制度婚姻、夫妻遵循性别角色的亲密的伴侣婚姻、强调个体成长的个体化婚姻。

我国学者吴小英（2013）认为，现代化过程中婚姻的"祛魅"是一个不可逆转的趋势。她认为，"当婚姻变成不仅仅是两个个体之间的情感碰撞和相互欣赏，而首先是两个个体以及所依赖的家庭之间一种精致的谋划和博弈，婚姻的祛魅实质上已经完成"。女权主义者则试图从女性的视角来追求"解放""独立""民主"等历史使命，以此建构"性别平等"，从而重塑亲密关系模式。波伏瓦（2011）以自己的终身不婚来宣扬她所谓"解放女人"和"独立女人"的意涵。现代性和女性主义构成了理解当今农村私人生活变革的基本理论背景。

翟学伟（2017）对于中国人婚恋生活的解释建立在中西比较之上。从社会关系衍生出的亲密关系的视角来看，翟学伟构建了两种婚恋关系模型的动力机制——爱情与姻缘，并且比较了两种婚姻模式下的动力运作，包括婚姻建构与婚姻维系的动力，试图从婚姻动力的层面来解释一些婚姻现象。亲密关系的动力机制当然是区分婚姻理想类型的核心之一，不过，婚姻不仅有原动力，其运转也离不开各要素之间相互形塑的社会实践，以及在此基础上形成的亲密秩序。翟学伟的判断虽然精准，却丰富性不足。首先，他并没有从动力机制的层面展示婚姻的复杂性，此理想类型的建构就稍显单一；其次，中西婚姻理想类型的建构，其目标过于宏大，抽象程度高，往往意味着不能兼顾中观和微观层面的主题讨论，尤其是对于多元婚恋经验的解释力不足；最后，最近几十年，中国社会发生了剧烈的变化，婚恋家庭领域也面临着巨大的转型，翟学伟的研究显然不能对新时期的婚恋转型做出解释。

叶青（2014）认为中国青年亲密关系出现"超市化"的倾向，以情感化、物质化、流动化、公开化与欲望化等为特征。佟新和马丹（2014）注意到了"非婚生活方式"和一些人在特殊的婚恋观念下对于美好生活的建构。杨华（2018）认为，当前农村年轻女性的私密生活正在兴起，表现为两性隐私的出现、个体家庭生活方式的私密化以及不深度介入村庄生活。她们从"为他人而活"转变为"为自己而活"，越来越在乎个人的身体、情感和精神体验，并退出村庄的人际关系网络、交往规则体系和价值评价体系。

近年来对于中国农民私人生活实践的研究，最典型的是阎云翔。阎云翔（2005）以东北的下岬村为例研究了农民私人生活的变革，他发现，农民的婚姻家庭生活并不像西方学者所想象的那样"只有家庭，没有爱情"，中国农村的年轻人已经懂得了追求爱情、独立自主、表达欲望等，私人生活中的"个人"在成长。而且，择偶标准更加注重个人特质，婚前性关系变得普遍，爱情的语言和姿势更加丰富，阎云翔将这种择偶时期的变革称为"浪漫革命"。青年人的个人自主性在成长，尤其体现在情感、欲望、消费等私人生活方面，因而阎云翔认为年青一代个性的发展并不全面，而私人权利意识的增强并没有带动年轻人的公共责任增长，于是这种个性发展也是不平衡的。总结起来，这是一种极端的自我中心观念，阎云翔将其归结为无公德的个人。阎云翔对于这种现象的解释是社会主义国家促成了这种私人生活的转型。

阎云翔的研究是建立在以下基础上的。第一，阎云翔经验研究的是 20 世纪 90 年代的中国农村，中国社会变革的各个层面并没有完全呈现。事实上，世纪之交正是农村社会发生巨变的时期，经过 20 多年的变迁，现在农村社区发生了翻天覆地的变化，而农民也已经日益挣脱了时空的束缚。在这种背景下，农民的私人生活变革不断深化，需要我们重新理解。第二，阎云翔研究的经验基础发生于一个农村社区，并且在农村社会的场域中来解释，他剔除了社会流动和城市文化的影响，将其变革归因于社会主义国家的作用。而今日的农民已经完全不同于 20 多年前，流动性已经成为他们的生命底色，不理解农民的流动也就无法理解今日农民生活的变革。在流动中，城市文化以更加具体的样态渗入农民工的行为逻辑中。

（三）打工经济与婚姻市场的视角

打工经济对于中国人尤其是新生代农民工的婚恋产生了深远的影响，全国婚姻市场得以重塑。

对于农村婚姻的研究，有传统模式与现代模式的区分。传统模式以婚姻圈的建构为典型。既有的研究基本都继承了列维·斯特劳斯（1989）对婚姻圈概念的界定，即认为婚姻圈是区域内形成的稳定封闭的联姻关系。例如，施坚雅（1998）探讨了基层市场中的婚姻圈；弗里德曼（2000）则讨论了宗族与婚姻关系建构之间的关联；王铭铭（1997）通过对溪村汉人宗族的个案研究进一步推进了对婚姻与宗族关系相互作用的理解。这些讨论婚姻圈的经典模式为学者的经验研究开拓了思路，一些学者在此框架下进一步注意到了当下中国农村婚姻圈的变化，如吴重庆（1999）通过对村庄通婚地域的个案调查发现，随着社会变迁，当地婚姻圈呈缩小的趋势；由雷洁琼（1994）主持的"经济体制改革以来农村婚姻家庭的变化"课题组研究发现，农村的婚姻圈并没有随着改革开放发生明显的变化；还有一些学者认为，随着农村社会的变迁，农民的通婚圈不断扩大，持此观点的有甘品元（2007）、李漆（2006）等。

让婚姻圈发生根本性变化，并且使广大农民走出传统模式的是打工经济。国内同仁对于农民工私人生活和婚恋的研究多是以打工经济为背景展开的。自20世纪90年代以来，打工经济的影响已经日益向纵深扩展。在农村，打工经济带来了"婚恋革命"，出现了一些典型的婚恋现象，以及各种婚恋问题。

风笑天（2006）提醒人们注重打工青年的婚姻家庭，认为这是一个重要的研究领域。风笑天的提醒可谓开启了此论题的集中研究。随后，邓智平（2004）、邓国彬和刘薇（2001）、贾兆伟（2008）、仰和芝（2006）、石人炳（2006）等从婚姻资源流动的角度论述了打工对农村婚姻的影响。贺飞（2007）注意到了青年农民工婚恋观念和行为的变化；施磊磊（2008）则注意到了青年农民工的闪婚现象。田先红（2009）通过鄂西农村的个案研究，揭示了打工对农村婚姻资源流动与支配婚姻资源流动的规则的影响。在此基础上，桂华、余练（2010）敏锐地捕捉到了农民婚恋研究的新趋向，他们将此趋向定义为"婚姻市场要价"理论，以此区别于原本的婚姻圈研究。正是在婚姻市场的研究范畴内，更多的社会现象得以充分讨论。宋丽娜（2010a）从跨省婚姻的表现形式、发生机制和基本特征出发，探讨了其具有的社会意义。一些学者从个案出发，将闪婚现象情景化，分析闪婚现象的内在动因（施磊磊，2008；施磊磊、王瑶，2010；许荣漫、贾志科，2010）。还有一些学者则进一步将村庄的社会基础的视角引入闪婚现象的研究（王会，2011a；陈锋，2012）。甚至，有学者在社会流动的背景下发现了一种新的婚姻越轨行为——临时夫妻现象，认为情感压力是导致临时夫妻现象出现的主要原因（徐京波，2015）。陶自祥（2019）认为，青年农民工中存在五种类型的临时夫妻：老乡关系型、同事关系型、生理需求型、合谋诈骗型、变相卖淫型。这些临时夫妻并非个体行为，它会"差序连带"衍生"四重性"社会风险，给家庭和谐、地方社会治理等均带来不同程度的影响。

显然，打工经济对于农民婚恋行为的影响日渐深入，生发出诸多社会现象，也引发了学界的广泛关注。这些研究都假定或者预设了婚姻市场的存在，并且在不同的层面上讨论婚姻市场的运作机制。

一些学者以婚姻市场的视角来讨论一些典型的婚恋现象（高额彩礼、婚备竞赛、妇女地位崛起、光棍等）。李永萍（2018a）关注到了北方农村社会的高额彩礼问题，这是婚姻市场上的特有现象。她认为，女方的婚姻要价是高额彩礼问题形成的基础性条件，男方的支付动力是高额彩礼之可能的必要条件；社会竞争和阶层配对的动力机制推动并实现了女方要价与男方支付的互动与勾连，从而共同助推了北方农村高额彩礼问题的形成。杨华和王会（2017）则关注到了农村年轻女性婚姻逻辑的变迁，认为其实质在于从归属到爱情。2000 年以后，伴随着农村女性地位提高、流动加剧和学历提升，以及男女性别比例失衡、宗族瓦解等，婚姻的归属逻辑逐渐被爱情逻辑取代，农村年轻女性在婚姻中更倾向于"找对象"而不是"找婆家"，这意味着其个体追求和意义体验发生了改变。何倩倩（2019）同样在田野调查经验中注意到婚姻模式的变迁，她认为其核心是从"婚配"到"婚恋"。在婚姻市场中，对婚姻资源的激烈竞争促使农民的婚姻责任发生了代际重塑，表现为子代在婚姻市场中负责恋爱找对象，父代承担婚姻消费支出。何倩倩（2019）从"子代找得到"与"父代娶得起"两个维度分析了农村婚姻缔结过程与光棍形成机制。在打工经济背景下，也有不少学者注意到了妇女地位提升的问题。陈锋（2010）认为，妇女地位提升是一种"依附性支配"。陈琳等（2016）认为，在打工潮冲击下农村婚姻市场失衡和家庭城乡分工为80后返乡妇女在家庭权力博弈中提供了筹码，并逐步成为她们获取家庭权力和提升家庭地位的一种途径。张雪霖和王会（2018）则在对妇女社会地位的考察中发现了非依附性包容性别秩序，体现为：生育自主、婚姻多元、协商性家庭权力、无性别分化的公共生活以及平等的政治参与权。她们认为，这种非依附性包容性别秩序是妇女主体性建构的一种理想类型。王向阳（2017）认为，北方农村社会婚恋压力的中观机制在于婚备竞赛。本地婚姻市场偏好和父母人生任务的强文化规定性，共同形塑了本地婚姻市场婚备竞赛的不可退出性：上层竞优、中层跟进、底层挤压的婚备竞赛格局就此诞生。外地媳妇作为处于双重劣势地位的底层家庭婚姻风险应对机制，有效缓解了底层家庭父母人生任务的焦虑，但是，本外婚姻结合的脆弱性，也为底层家庭次生危机埋下了隐患（王向阳，2018）。王振和刘成良（2018）在田野调查中则发现了"媒人"的角色已经与传统社会大不同，他们是精于算计的婚姻资源配置的中介者。在媒人的推波助澜下，异化的彩礼、被束缚的女性、扭曲的婚姻伦理、难以完成的人生任务让农民遭受着社会转型的危机。

在农村婚姻市场的场域中生发出不少独特的社会现象，而这

些现象正是婚恋转型的典型体现。今天中国社会的婚恋领域非常
混杂，现象丰富、线索多元，以新生代农民工为代表的中国人正
在经历新一轮的婚恋转型。如何解释这不同的婚恋现象，如何理
解中国的婚恋转型，成为一个具有重大现实意义的学术命题。然
而，既有的两个视角的解释都有其内在的缺陷。

首先，从私人生活和亲密关系的视角来研究，其最大的缺陷
在于研究视角的个体化，即研究命题是对于研究对象的个体性描
述和个体体验，这构成了其最重要的研究面向，如此，对于动力
和行动的追寻成为研究者的主要目标和方向，同时，他们很可能
忽略结构与环境的影响，也很可能把研究命题抽离于经验世界而
做本质主义的解读。我们在此视角的研究成果中发现，亲密关系
兴起和私人生活变革是研究者最重要的发现，然而，为何以及如
何兴起与变革，这需要研究者把婚恋现象放置在具体的生活情境
中，找出一些核心概念和中观机制加以理解。

其次，打工经济对于新生代农民工婚恋的影响，这个视角的
研究关注现实经验，从现实经验的层面上抽离出了闪婚、跨省婚
姻、彩礼、离婚、光棍、逃婚、临时夫妻、婚姻市场等多个具体
的研究议题，这种研究议题的多样性和研究手法的灵活性对于理
解转型期的婚恋现象大有裨益。然而，经验的丰富性和理论解释
的匮乏与限度并存。一方面，一些研究致力于发现"新"的社会
现象，解释不足；另一方面，一些对于经验现象的解释往往就现
象而谈现象，难以将经验现象进行中观机制的抽离，更遑论形成
系统的解释框架。这类研究都共享了以婚姻家庭现代化为基础的
"传统－现代"分析，并且它们都预设了婚姻市场的存在，但是对
于婚恋转型的系统阐释稍显不足，对于婚姻市场的结构功能分析
也有待进一步丰富。

（四）评述

基于以上的分析，我们认为，学界需要开辟新的研究视角来
回应纷繁复杂的婚恋现象。私人生活变革和亲密关系兴起，以及

打工经济对于婚恋的影响，这两者，一个是抽象的视角，一个是外部的视角，它们需要一定的社会机制进行粘连。我们试图从具体而内在的视角来重新审视，将婚恋问题放置在具体的社会情境中做出有主体性的解读。婚恋转型则是一个可以回应以上命题的新领域。从婚恋转型的视角来看，什么在转，为何会转，怎么转，以及转向何处，这些问题都有了讨论的空间和内外的情境。转型的视角也让我们对于新生代农民工婚恋问题的认识更加立体和饱满。

具体来说，新生代农民工的婚恋转型要回应以下几个问题。第一，我们需要重视转型期一些特定的社会要素对于农民工婚恋的影响，如打工经济、在城乡流动的文化体验等。第二，我们需要在具体的情境性因素下开展研究，尤其是农村社会中的社区结构、婚姻圈的结构，以及特定的工厂情境等对于新生代农民工的形塑机制。第三，我们需要建构以新生代农民工为主体的研究视角，社会流动是塑造他们主体性的核心要素。作为主体的新生代农民工个人与客体化的婚恋场景，有着特定的互构性演化逻辑，这成为新生代农民工婚恋模式建构的主导。第四，我们需要对新生代农民工的婚恋问题进行理论提升，尤其是在社会转型的背景下建构出能够解释诸多层面社会现象的理论框架。

以新生代农民工为载体来讨论婚恋转型，就是在打工经济和城乡流动的背景下，来理解中国婚恋现代化的进程。婚恋领域是私密空间，并且在传统上是受到道德伦理规约的领域。以新生代农民工为主体的婚恋转型，突破了传统婚恋的限制，向以"浪漫感情"为核心的婚恋自主方向发展。然而，在前进的道路上，男多女少的结构性矛盾、城乡流动的不确定生活以及通过婚姻进行城市化的梦想，这些都成为婚恋现代化的重要外部情境，对新生代农民工的婚恋行为和婚恋策略产生深刻的影响。因而，新生代农民工的婚恋转型，就是在婚恋现代化的道路上，新生代农民工主体与城乡外部情境之间所发生的交互反应，这种反应在中国特定的社会情境中生成并运作，形成新生代农民工独特的婚恋模式，并重构其行为逻辑与伦理框架。本书就是在此意义上来描述、分析并解读新生代农民工的婚恋转型。

三　研究设计

为了回应上文的问题意识和研究指向，本书将新生代农民工的婚恋问题放置在流动的视角下进行情境化的分析，由此，形成了新生代农民工"城乡流动"的特殊属性，以及"婚恋路径""婚姻市场""婚恋技术""婚恋风险"等具体的分析主题和研究方案。

（一）分析框架

1. 流动的视角

新生代农民工婚恋问题的一个最重要的社会背景就是流动性。新生代农民工在城乡之间的流动不仅仅是身体上的移动，也是生活方式的流通与文化理念上的沟通。这种流动的特性使新生代农民工，一方面打破了传统农村社区关于婚恋行为的社会性规约和婚恋结构，另一方面也形塑了一些特殊的行为方式与婚恋模式。打工经济所引发的流动性成为理解新生代农民工婚恋问题的重要视角。

本书在四个意义上来体现流动视角。首先，社会流动对于新生代农民工婚恋行为的影响。新生代农民工社会流动的周期通常以年为单位，过年返乡，平日在城市中工作，这种周期性流动对于新生代农民工的婚恋行为有特殊的安排。比如，在乡村社会，由于周期性流动，新生代农民工通常要在过年前后集中完成相亲、结婚等婚恋活动，由此也促发了闪婚、异地婚姻等婚姻形态，并且可能引发婚外恋、逃婚、临时夫妻等诸多社会问题。按照打工的周期来安排自身的婚恋生活，忽略了婚恋自身的发展规律，很可能会引发婚恋行为的各种问题。

其次，社会流动对于新生代农民工的婚恋观念、态度以及家庭观念的重塑。新生代农民工在长期的流动生活中调适出特定的婚恋生活模式，这种模式在型构的同时也重塑了他们的婚恋观念和态度，甚至影响了他们婚后的家庭生活。流动性造成了新生代农民工"两栖式"的婚恋生活，他们一方面在城市中体验到婚恋的纯粹性、物质化、世俗化和技艺化，另一方面在农村的场景中深刻体验到父母的干预和追求爱情之间的冲突与矛盾。于是，新生代农民工的婚恋体验多是混杂的，他们既感受到了现代婚恋文化的冲击和吸引力，也在享受传统婚恋文化给予其的好处，在双重的婚恋结构中苦苦挣扎。

再次，社会流动对于城乡婚姻市场的结构性形塑。传统上乡村社会具有相对固定的婚姻圈，城市社会也有特定的婚姻匹配规则。而流动性的增加打破了原本婚姻圈的范围，并使婚姻匹配规则重构。从范围上看，城乡流动造成了全国范围内的婚姻流动，婚姻市场日渐型构。从内容上看，婚恋的场景不再固定，流动的生活成为主导。从规则上看，婚姻匹配实现了城乡之间的交流与沟通，规则混杂，多种规则相互博弈。从变化趋势上看，全国性的婚姻市场的形成对于地方社会有着重要的重塑作用，有的地区很快在范围、内容和规则上都融入了全国婚姻市场；一些地区在全国婚姻市场的影响下形成了"本地婚姻市场"，即婚姻市场本地化。婚姻市场的结构性形塑及变化趋势，是新生代农民工所面临的重要婚恋情境之一，对新生代农民工的婚恋行为起着重要的指引作用。

最后，社会流动是促发新生代农民工婚恋风险的关键因素。所谓婚恋风险，就是新生代农民工婚恋所具有的不确定性、不安全性、失序性以及伦理混乱。打工经济所引发的流动生活是新生代农民工婚恋风险的导火索和引爆器。行为层面，如未婚同居、频繁恋爱、多个男/女朋友、离婚、婚外情、临时夫妻等；意识层面，如对于爱情和婚姻的失望、物化、随意化、暴力化等趋势。婚恋风险打破了长期以来的婚恋秩序，将新生代农民工个体暴露在高风险体系之中，引发了一系列的社会问题。

流动的视角将新生代农民工的婚恋问题放置在特定的时空条件下考察，把社会流动作为一个重要的变量嵌入新生代农民工的生活体系中，以传统的农村社会和城市生活作为对照，系统地呈现了在社会流动因素的作用下，新生代农民工在婚恋问题上所做出的一系列社会调适，以及他们所处社区环境对于社会流动因素的集体反应。社会流动是在中国农民工城乡之间移动的实然状态，这种大规模、结构性的社会流动，使新生代农民工的婚恋面临着以往所不曾面对的新问题。如果说传统农村社区情境中的农民婚恋是稳态和确定的，社会流动因素的加入则使新生代农民工的婚恋面临着前所未有的流动性、不确定性。问题是：这种流动性、不确定性来自哪里，如何形成，又产生了何种社会后果；我们应该用怎样的理论框架来解释它。这是本书在流动视角下要解决的问题。

2. 情境分析法

如果说社会流动是新生代农民工婚恋问题的重要的影响变量，那么情境分析法则是对新生代农民工婚恋行为及其结构性特征进行分析的有力武器。

情境分析法将特定群体（新生代农民工）的特定活动（婚恋）放置在他们的生产生活情境中考察，注重城市打工生活中的工厂环境及城市文化环境的作用，注重农村社会的婚姻圈的衰微、婚姻市场的变动与建构、社会分化所引发的婚恋分化，还有其他诸多行动者在新生代农民工婚恋问题上所进行的社会建构。我们认为，新生代农民工不是一个抽象的群体，其婚恋行为也不是孤立存在的；新生代农民工是一个有着具体生活目标、工作情境、人际结构和人格特征的群体，其婚恋行为嵌入在其生活系统中，是系统构成的一部分。农村婚姻市场、婚恋的社会分化、工厂情境等要素在何种意义上重构了新生代农民工的婚恋生活？这些要素如何在新生代农民工的具体婚恋情境中进行互构性演化？又是怎样制造了其婚恋风险？这也是本书要重点解释的地方。因而，本书采用情境分析法，具体来说，有以下三方面的情境性因素对于解释新生代农民工的婚恋问题具有重要意义。

（1）农村婚姻市场的形成与变革

打工经济兴起之前，农村社会普遍存在一个稳定的婚姻圈。婚姻圈不仅仅是农民婚配范围和婚配规则的体现，还体现了农民对于婚配意义的建构。然而，在打工经济大规模兴起之后，婚姻圈被打破，婚配规则发生变化，婚配意义被重构，农村社会日渐型构出一个婚姻市场，新生代农民工就是婚姻市场中的行动主体。

与婚姻圈的稳固特征相比，婚姻市场的诸多运作因素都具有较强的变动性和鲜明的市场特色。打工经济的深入发展使得农民之间的婚配范围拉大，特别是由于在打工地自由恋爱而形成的跨省婚姻。不过，这种婚配范围的伸缩与社会流动的偶然性有很大关系，并没有固定的模式。市场机制运作的一个典型特征就是市场竞争，即谁能够在婚姻市场上胜出，往往意味着谁的婚姻资源具有竞争优势。不过，婚姻资源在不同的时间段具有不同的重点。婚姻资源竞争所产生的社会后果便是婚配结果的不均质，即婚姻资源多的人在婚姻市场上拥有选择上的优势，而婚姻资源少的人在婚姻市场上则处于劣势。女性更多地流向了婚姻资源丰富的人群，从而使得男女之间的婚姻配比不均质，也引发了诸多层面的社会问题。由于婚恋价值体系的变动和多样性，以及婚姻流动的地域性，多极婚姻市场正在悄然形成。自由恋爱形成了一个全国性的婚姻市场，不过很快被本地婚姻市场分裂。多极婚姻市场共存于农村社会的婚恋领域，各自发挥着特定的社会功能。以上婚姻市场形成与变革的内核在于婚配规则的改变。婚姻市场的形成与变革是理解新生代农民工婚恋状况的一个基本前提。

（2）婚恋的社会分化

如果说婚姻市场的视角给予了我们理解新生代农民工婚恋现象的场域，那么分化的视角则为我们建构了一个关于新生代农民工婚恋行为的动力结构。

按照韦伯（1997）的分化思想，社会中存在三个维度的分层现象：政治、经济和文化。不同维度的分化意味着不同的社会评价体系，不同的社会评价体系相互交错，均质分布，才能保证社会的整体公平。具体到农村社会，阶层分化现象是近期农村研究的一个热点。以生产资料和经济收入为基础，一些研究认为农村社会正在经历一个日益分化的过程（杨华，2014）。在这个过程中，"中农阶层"是农村的中坚阶层（贺雪峰，2015；杨华，2012a）。也有学者认为，农村社会在政治资源上的分化、经济收入上的分化和文化象征上的分化正在经历微观意义上的转化，即各种维度的社会资源有向特定社会阶层集中的趋势（袁松，2010）。还有学者认为，农村社会依据传统道德伦理和社会评价体系的运作，形成了独具特色的"道德分层"（陈文玲，2009）现象。乡村社会中的面子是一种权威象征，积攒着当事人的道德资源，从而使道德成为乡村社会分化的重要一维。

由于多种要素的输入，乡村社会在剧烈的社会转型期，日渐呈现多元分化的状态。在不同的领域，呈现为不同的分化维度。在婚恋领域，乡村社会的分化受到了性别比例结构、经济基础、家庭城镇化能力以及个人婚恋特质的深刻影响，呈现了明显的分化趋势，体现为五个层面。

第一，一个地区的出生性别比在一定时期之后会成为影响当地婚恋分化的结构性因素。如若一个地区的性别偏好和性别选择较强，就会随着这代人的成长，而在多年后形成较为严重的性别比例失衡，进而影响这代人的婚恋机会。婚恋机会的多寡是形成婚恋分化的直接影响因素，位处婚恋链条顶端的是婚恋机会多、婚恋安全系数高、无惧婚恋风险的人，而位处婚恋链条底层的则是婚恋机会少或者无、婚恋安全系数低、惧怕婚恋风险的人。

第二，一个地区的经济态势和一个家庭的经济基础都会影响个体的婚恋机会。在全国婚姻市场统一的条件下，一个地区的经济态势往往决定着该地区在全国婚姻市场中的位置。经济态势较好的地区，其中分布的婚恋机会就较多；经济态势较差的地区，其中分布的婚恋机会则较少。具体到某个特定的地区，经济条件好的家庭往往婚恋机会相对较多，而经济条件差的家庭婚恋机会也会被相对剥夺。

第三，整个地区的地理条件和地理区位及家庭的区位条件会影响个体婚恋选择的机会。地理区位往往会影响个体的经济机会、经济能力甚至生活品质，这给予了婚恋选择对象以强烈的暗示。地理条件优越且距离大城镇较近的农村地区，其个体的婚恋机会较多；而那些地理位置偏远并且远离城镇中心的农村地区，其个体的婚恋机会较少。

第四，家庭城镇化的能力和意愿也是影响个体婚恋机会的重要因素。在农村社会城镇化能力不断提升的今天，通过婚姻的契机买房并进城生活，这是不少农村青年的选择。因而，当一个家庭的城镇化意愿较强、能力较强时，其就会在婚恋领域形成相对优势，进而影响个体的婚恋机会。

第五，个人的婚恋特质在微观和感情的层面上影响其婚恋机会和婚恋能力。现阶段人们比较看重的婚恋特质有外貌、工作、收入、口才、能力等，这些特质突出的人往往会吸引更多的婚恋对象，从而具有较多的婚恋机会。

综上所述，婚恋领域以婚恋机会的多寡为核心形成了一套分化系统，上层以婚恋机会充足为主要标识，而下层的婚恋机会稀缺。婚恋机会受多重因素的影响，有客观条件和主观条件的区分，也有宏观因素和微观因素的区别。上文的框架中，前三个层面的影响因素都是客观条件，第四和第五个层面是主观条件；前三个层面包含较为明显的宏观因素，而第四和第五个层面具有明显的微观因素。

由此，婚恋层面的分化已经成为理解当下农村婚恋问题的重要维度，本书将从婚恋分化的视角来揭示一些特殊的婚恋现象，如高额彩礼问题的形成、婚备竞赛的发生、婚房的配置以及农村光棍群体的形成等。

（3）工厂恋情的运作逻辑

工厂是一个有别于传统农民生活空间的特殊场域。新生代农民工多数曾经在城市的制造业工厂中工作，工厂的制度和情境在一定程度上规约了新生代农民工在城市中的婚恋生活。

本书将工厂及其周边的工作生活情境作为一个特定的社会空间，其中的新生代农民工既是这个特定社会空间的被动接受者，也是其主动创造者。在婚恋上，新生代农民工受到乡村社会传统婚恋模式的影响，在工厂的打工生活中又不断受到新的婚恋模式的影响，甚至，新生代农民工在工厂周边的社会空间中创造出了新的婚恋实践形态。因此，工厂恋情成为本书另外一个情境性再造的典型。我们在四个层面上来理解工厂恋情。

第一，工厂生活方式对于新生代农民工婚恋途径的影响。工厂的工作制度，如轮换班、休假制度对新生代农民工的婚恋安排产生了影响。依据工厂的作息时间，工厂周边的休闲娱乐场合有周期性的经营旺淡季；又依据工资发放时间，每月特定的一个时期会呈现消费小高潮。这种城市中的时间安排被工厂制度规划，而过年返乡又是新生代农民工在农村相亲、结婚的高峰。显然，不论城乡，这种工厂生活方式的变动对于新生代农民工的婚恋安排有着重要影响。

第二，工厂环境各要素对于新生代农民工婚恋行为的再造。工厂内部设置的工作职能会在一定程度上重构新生代农民工的人际结构，工作之余的兴趣爱好也能够将陌生的新生代农民工熟悉化，工厂周边的休闲娱乐场所是恋爱发生的恰当地点，而城中村的廉价出租房又为新生代农民工的婚恋提供了可能的空间。这些要素的呈现都能够为新生代农民工的婚恋行为再造提供恰当的时机。

第三，工厂所在的城市文化对于婚恋技术的凸显。大量新生代农民工聚集在一个区域内，彼此之间因为工作有了一定的关联，每个人都是独立的个体，工厂虽然为他们营造了一定的结构性空间，但是工厂的制度结构并没有延伸至新生代农民工的私人生活（婚恋）领域。城市文化的浸染，加上流动性极强，工厂恋情的技术性凸显。婚恋技术将新生代农民工的婚恋大事建构为一个精细编辑的事件丛，脱离了乡村社会的情境性限制，也无法达到中产阶层对于婚恋神圣性的追求。

第四，新生代农民工对于工厂恋情的选择和判断。身处工厂恋情的场域，不少新生代农民工有着自己的判断，或者以农村传统的规则作为标准，也或者以城市中的婚恋文化为比照，抑或在不确定且混乱的现实婚恋生活中日渐迷失自己。新生代农民工对于工厂恋情的态度折射出了规则的复杂与混乱。

工厂恋情给予了我们一个重新认识新生代农民工婚恋行为的具体场景。

流动的视角和情境分析法是本书研究新生代农民工婚恋问题的两个基本框架。

（二）具体方案

本书的研究对象是新生代农民工，这是个流通于城乡之间的特殊群体。通常情况下，新生代农民工每年过年期间返乡，平日里均在打工地（城市）工作生活。我国的农民工流出地主要集中在中西部省份，尤其是河南、陕西、四川等省，流入地则主要集中在东南沿海，以及内地的省会城市。新生代农民工的婚恋问题既可能发生在农村，也可能发生在打工地，因而，兼顾城市和乡村、流出地和流入地的调研是本书的一个基本方向。基于此，本研究具体操作化为以下几点。

第一，定性调研为主。本研究包含九次定性调研的材料和问题意识，这些调研分别在陕西武功县、河南舞阳县、广西龙州县、浙江诸暨市、FSK 集团、广东东莞市、河南上蔡县、河南郑州市和江苏苏州市进行，主要调研方式是深度访谈，就农民工婚恋问题进行开放式的议题探索，从而在农村婚姻市场、夫妻关系、90后的婚恋实践、打工地的婚恋生活、离婚逃婚等话题方面进行深度有效的质性研究。

第二，农民工流出地与流入地调研相结合。我们的调研地点中，陕西武功县、河南舞阳县、广西龙州县、河南上蔡县为农民工流出地；浙江诸暨市、河南郑州市、广东东莞市和江苏苏州市为农民工流入地的代表。流出地的调研有助于我们从农民工的成长环境和村庄社会结构层面，理解新生代农民工婚恋问题的表现与样态，同时对于农村的婚姻市场及其变迁有一个深刻的认识。流入地的调研则主要关注城市文化和打工文化对于新生代农民工婚恋行为的影响，两栖的生活形态给予了新生代农民工的婚恋以特殊的社会性质和表现形态。

第三，在研究话题的开拓上，我们主要关注打工经济对于婚恋的影响、典型婚恋现象、婚姻市场、工厂恋情、婚恋价值变革等方面，具体研究拓展如下。

①新生代农民工的婚恋状况围绕着打工经济的影响而发生深刻的变革，这种变革在打工经济兴起之后的20年间不断深化，本书深化了学界对于打工经济影响农民工婚恋状态的认识。

②本书系统关注了一些新生代农民工婚恋的典型现象，即自由恋爱、未婚同居、多次恋爱、频繁退婚、跨省婚姻、闪婚、闪离、临时夫妻、婚外性关系、逃婚、光棍等，并且对于一些典型现象进行了理论上的解释。

③本书运用"婚姻市场"的分析框架来分析新生代农民工婚恋中呈现的各种现象，并且建构出了婚姻市场的形成与运作模式，用于解释不同层面的婚姻恋爱事件。

④本书还着重比较了农村和城市不同的生活工作场景对于新生代农民工婚恋状态的影响，试图在不同场景的经验中抽离出影响新生代农民工婚恋状态的要素，以及建构出若干条新生代农民工的婚恋路径，并且根据经验现象抽离出其社会运作机制。

⑤本书关注了新生代农民工聚集地所呈现的"工厂恋情"，重点关注了90后农民工的婚恋模式，也特别关注了城市的生活方式对于农民工婚恋的未来趋势的影响。

⑥本书对于缔结婚姻之后的问题也进行了延伸性的研究，如婚姻维续问题、家庭关系、家庭生活秩序等，试图讨论出一套关于婚恋和家庭建构与维系的模式。

第四，在对新生代农民工婚恋现象的解释上，本书继承了学界原有的对于婚姻圈、打工经济影响以及典型婚恋现象的认识，在以下几个方面的认识有所推进。

①婚姻市场论。对于农村婚姻市场的解释，在多地经验研究的基础上，抽离出农村婚姻市场的结构性要素，在不同要素的排列组合中来解释农村婚姻市场运作所呈现的核心机理。

②工厂恋情论。新生代农民工的工厂环境和流动生活到底对其婚恋行为产生了怎样的影响？本书从婚恋路径（自由恋爱和相亲）的角度来解释打工地的婚恋逻辑，在"爱情快餐"的建构与婚恋技术主义的阐释中理解婚恋逻辑的变迁。

③婚恋风险论。本书在城乡婚恋实践和新生代农民工婚恋行为建构的基础上，来建构新生代农民工的婚恋风险，主要体现在对于感情风险、婚姻风险、物质风险等层面的讨论，并且用"体验式婚恋"的兴起来理解婚恋风险的发生，据此给出相应的政策建议。

④婚恋转型论。伴随着社会各方面的结构性变化，尤其是在农村社会打工经济的影响已经向纵深扩展的情况下，以新生代农民工为实践主体的婚恋转型正在发生。发展主义逻辑引领了婚恋转型，然而，既有的社会运作逻辑惯性，以及一些结构性矛盾的存在，都使婚恋转型的过程迂回曲折。

四　调研工作开展情况

本书是笔者近十年来对于婚恋问题研究的集中呈现，然而，在前期对于此主题的关注较为零散，并未开展专题的调查研究活动；在2014年之后的几年中，对于此命题的研究较为集中和系统。因而，这里列举一下笔者2014～2019年对于此主题的社会调研活动。

2014年7月10日至8月5日，在陕西省武功县F村调研25天，主要采取半结构访谈的研究方法，调研农民工的婚恋、农村的婚姻市场、光棍、离婚等问题。

2015年7月5～25日，在河南省舞阳县L村开展了为期20天的农村社会学调研，调研方式为半结构访谈，主要关注农民家庭生活、家庭关系等。

2016年4月13～23日，在广西壮族自治区龙州县B村进行社会学调研，调研方式为半结构访谈，主要关注90后农民工的婚恋逻辑转变。

2016年7月5～25日，在浙江省诸暨市L村进行了为期20天的社会调查，调研方式为半结构访谈，主要关注外来农民工的工作生活状况与其婚姻家庭生活。

2016年8月19～28日，在河南省郑州市FSK集团（某大型制造业工厂）进行了为期10天的农民工婚恋问题调研，主要的调研方式为半结构访谈和参与式观察，主要关注城市中农民工的婚恋模式、婚恋消费、婚恋变革等问题。

2017年3月20日至4月2日，在广东省东莞市G镇进行了为期12天的农民婚恋问题调研，主要在全镇范围内调研农民的婚姻家庭问题，获得了全镇的离婚资料。

2017年7月13～23日，在河南省上蔡县D村进行为期10天的社会调查，主要关注农民的婚姻家庭生活、人生任务、代际关系、早婚等问题。

2018年8月15～25日，在河南省郑州市航空港区H村调研，为期10天，其间关注了城郊村农民的婚姻家庭生活、家庭的现代转型与婚恋市场的变革等。

2019年7月5～25日，在江苏省苏州市G社区调研，这是一个安置房社区，其中聚集了大量的城乡青年。

以上这些调研构成了本书的基本经验素材。本书的研究进程分为四个阶段。第一阶段，前两次在陕西和河南农村的社会调研是探索性调研，以半结构访谈为主，两次调研关注到了新生代农民工的婚恋在农村社会受到的深刻的结构性制约，乡村婚姻圈与

婚恋转型：新生代农民工的婚恋实践

婚姻市场的逻辑转变将新生代农民工的婚恋问题凸显出来，高额彩礼、失婚的焦虑、闪婚、跨省婚姻、光棍等现象都进入了研究者的视域。通过第一阶段的调研，我们认识到，微观层面的婚恋现象与宏观层面的人口结构和社会形态有着密切的关联，微观机制的建构需要宏观背景的依托，因而我们组织进行了第二阶段的调研，即设计了《青年农民工婚姻家庭生活调查问卷》①开展定量研究，试图在宏观层面对新生代农民工的婚恋问题有一个总体的把握。通过抽样调研和统计分析，我们对于新生代农民工婚恋问题的看法既有了宏观层面的背景，也有了微观层面的质感，随即，我们就开始将研究主题凝练成为五个方面：婚恋形态、婚恋路径、农村的婚备竞赛、城市里的婚恋技术、婚恋风险。就这五个方面的问题域，我们进入第三阶段，逐步开展了正规而细致的 7 次调研，分别就以上的问题域进行专题研讨，形成了一些观点和看法，并且发表了一些相关论文。第四阶段，就是总结以上数次调研成果，形成最终的结论和观点，并且组织开展了补充调研和学术交流。

新生代农民工的婚恋模式及其社会风险，在结构层面的关键是由打工经济所引发的农村婚姻市场的结构性变化；在转型层面的关键是以个体价值观和消费主义为代表的城市文化对新生代农民工婚恋行为模式的影响。结构上的变化为婚恋转型提供了基础条件，而婚恋转型又反过来加速了结构上的变化。这个社会过程已经成为伴随新生代农民工打工生活的必然部分。

在结构和转型的作用机制下，新生代农民工的婚恋模式及其社会风险呈现前所未有的复杂化和多元化特征。以往的研究者都不同程度地注意到了打工经济的影响，但只是把打工经济作为一种外在的客观变量来论述。事实上，打工经济的影响只是一个重要线索，其社会运作机制的内核一方面在于农村婚姻市场的结构

---

① 《青年农民工婚姻家庭生活调查问卷》所获得的数据集中在河南省，并且其统计分析并未对本书的论点有核心影响，因而本书并未展示此项调查的具体情况。

性变化，另一方面在于农民工流动生活的自我建构能力。我们需要转变外部视角的观察和审视，变为内部视角的深度解释，从关注现象转变为关注结构，注重农村主位并兼顾农民工主位，在农民工的婚恋实践中理解转变的发生。

本书试图在以下几个方面着力。

第一，对于农村婚姻市场的结构和变化有较为全面的认识。农村婚姻市场伴随着打工经济而形成，并且随着打工经济的深入发展而发生相应的变化。农村婚姻市场配置着婚姻资源的流动，形成了全国婚姻市场和本地婚姻市场，从而形成了以自由恋爱和相亲为代表的两种婚恋途径。婚姻市场的结构性变化为光棍的形成、离婚的发生提供了基础结构，是新生代农民工的婚恋模式及其社会风险发生的社会基础。

第二，打工经济所代表的社会流动因素对于农民工婚恋行为模式的作用机制。流动生活给予了新生代农民工流动的婚恋，体现为城市和工厂环境中"无根的爱情"，以及农村社会"形式主义"的相亲与婚姻。流动生活中的婚恋在途径、样态、模式、结构、价值观层面都呈现进一步分裂之势。这种流动的婚恋生活是新生代农民工必须处理和解决的生活命题，它全方位地影响了农村社会的婚恋文化、家庭结构、家庭再生产以及家庭生活策略。

第三，农村社会的婚恋变革正在发生。城市文化对于新生代农民工的婚恋行为有着理念上的影响，其文化体验改变着年轻人的心智方向；而农村社会场域中的婚恋生活成为形式主义的存在。这种婚恋困境推动了作为主体的新生代农民工不断地将自身的婚恋行为极端化、丰富化、形式化。城市中存在的"爱情快餐"、临时夫妻等是某些新生代农民工的行为策略，而农村社会的跨省婚姻、早婚、闪婚、离婚等现象也是他们的情境选择。婚恋变革表面上是社会开放和文化变迁的问题，而实质上是新生代农民工婚恋困境的体现。

第四，新生代农民工的婚恋问题不仅仅是他们的个人问题，也是一个关涉婚姻市场运作和社会流动的结构性问题。在此层面上，新生代农民工的婚恋风险并不只是由于个人因素形成的，而是多种社会性因素的融合加固。失婚风险和婚姻稳定性风险是新生代农民工面临的主要婚恋风险，它们看起来与个体有关，实质上却是结构性因素制约下的个体特质选择。因而，针对新生代农民工的婚恋风险，调整结构和重整规范才是根本解决之道。

本书中一些遗憾和不足之处仍旧存在，主要有以下几个方面。

第一，对于新生代农民工婚恋生活的问卷调查有不足之处。尽管我们希望尽量追求全面和科学，但是受制于客观环境，我们选择了一些典型地域来调研，由此造成宏观层面新生代农民工婚恋问题的分析和解释具有一定的局限性。

第二，我们在陕西、河南、广西等省区的农村开展了关于此主题的质性研究，尽管取得的成果还比较丰硕，但是我们认为还不够全面深入。尤其是对于中南部省份，如湖北、贵州等地农村社会婚姻市场的认识不够，它们可能呈现与华北地区不同的婚姻市场形态，这是我们的研究没有重点调研的，也是我们今后努力的方向之一。

第三，在理论提升上，需要更加完善。对于农村婚姻市场的分析需要融合更多元素，建构出一个具有解释大部分新生代农民工婚恋问题的框架；对于中国人的婚恋转型也需要进一步凝练研究话题，将转型的婚恋研究做得更加扎实；对于婚恋风险的研究也需要进一步的理论提升。这些都是我们将要继续努力的方向。

在接下来的章节中，笔者将从新生代农民工的婚恋样态、婚恋路径、农村的婚备竞赛、工厂恋情、婚恋价值变革来分别呈现研究发现。

第二章　婚恋形态多样

大规模的打工经济兴起之后，农村社会的婚恋领域受到了极大的冲击。身份归属在农村，工作生活在城市，这使新生代农民工对于传统婚恋模式的传承急剧弱化；家庭成员分隔几地，这使新生代农民工家庭生活的完整性遭到破坏；城市婚恋文化的冲击，又将新生代农民工置于婚恋文化变革的前沿。可以说，打工经济带给农村婚恋的冲击是综合性、全方位的。与农村的传统婚恋形态相比，转型期新生代农民工的婚恋形态具有显著的多样化特征：婚恋行为经历了从单一到多元、从简单到复杂、从统一到多样的转变。婚恋形态多样化是新时期婚恋转型的显在体现。本章中，我们将梳理打工经济之后呈现的多元婚恋现象，并且详细论述典型婚恋现象（跨省婚姻、早婚、双系婚姻）的社会运作机制。

一　多元婚恋现象

以流动生活为底色，新生代农民工的婚恋具有明显的双栖性，城乡生活对其产生了重要的影响，由此引发了一些典型的婚恋现象，如未婚同居、闪婚、逃婚离婚、婚外情、临时夫妻、光棍等。

（一）未婚同居

未婚同居现象往往与自由恋爱的兴起关联在一起。20世纪90年代之前，多数农村地区对于未婚同居的接受程度较低，这与传统文化和村庄舆论的作用有关。伴随着大规模打工经济的兴起，农民工在外打工的过程中自由恋爱，未婚同居日渐流行。2000年之后，在打工地未婚同居已经成为一种相当普遍的社会现象。可以说，新生代农民工是未婚同居现象的高发群体之一。

在打工地，由于远离村庄舆论和父母的监控，只要男女双方自由恋爱，并且你情我愿，就很可能未婚同居。而在农村社会，由于有村庄舆论和父母的监控，不少农民在 2000 年之后才开始逐渐接受未婚同居。2010 年前后，在不少农村地区，恋爱或者定亲的男女在一方家中同居，已经被农民广泛接受。农民的理由是："现在都成了这种形势！"然而，未婚同居就很可能未婚先孕。如果在打工地未婚先孕，那么在商讨双方结婚、居住地、彩礼、房子等现实性因素的时候很可能阻力较大，能够成功克服以上所有困难而缔结婚姻的是少数，因而，多数打工地未婚先孕的结果并不好，这显然会给感情本身刻上"伤痕"。如果在农村社会未婚同居，通常父母双方都有一定程度的了解和准备，未婚先孕之后，双方父母会紧急启动传统的相亲等程序和仪式，缩短时间间隔，在最短的时间里帮助子女完成婚姻大事。因而，农村社会的未婚先孕能够走入婚姻的比例相对较高。

农村社会对于未婚同居的被动接受显然与打工所引发的自由恋爱潮流有关，打工地自由恋爱的流行冲击到了农村社会传统的婚恋路径，随后农村社会逐渐接受了自由恋爱和未婚同居。然而，人们很快发现，新生代农民工在外自由恋爱和未婚同居很可能"不靠谱"，因为他们要想有好的结局需要克服各种困难。与此同时，农村社会尚存有一些对于婚恋保护的传统文化元素，自由恋爱和未婚同居的流行并没有一下子将"恋爱"和"婚姻"分离开来，通常情况下经过自由恋爱和未婚同居，父母双方都会尽量帮助子女走进婚姻。但是总体来讲，不管是在打工地还是在农村社会，新生代农民工自由恋爱走入婚姻的比例都低于传统相亲模式。

（二）闪婚

闪婚现象在 2000 年之前的农村社会并不常见，在世纪之交才逐渐出现并流行开来，新生代农民工是闪婚现象的主要实践主体。

闪婚主要是指，新生代农民工在很短的时间里，通常是几天到几个月，就完成了从相亲到结婚的诸多事项。

过年前后是新生代农民工闪婚的高发时间段，这与打工的周期有关。平日里农民工为了工作东奔西走，只有在过年前后农村社会才热闹起来，于是相亲结婚等人生大事都集中进行。2000 年之后，农民逐渐认识到在外打工的自由恋爱很可能冲击到农村社会相亲的成果，从相亲到结婚的时间段越长风险越大，而一旦发生退婚，礼物的流动和彩礼的归属就成为问题，并且也会影响双方家庭的社会声誉。于是，由于害怕"夜长梦多"，相亲成功的男女家庭越来越倾向于尽快结婚，而且由于害怕新生代农民工独自外出务工会有变数，他们往往也倾向于让新婚的小夫妻共同外出务工，以"互相照应"。由此，农村社会的闪婚在父母的推动、新生代农民工默许的情况下越来越多地发生了。

我们在调研时，在陕西、河南等务工大省的农村地区都发现了不同程度的闪婚现象。年前相亲成功，年后举办婚礼，在短短十多天的时间里便完成人生大事，这样的情况在相当多的农村地区很常见。男女双方的结合多数是在父母进行物质条件和个人条件配比的情况下完成的。农村社会的规范和父母的推动，是新生代农民工婚姻大事的重要保障。然而，由于相处时间短、感情基础不牢固，亲属关系的磨合也不够，有相当多的新生代农民工在婚后出现了各种问题，常见的有：夫妻关系不好协调，经常吵架、打架；家庭关系不好，年轻的媳妇与男方父母的关系也不好处理；甚至，由于年轻的夫妻都"贪玩儿"，在婚后依然可能在外"恋爱"而出轨；在一些特殊的情况下，出现"闪婚闪离"。

闪婚是集中发生在新生代农民工身上的一种特殊婚恋形式。打工引发了新生代农民工的自由恋爱潮流，出现了一些婚恋上的不稳定因素，为了应对这些因素，农村社会的婚姻市场随之发生了一系列社会反应，闪婚就是其中之一。在农村社会，闪婚是为了婚恋关系的稳定性，而以婚姻契约的形式加以保证，然而，在"感情"已经成为婚恋关系合法性基础的条件下，这些婚姻契约的形式显然并不能完全保证婚恋关系的稳定。

（三）逃婚离婚

本书中，逃婚主要是指在未办理结婚登记的情况下，女方在男方家里以夫妻名义生活过一段时间，后来由于各种原因女方逃离的情况；离婚则是指正式办理了结婚手续之后的婚姻破裂。在我们的调查经验中，新生代农民工的离婚现象普遍存在于各地，而逃婚现象则集中存在于那些经济条件差、地理位置偏远的农村地区。

新生代农民工的婚姻破裂主要有三个方面的原因。第一，婚姻生活无经营，家庭生活不适应。多数新生代农民工的婚姻家庭生活基础由父母打造，年轻人坐享其成，这导致了父母对于年轻人的婚姻生活干预过多。夫妻之间的关系不协调、家庭分工不明确，又加上年轻人在婚姻生活中要面临诸多家庭生活琐事，有些不适应，如果协调不好就容易激发情绪。如若是跨省婚姻，并且常年在外打工缺少磨合，家庭生活适应的问题就会异常突出。第二，感情基础不牢固，夫妻关系出现问题。相亲可能会使年轻人被动接受父母的意愿，自身的主体性并未充分发挥；早婚也让未成熟的新生代农民工过早选择。这些都有可能使夫妻感情出现问题，常见的有婚后出轨、夫妻关系不亲密等。第三，家庭条件差，由于经济问题而引发家庭矛盾。婚姻家庭生活面临着经济基础的问题，经济条件差会引发一系列难题，如若夫妻感情基础不牢固，便很容易被这些难题击垮而出现婚姻破裂。

2000 年以来，不少农村地区的逃婚离婚现象突然增多，这与打工经济引发的社会流动密切相关。若是在外自由恋爱领回的媳妇，容易因为家庭生活不适应而逃离；若是在父母的安排下相亲结婚，则可能会因为夫妻感情问题而发生婚外情；家庭条件差，或者家庭负担重，则往往会轻易击垮夫妻之间的感情维系，从而出现各种问题，最终婚姻破裂。逃婚离婚现象的增多，也在一定程度上意味着新生代农民工的婚姻自主性在增强，尤其是女性，在婚姻生活中的"退出权"（李永萍，2016）反过来塑造了其在婚姻市场上的权力高位。

（四）婚外情

新生代农民工的婚恋生活中发生了诸如闪婚、跨省婚姻等典型现象，这些都会增加婚恋关系的风险，由此，婚外情的发生率不断提升。我们近几年在全国十多个省市的调研中发现，婚外情现象不同程度地存在于各个地区的新生代农民工身上。

新生代农民工婚外情的发生通常有三种情况。第一，感情因素。由于男女双方是在父母的安排下相亲认识，并且闪婚，感情基础不牢固，在婚后的家庭生活中因为琐事争吵不断，从而容易发生一方或者双方出轨的情况。第二，磨合不够。自由恋爱结合的跨省婚姻，在婚后的日常生活中通常面临诸多生活不适应、家庭功能不协调的问题，周边又没有足够的协调两者之间关系的社会机制，由此造成了夫妻之间因为生活磨合不足，而在他处寻找情感寄托的现象。第三，长期异地生活。有些新生代农民工由于打工的缘由长时间不在一起生活，双方长时间的情感空窗期导致容易发生婚外情。

婚外情的发生是对婚姻生活的伤害，轻者伤害婚姻关系和家庭生活，重者导致婚姻破裂。我们在河南上蔡县的一个村庄中发现，十年的时间里，一个1000人的自然村中发生了8例因网聊出轨而引发的离婚案例。这些年轻人结婚时间都在10年之内，他们长期在外务工，一方或者双方通过社交媒体（如 QQ、微信、陌陌等）找到新的恋爱对象，后来由于矛盾不可调和而引发离婚。事实上，新生代农民工中也存在不少有婚外情经历却由于各种原因并未离婚的案例。

（五）临时夫妻

临时夫妻是一种由于媒体关注而被大众熟知的社会现象，主要是指在外务工的男女临时组建起来以夫妻名义共同生活的情况，双方已婚或者未婚，由于长期分离而在打工地与他人临时共同生活。临时夫妻多在打工地附近的城中村等农民工聚集区出现，这种男女结合起来"搭伙过日子"的情况多是为了满足一些功能性需要（徐京波，2015；陶自祥，2019），如情感慰藉需要、相互照应需要、生活消费需要等，他们一般只存在于打工地的生活，双方都以不破坏彼此之间的婚姻家庭为共识基础，因而临时起意随时结束。当然，也有一些在打工地同居的临时夫妻，后来由于各种原因影响了自身的婚姻家庭生活。临时夫妻是在打工经济背景下产生的一种特殊的婚恋现象，其对于新生代农民工的婚恋秩序形成了挑战。

（六）光棍

光棍现象古已有之，不过打工经济之下的光棍现象有其特定的社会运作机制。

伴随着打工经济的兴起、自由恋爱的盛行，全国范围内的婚姻市场开始形成。婚姻市场的运作有一定的规律，比如女性往往更容易向资源条件好的区域流动，在同一区域，女性往往向资源条件好的家庭流动。同时，20世纪90年代以来，农民有意识的性别选择等使男多女少的情况比较突出。近年来在农村社会的调研发现，越是地理环境差、经济条件差的地区，光棍的发生率越高；越是家庭条件差、自身条件差的家庭，越不容易娶到媳妇。如此婚姻流动的结果便是，地理环境差、经济条件差的地区的家庭条件差、自身条件差的男性更容易成为光棍。打工经济在多数地区大规模兴起的时间是2000年之后，因而，新生代农民工成为特殊地域主要的光棍风险群体，一些地区的"光棍危机"就有可能愈演愈烈。

以往，婚姻圈中的婚配规则有效，地方社会中的光棍群体相对均质分布，一方面，其数量有限；另一方面，他们多是由于身体残疾、精神障碍等缘由而成为光棍的。光棍在乡村社会中是边缘性群体，从生产生活到社会交往，从人情仪式到价值依托，以往的光棍群体都是乡村社会的溢出者。而今日的"光棍危机"所不同的是，由于婚姻市场的运作，光棍群体可能会集中在特殊地域的特殊人群，光棍现象在乡村社会不再是边缘性的，可能会普及到中等条件及以下的农村家庭，一些地区水涨船高的彩礼提高了结婚成本，这就将相当一部分新生代农民工排斥在婚恋门槛之外，这种失婚的焦虑会进一步蔓延、扩散，成为影响地方社会安定和谐的不稳定因素。

光棍是在打工经济背景下产生的有关婚恋的一种特殊现象，即失婚。光棍尽管并不关涉新生代农民工的婚恋本身，但是其所反映出来的是与婚恋密切相关的问题。因而我们对于光棍现象的关注与研究也就构成了从侧面研究新生代农民工婚恋的重要视角。

二 跨省婚姻[①]

跨省婚姻是打工经济影响农村传统婚恋行为的最显在特征之一，对于其的梳理和分析有助于我们深化对农村婚恋转型的认识。

打工经济引发了自由恋爱潮流，来自全国各地的新生代农民工都可能会发生跨省婚姻。在打工经济大规模兴起之前，农村社会的婚姻圈相对稳定，即农民的通婚范围一般在方圆十多公里的范围内。这个地域范围往往属于同一个地方社会，语言相通、文化相似、共享地方性知识，对于男女双方的婚配有一套特定且共享的社会规范。如此，在婚姻圈中结合的婚姻关系，往往受到地方社会的保护而更加稳定。然而，打工经济打破了婚姻圈的限制，自由恋爱的男女来自全国各地，有些新生代农民工冲破各种约束条件最终走进婚姻，形成跨省婚姻。跨省婚姻，就是在打工地自由恋爱而形成的、不在传统婚姻圈范围内的婚姻关系，通常是跨省婚姻，也有跨市婚姻、跨县婚姻。本书为了讨论方便统一将超出传统婚姻圈范围的婚姻关系称为跨省婚姻。

---

① 本节的部分内容曾以《打工青年跨省婚姻研究》为题发表在《中国青年研究》2010 年第 1 期。

我们近几年在全国十多个省市的调研中均发现了跨省婚姻的存在。打工经济大规模兴起之后，跨省婚姻变为一种非常普遍的社会现象。跨省婚姻以"感情"为婚恋关系存在的合法性理由，并且冲破一些现实因素的限制而缔结婚姻。在婚姻存续期间，跨省婚姻除了要解决普通婚姻所要求的物质问题之外，还需要解决语言不通、生活方式割裂、文化不一、价值观不同等方面的问题。在农民的印象中，跨省婚姻多是自由恋爱，男女双方并不特别在意物质条件，因而就不会像本地婚姻一样"价格昂贵"；[①] 又由于外来媳妇多有生活不适应的问题，而且又多外出务工难以监管，所以她们很容易"说走就走"，即跨省婚姻的稳定性较低；除此之外，跨省婚姻使原本属于地方社会的亲属关系失去效用，也让女性的权益很难得到保障。

跨省婚姻是一种与打工经济引发的自由恋爱关联在一起的婚姻形态，2000 年前后在部分农村地区高发。后来，由于农民很快认识到了跨省婚姻的坏处，如不稳定、亲属关系没有效用等，一些农村地区开始有意识地调整，不少农民父母更倾向于子女在本地结婚。于是，2010 年前后，一些农村地区的跨省婚姻有减少的趋势。

本节中，我们将从跨省婚姻的现状、发生机制和特征出发，探讨跨省婚姻具有的社会意义。跨省婚姻一方面具有西方意义上"婚姻革命"的内容，另一方面也使婚姻在村庄文化中的象征意义逐渐衰减，婚姻可以利用的本土资源在跨省婚姻的事实中被消解。跨省婚姻的双重面孔提醒人们要更加理性和成熟地看待农民婚姻生活正在发生的巨大变化。

（一）跨省婚姻的现状

跨省婚姻指夫妻双方不同在某一传统婚姻圈中的婚姻。根据

---

① 2010 年前后，河南、陕西等华北地区的某些村庄出现高额彩礼现象，并且往往伴随着对于婚房的较高要求，这使农民的结婚成本急剧上升。

自然地理条件的不同，传统婚姻圈分布在 5～15 公里的范围（唐利平，2005）。而跨省婚姻不一定是"跨省"，也可能是"跨市""跨县"等，总之不是在传统婚姻圈中。跨省婚姻在农村有三种基本形式：第一种是在历史上形成的，如由于战乱或者灾荒大量流民与当地人结合而形成的跨省婚姻；第二种是在 20 世纪 90 年代之前因"买卖婚姻"而形成的跨省婚姻，农村男人由于经济条件所限娶不上媳妇，于是就花钱从更加落后的农村地区"买媳妇"；第三种是指伴随着打工潮的兴起而出现的异地青年结婚，这是新生代农民工在远离村庄传统婚姻圈的情况下，由于婚恋自由而产生的一种社会现象。自由恋爱引起的跨省婚姻对于农村的婚姻圈和婚姻制度冲击巨大，它甚至从根本上改变了农村的社会生态。这里所探讨的跨省婚姻就是第三种形式的跨省婚姻。

现阶段农村的跨省婚姻多是 20 世纪 90 年代之后，伴随着打工经济的兴起而产生的社会现象。2000 年之后，大部分的中国农村地区迎来了大规模的打工潮，新生代农民工成为打工群体的主力军，跨省婚姻在农村也进入了高发期。

华中科技大学中国乡村治理研究中心的研究者在 2009 年寒假做了关于农民工返乡的社会学调查，运用半结构访谈和问卷调查的方法，共获得了 30 个村庄的调查报告，报告显示，跨省婚姻成为几乎每个村庄都在发生的社会现象，下面节选的是其中 6 篇报告的部分资料，以说明跨省婚姻现象在全国农村的普遍性（见表 2-1）。

表 2-1　调研地跨省婚姻的发生情况（2009 年春节前后的数据）

单位：人，例

地域	自然村人口	近十年内发生的跨省婚姻数	备注
福建下垌村	231	12	2007 年有 5 人与外地的姑娘结婚
豫南的 G 村	161	9	来自湖南、云南、湖北等省的媳妇
湖北安乐屯村	133	12	5 女嫁到外地，4 男娶了外地媳妇，3 男到外地做了上门女婿，现有 5 个"大龄未婚男青年"

续表

地域	自然村人口	近十年内发生的跨省婚姻数	备注
湖南断提村刘家组	108	5	
安徽老集村	347	5	3 女怀孕后嫁到外地
鲁西北章村	900	2	在传统的婚姻圈中寻找结婚对象，仅 2009 年春节期间就订了四门婚事

从以上的调查资料中可以发现，跨省婚姻在农村社会中发生的频率越来越高。即使是在受到传统"说亲戚"习俗深刻影响的山东农村，跨省婚姻也越来越多地发生了。跨省婚姻都是发生在远离村庄的现场——打工地，打工不仅意味着青年农民离开了村庄，远离父母的教育和家庭的规约，也意味着他们开始了不同于村庄生活的打工生活，打工地会聚了来自全国各地的青年农民，为自由恋爱提供了条件。

（二）跨省婚姻的发生机制

跨省婚姻的发生有主观和客观两重基础。主观基础是指青年农民工择偶观念的变化，这是跨省婚姻发生的主要内因。客观基础是打工生活的环境，这是农民工跨省婚姻发生的社会土壤。农民工在外的打工生活，远离了村庄的场景以及村庄文化的熏陶和父母的规约，有其自身的特点，这些特点造就了跨省婚姻发生的可能性。

跨省婚姻发生的社会基础是繁重的劳动和不理性的高消费。在外打工的青年人普遍有两个特点：一是频繁"跳槽"；二是休闲娱乐生活丰富，有不理性的高消费行为。

农民工的工作大致有三类：第一类是建筑行业等以繁重的体力劳动为特点的工作；第二类是自由职业者，也就是在城市从事捡废品、送煤气、卖菜、开店等工作；第三类是"进厂"。这三类工作中，建筑行业的劳动十分繁重，但是其他两类劳动也并不轻松，它们都要求长时间地工作。前两类工作大部分由年龄大、已婚的农民工从事，这些工作又脏又累，但是收入稍高，这对那些有家庭负担的农民工有吸引力。

　　而新生代农民工大部分是"进厂"，这些年轻人一般初中毕业就外出打工，他们很少从事重体力劳动，工厂成为他们打工的首选地。这些工厂集中在我国东南沿海，大部分是劳动密集型的制造业工厂，经常听农民工提到的工厂有电子厂、玩具厂、鞋厂、服装厂、冶金厂等。"进厂"工作与前两类工作相比，工作环境较好，体力劳动稍轻，但工作时间长，一天工作 10 个小时以上，一个月只有一两天的休息时间。多数农民工说，打工全靠加班挣钱，如果按照一天 8 小时工作，一个月的工资收入仅够基本的生活费，没有余钱留下，只有加班才能挣得多些。此外，工厂的劳动很多是流水线作业，每个工人负责一项工作，都是锻炼手头灵活度的简单劳动。这些劳动时间长了就会感觉厌倦，"没有意思"，并且长时间地重复劳动也使人非常疲倦。这对于年轻的农民工来说是难以忍受的，于是，他们就经常"跳槽"，用时常换工作来逃避简单重复的劳动。有学者在湖北沟村的调查中，从一个村民小组随机抽了 10 个农民工调查，发现他们一般换过 3~4 次工作。

　　繁重和简单的劳动使农民工感觉非常"单调""没有意思"，于是在少有的休息时间里，农民工就会尽量到城市中寻找生活乐趣。新生代农民工说，打工生活中最高兴的时候就是发工资后几个朋友一起聚餐、娱乐、逛街等，其中就必然伴随着消费行为。打工生活中，娱乐和消费使年轻的农民工产生了意义感，重要的是，工作之余的休闲娱乐把男女青年农民工联系在一起，他们有机会接触了解，并且建立恋爱关系。

　　跨省婚姻发生的内核是青年农民工择偶观念的变化。笔者在豫东董北村的调查中考察了董北村六十年来农民择偶观念的变化，分别是从新中国成立初期的媒妁之言，到后来的家庭条件相当，80 年代之后的男女相貌般配，再到打工经济兴起之后的性格"合得来"（宋丽娜，2010b）。董北村的经验并不能推广到全国的农村，但是在打工经济兴起之后，性格"合得来"成为全国青年农民工在谈到自己恋爱经历的时候最常用的一个词。打工地发生的恋爱关系是在远离村庄和父母的场景下进行的，男女青年之间的交往感受成为恋爱关系能否建立的最主要因素。

然而，青年农民工的交往感受产生在什么场合，又具有怎样的特点呢？在外的打工生活中，工作的劳累单调与农民工的休闲消费是共存的。另有学者在福建下埔村的调查中发现"建筑工地无爱情"，即从事脏、累、重体力劳动工作的农民工是很难在工作场合获得爱情的。其实，不仅是建筑工地无爱情，在制造业工厂中劳动也很难获得爱情，尽管工厂的工作环境相对好些，但是工作也很劳累单调并且工作时间很长。可是，正是因为工作本身的劳累单调，农民工更加看重工作之余的休闲消费，农民工的意义世界可以由休闲消费来建构，而爱情也产生于其中。由于远离村庄和父母，农民工个人之间的交往成为恋爱关系建立的最重要的因素，于是男女双方的交往感受，能否"合得来"成为农民工择偶的标准。

跨省婚姻的发生机制有双重因素，主观因素是青年农民工择偶观念的变化，性格"合得来"成为农民工主要的择偶意识；客观因素是农民工在无聊和劳累的工作环境中受到压抑，而在休闲娱乐场所的消费建立了生活的意义和价值，从而奠定了跨省婚姻的社会基础。

（三）跨省婚姻的特征

通过休闲生活中的高消费建立起来的恋爱关系，不同于传统意义上农民的恋爱和婚姻。它有以下特点。

第一，新生代农民工普遍有多次恋爱的经历。调查人员在福建下埔村的调查中发现，农民工一个人恋爱四次以上的情况相当普遍。这有主观的原因也有客观的原因。主观的原因是，现在的年轻人对于恋爱关系看得更加开放，"合不来"就分开。同时，青年人还普遍形成了一种观念——婚恋自由，每个人都有选择的自由，遇到更好的可以分手，不受太多限制。传统婚姻制度中的

"定媒"给予青年人的恋爱关系是有规约的,自由恋爱显然不同。客观的原因,一是青年农民工在打工地可以接触到很多异性,二是农民工工作流动性强,大大增加了恋爱关系的不稳定性。

第二,自由恋爱的新生代农民工未婚同居、未婚先孕现象相当普遍。在远离村庄的场景,确定了恋爱关系的农民工可以很"方便"地通过租房子住到一起,而未婚先孕也就成为一个不可避免的问题。有调查人员在福建下坰村的调查中发现,多数打工青年男女在外同居并没有避孕的意识,更少有人有避孕措施。在青年人中逐渐形成了一种关于爱情和性的新认识,即两个人只要相爱,住在一起就是自然的,这并不是什么"不道德"和"丢人"的事情。青年人考虑到伦理道德的时候其实都是已经出现了不可挽回的事情,比如女方已经怀孕,而男方却不负责任地消失等。打工场合中多次恋爱和未婚同居等情况在年轻人中有很强的扩散效应,这是由青年人的生理和心理特点决定的。

第三,早婚早育现象较多。新生代农民工多是初中毕业就外出打工,大多是十五六岁,在打工期间很快谈恋爱,并且很快同居,国家的婚姻政策和婚姻制度对于他们的婚恋行为是缺乏约束力的。我们在村庄调查时发现,相当部分怀孕在家待产的女孩年龄都不足 20 岁,她们一般都是在外打工的时候同居,怀孕之后"奉子成婚",然后在男方家里待产。这些婚姻一般都是举行了仪式而并没有履行结婚登记手续。

第四,跨省婚姻的结婚成本较低。按照农民的说法就是,"娶外地媳妇省钱"。如果娶本地媳妇,在大部分农村地区,男方都要先给女方相当数目的彩礼,平时过年过节的时候还要送大量的实物和金钱。而通过自由恋爱结合的婚姻则普遍节省彩礼费用和男方付给女方的金钱和实物费用。自由恋爱已经确立了恋爱关系,并且大多数情况下已经同居,所以,年轻人在结婚的时候一般不会按照村庄传统的习惯规则来办理。具体来说,就是男方不会再给予女方同样数目的彩礼,他们通常的想法是"木已成舟",彩礼自然要少些;有些距离遥远的两个省份的人之间联姻,两地社会风俗不同，一般情况下女方父母不仅不要彩礼，还因为心疼女儿远嫁而给予女儿一定的补助。如果女方已经怀孕，结婚的时候就更是仓促，省略了许多传统缔结婚姻的礼俗，也就节省了婚姻支出。

第五，跨省婚姻的结婚仪式简化，文化意义减弱。农民说，娶外地媳妇"不热闹"，婚事一般简单办理。部分脱离农村生活的青年农民工在结婚的时候大多觉得没有必要过于浪费，他们普遍的想法是，与其花费大量金钱买个"热闹"，还不如存起来或者消费了实惠，这是不同于村庄传统婚姻结合意义的新的行为模式。传统意义上，结婚仪式具有重要的文化象征意义，它是婚姻结合在村庄社区获得合法性的关键，也是婚姻能够在村庄社区存在的基础。而今，这一切都变了，婚姻的文化象征意义减弱了，其中，年轻人越来越看重自身的利益算计和实惠，他们越来越不看重村庄中的文化象征意义，婚姻关系的合法性越来越倚重法律规范。大多数年轻人不愿意在结婚仪式等方面花费过多的金钱。

第六，跨省婚姻的稳定性不强。外来媳妇"不保险"，婚后容易因为当地的经济条件差而离家。婚后的生活既是城市和农村的对比，也是浪漫和现实的对照。福建下坍村，河南 G 村，还有笔者所调查的贵州聚合村等地都发生了外来媳妇婚后因为不习惯当地生活而"逃走"的情况。打工时候的自由恋爱是浪漫的、高消费的、感情高于一切的，可是当自由恋爱的男女真正结合在一起生活的时候就不得不面对当地生活条件这一现实。调查中发现，村庄的外来媳妇多数存在以下问题：不适应当地的生活习惯，不同的地理环境、饮食习惯、作息时间甚至农民说话的语气和口吻，使嫁过来的外地媳妇要经过相当长时间去适应；而重要的是婚后的妇女面对丈夫和家庭，不再是恋爱时候的浪漫和感情，而是柴米油盐酱醋茶，是抚育儿女的辛劳，也是照顾老人和处理各种家庭关系的烦琐。如果当地生存条件很差，并且男方家庭条件也差，女方在产生各种不适应的时候没有得到丈夫和其家人的理解和关照，那么就很可能因无法忍受而离开。

　　第七，跨省婚姻往往使新生代农民工陷入生活的困境。结婚之前，青年人一般以高消费支撑恋爱关系，这种高消费习惯往往使青年农民工在婚后无法承担生产生活的重任而经济拮据，这大大增加了农民工婚姻行为的不稳定性。我们在调查中发现：刚结婚的青年男女往往经济相当拮据，虽然大多数情况下，他们的婚姻会得到双方父母的资助，但是青年人会很快把这些钱花完，然后陷入经济困难之中。这是因为在婚前，年轻人多是以不理性的高消费支撑自身的恋爱，婚前是"月光族"，很难存到钱，而在婚后，年轻人的人生任务便接踵而至，需要钱的时候却没有，这会促使年轻人产生存钱的意愿。如果父母条件宽裕，就可以资助年轻人，但是如果父母无能为力，那么年轻夫妇就非常容易陷入经济困境中。婚后最初的几年是年轻人逐渐接受人生任务，逐渐形成存钱意愿的关键时刻，这个时期也往往是婚姻容易出现问题的时期。

　　第八，跨省婚姻使农村的亲属制度部分解体。在农村调查时发现，许多外地媳妇都说走一趟娘家的费用至少要几千元，"串亲戚"不方便。有的妇女嫁到婆家几年都不回娘家，并不是她们不想娘家，而是经济算计使她们不能回家。一般情况下，一对打工的夫妇一年可存几千到一万元（2009年左右的数据），回一趟娘家就要花费大半。他们还要面对自身生活中的问题，还有自身的人生任务要完成，有的还计划做生意，还要建房子，等等。这些都促使已婚妇女形成强烈的存钱意愿，从而制约着她们回娘家的次数。嫁入的妇女很少回娘家，也就基本上失去了娘家的关系，失去了重要的经济和生活支持，亲属圈部分解体。在有些地方，一门好亲戚对于一个家庭是非常重要的，亲戚之间不仅会有经济支持，也是社会风险承担的保障，更是家庭矛盾化解的机制。

　　跨省婚姻不同于传统的农村婚姻制度，它是在打工潮的背景下产生的新现象，有很多不同于传统婚姻制度的特征。以上描述的这些特征提醒我们要全方位地理解跨省婚姻的发生机理，理解青年农民工在婚姻上的行为和思维方式，以及跨省婚姻对于农村社会、农民工家庭产生的社会影响，在这个基础上评判跨省婚姻的是非对错，并且寻求理解跨省婚姻的社会意义。

（四）跨省婚姻的社会意义

通过以上的描述和讨论，我们希望理解跨省婚姻现象，并且在打工经济背景下理解跨省婚姻所具有的双重社会意义。

第一，跨省婚姻在新生代农民工群体中的广泛存在彰显了西方意义上的"婚姻革命"正在发生。

跨省婚姻有双重革命意义，一是新生代农民工对于传统婚姻结合方式的反叛，也就是从"父母之命，媒妁之言"的婚姻结合中彻底解放出来，通过自由恋爱自主确定恋爱和婚姻关系；二是新生代农民工对于传统婚姻圈作用的逃离，这使传统的婚姻圈解体。传统上，"父母之命，媒妁之言"与本地的婚姻圈是相互结合在一起的婚姻制度；而如今婚姻结合方式成为"自由恋爱"，打工的环境使自由恋爱必然要突破传统婚姻圈的限制。相对于传统的婚姻制度，跨省婚姻就是一场从婚姻结合方式引发，并且扩展到了农村社会婚姻制度的"婚姻革命"。至此，跨省婚姻才真正具有西方意义上"婚姻革命"的意味。

然而，对于新生代农民工而言，跨省婚姻的作用是喜忧参半的：一方面，远离父母监管和乡村生活的自由恋爱使青年人的择偶行为更加独立和自主，这可以从性格"合得来"普遍作为青年人的择偶标准看出；另一方面，自由恋爱结合的婚姻显然也有一些无法克服的负面效应，比如新生代农民工对于恋爱、婚姻的责任感和道德感降低，他们频繁地更换男女朋友，未婚同居、未婚生育等。自由恋爱一般是以城市中的高消费作为恋爱基础，当农民工回归现实生活的时候，他们会有诸多现实问题要面对，这是对新生代农民工生活和心理的巨大挑战。

从这个意义来说，新生代农民工的跨省婚姻虽然具有"婚姻革命"的意义，但是他们的现实处境使这种革命的意义不纯粹表现为婚姻理念上的革命，而是更多地受制于社会结构和生活现实。

于是，我们在农村生活中看到，"父母之命，媒妁之言"和自由恋爱的婚姻结合方式并不是截然对立的两种力量，两者在新生代农民工的婚姻结合中更多具有互补的性质。这在农村表现为，如果年轻人不愿意接受父母和媒人安排的婚姻，只要他能够自由恋爱并结婚，父母也会同意，农村社会也能接受。背后的原因是，从新中国成立之初就开始宣传的"婚恋自由"观念已经深入人心，只不过，在原本婚姻圈和婚姻规则的制约下，农民"婚恋自由"的机会依然有限，而打工经济的兴起为新生代农民工"婚恋自由"的实现提供了现实的社会土壤，于是跨省婚姻现象很快进入高发期。

第二，婚姻在地方社会文化中的象征意义逐渐弱化，婚姻可以利用的本土资源在跨省婚姻的事实中被消解。

结婚是人生中的大事，在以往的村庄生活中，婚礼具有重大的文化象征意义。对个人来说，它是新生代农民工的"成人仪式"；对整个家庭而言，婚姻具有传宗接代的意味，也表明新的亲属关系的确立；对于整个村落社区来说，婚姻代表着新成员合法地位的确立和婚姻合法性的确立；对社会来说，婚礼也拥有一些附带的社会功能，比如婚礼是连接农民之间互助圈和人情圈的纽带，是伦理道德的仪式性展演，也有社会整合的功能等。

而今，新生代农民工跨省婚姻的文化象征意义明显弱化，表现为以下几个方面。一是婚礼仪式的简化，使婚礼在社区文化中的象征意义越来越形式化，婚礼所承担的社会功能也越来越弱化。现在的结婚仪式不再被农民工看重，农民工不再一味追求一个体面而热闹的结婚仪式，结婚仪式能够吸引的农民工和整合的人群越来越有限，这对于村落社区文化的延续和发展并不是一件好事。二是因为文化象征意义的弱化，缺乏村落社区中各方力量的监管，农民工自由恋爱结合的婚姻不稳定性大大增加，婚姻所具有的传宗接代的文化象征意义发生了根本的改变。现在的新生代农民工更加注重自身生活的幸福体验，而很少顾及老人和整个家庭的福祉，他们的道德感和责任感降低。农村社会中离婚现象越来越普遍，婚外情等在农民工的生活中也越来越多。婚姻结合的变数加大，这对于农民工的婚姻心理甚至生活观念都有极大的影响。三是因为"跨省"，所以婚姻结合所延伸出来的亲属关系基本失去了意义，亲属制度在农村妇女社会生活中的支持和象征意义部分解体。

这意味着，跨省婚姻虽然脱离了传统婚姻制度的"桎梏"，但是它也远离了农村社会制度给予婚姻的各种社会救济，婚姻可以利用的本土社会资源越来越有限，婚姻生活中的个人生活幸福体验凸显，但是婚姻的稳定性无法得到村庄社会文化的保障。

"婚姻革命"正在发生，婚姻作为一个人一生中重要的人生仪式，正在发生不可逆转的流变。新生代农民工的跨省婚姻使我们可以部分接近"婚姻革命"的真相，使我们更加理性和成熟地看待新生代农民工婚姻生活中正在发生的巨大变化。

三 早婚①

早婚现象古已有之，然而，打工经济条件下的早婚被赋予了更多丰富的意涵。

傅建成（1994）研究了民国时期华北农村的早婚现象，认为早婚现象根植于华北农村特有的小农经济社会结构的土壤中，并且在贫富家庭间和区域间都存在差异。随着社会主义婚姻制度的建立以及婚姻法对于传统婚姻礼俗的摒弃，早婚在农村社会一度销声匿迹了。不过，21世纪以来，有一些学者发现农村社会中的早婚现象逐渐抬头，并有愈演愈烈的趋势。王德福（2012）、刘成斌和童芬燕（2016）都在经验研究中发现90后农村青年早婚比例飙升的问题。如何解释这一现象呢？有三个视角的解释，第一个视角是从传统与现代的认识框架来看，吴鲁平等（2012）认为，农村早婚青年有着自我合理化的行动策略，他在这种策略的解读中

---

① 本节的主要内容曾以《结婚未成年——河南农村的早婚及其社会运作机制》为题发表在《中国青年研究》2017年第11期。

发现了"法治"和"礼治"共存。聂建亮（2009）认为，农村青年婚姻中传统与现代博弈的结果就是早婚不早育。第二个视角是从青年农民工自身行为逻辑层面来看，刘成斌和童芬燕（2016）认为青年农民工早婚大多数是在家长并不知情的背景下形成的事实婚姻，这种事实婚姻是青年农民工在打工地由于精神空虚而寻找生活陪伴者，随后同居并奉子成婚。第三个视角是在农村社会的场域中来理解，王德福（2012）认为农村的早婚现象是代际关系变动的结果，即父母希望早日完成人生任务以便趁年轻力壮为自己积攒养老资源，子女在接受早婚要求的同时也向父母索取了大量家庭财富，代际的理性博弈助推了早婚的出现。

以往学界对于早婚现象的解释，不管是哪个视角，都共享了一个基本的前提，即早婚与我们的文化传统具有高度的契合性。早婚是一种文化传统，来自早办事的文化预期和"早生贵子"的期许。我们的传统文化中有着"成家立业"的社会期许，父母也有责任帮助年轻人成家立业。西方文化中有"成年礼"的传统，即在孩子 18 岁的时候行"成年礼"，意味着孩子以后要脱离父母的帮扶而成为独立的个体，自己经营自己的生活。我们的传统文化并不把个人的成年作为独立生活的开始，而往往默认结婚为一个人的"成年礼"，结婚意味着新家庭的成立，经营自己的新家庭就意味着子女完全脱离父母的帮扶。所以，在中国人看来，结婚是与成年关联在一起的，身为父母"孩子早结婚早安心"的心理预期即来源于此。显然，我们的传统文化对于"成年礼"的阐释是为了保证家庭再生产的完成。

然而，现实中的悖论在于，结婚却并未独立，结婚而未成年。我们在河南上蔡县农村的调研表明，早婚是一系列复杂的社会因素相互作用的结果。在河南上蔡县 D 村，早婚是一个非常普遍的社会现象。当地的青少年大多数初中毕业或者未毕业，他们下学后往往会"混"2～3 年，之后在 17～18 岁定亲，18～20 岁结婚。年轻人普遍的早婚现象是在特定的社会基础上产生的，与父母的推动有关，与本地婚姻市场的竞争有关，也与青少年期的懵懂与不成熟有关，我们将这种特定社会基础之上的早婚现象归结为"结婚未成年"。年轻人等不到成长、成熟便已经结婚生子，自己还乳臭未干却已身为父母；而操劳的父母为了完成人生任务付出了沉重的代价，却助推"结婚未成年"走向更极端的社会境况，产生了一系列的社会效应。

早婚传统是如何被一步步演化为"结婚未成年"的？"结婚未成年"的社会基础与运作机制是什么，又产生了怎样的社会效应？我们的社会应该如何看待并干预这种社会现象？这是本节要讨论并解决的问题。

2017 年 7 月 13～21 日，我们在河南省上蔡县 D 村调研。D 村现有人口 2500 余人，500 多户，2 个自然村，8 个村民小组。其中，东庄自然村有 5 个村民小组，分别是 1 组、2 组、3 组、4 组、5 组；西庄自然村有 3 个村民小组，分别是 6 组、7 组、8 组。当地主要经济收入来源为种田与打工。土地种植主要为冬季小麦，夏季玉米、芝麻、大豆、花生等作物。当地农民外出务工较早，在 20 世纪 80～90 年代，不少人家都外出务工，当地人习惯于在城市中"拾破烂儿"，并且多在北方的大城市中打工，尤其是在北京的务工者较多。我们调研期间，对于当地人的彩礼、本地婚姻市场、人生任务、早婚、乡村治理等各层面的社会现象进行讨论分析，形成了对于当地农村婚姻家庭生活逻辑的基本看法。

（一）早婚的发生与"结婚未成年"的呈现

早婚的发生有文化传统的影响，不过 21 世纪的早婚却与打工经济、婚姻市场、代际关系发生了密切的关联。

D 村一带的农民有"早为儿操心"早结婚的传统，2000 年前后，一般 20～22 岁结婚属于正常现象。通常情况下，年轻人初中毕业之后要外出打工几年，其间所挣积蓄要交给父母用于积累结婚成本，18 岁之后便会有人按照父母的要求相亲，相亲合适了之后会按照"小见面—大见面—送好—结婚"的程序来走，通常要过 2～3 年才能结婚。在这个过程中，一方面，需要父母的帮扶，如父母存钱为儿子准备结婚需要的婚房、彩礼等；另一方面，子女在几年的打工生活中也积累了一些人生经验和社会阅历，同时1~3年的结婚程序也使青年男女彼此有一个适应的过程，这使年轻人在婚后生活中尚能应对一些突发事件。综合起来，虽然2000年之前，年轻人的结婚成本几乎都需要父母来承担，但是代际的相互协作与婚前适应期使缔结婚姻往往能够成为子女独立的有效节点。

然而，21世纪以来，早婚愈演愈烈，"结婚未成年"情势逐渐凸显。这种变化的起点在于打工经济背景下婚姻市场的结构性变化。21世纪以来，随着打工经济的深入发展，农村社会不同程度地被卷入了全国婚姻市场，在打工地自由恋爱成为主流，跨省婚姻也变得普遍。在D村一带，农民很快便感受到了全国婚姻市场形成带给自己的压力。按照父母的想法，年轻人外出务工是要协助自己积蓄结婚成本，即主要是为了挣钱，但是他们发现，年轻人外出不仅很少能够挣到钱，并且还可能自由恋爱，甚至领回一个外地媳妇，而外地媳妇在嫁来之后，有不少人因为地方经济社会发展落后、家庭条件差、文化适应困难等各种理由而离开，"不好好过日子"，于是D村一带的农民形成了"外地媳妇不牢靠"的非常顽固的看法。女儿嫁到外地的情况也同样让父母不安，因为他们不知道女儿过得怎样，而且女儿婆家的社会关系因为距离遥远而无法产生效用，于是，本地农民认为"只要是亲生女儿，都不会让她嫁到外面"。跨省婚姻也有好的结局，但是在当地人看来这是可遇不可求的，于是，跨省婚姻在当地农民的印象中变成了"洪水猛兽"，很少有人愿意拿自己的子女做尝试，为了保险起见，他们具有强烈的在本地婚姻市场上为儿女寻找对象的冲动。

这种婚姻市场的结构性变化产生了两方面的社会效应。第一，由于重男轻女的文化传统，父母在婚姻上对儿子的干预往往要强于对女儿的干预，而且在婚姻上女攀高枝，所造成的结果就是，女儿外嫁的情况要多于儿子娶外地媳妇的情况，即本地婚姻市场受到了全国婚姻市场的挤压，由此造成了男性的剩余，并引发了农村社会失婚的焦虑。第二，本地婚姻市场也日渐失衡，这是因为当地农民在生育上有着强烈的男孩偏好，20 世纪 90 年代之后农村社会的性别选择多了起来，出生性别比失衡，男孩多于女孩，2000 年之后，男性娶妻难的情况日渐严重，这更增加了当地社会失婚的焦虑。

于是，当地的农民通过以下三方面的措施来全方位地管控儿女的婚姻大事。第一，维护本地婚姻市场。父母要求子女在本地寻找对象，他们担心子女外出打工会在外恋爱，于是，有能力的父母在子女下学之后并不要求他们外出打工，而是让他们在家"混" 2～3 年，到了 17～18 岁订婚甚至结婚了之后再外出打工。当然，若是父母能力有限，不能在较短的时间里积累儿子的结婚成本，他们也会要求子女外出，但是明确以"挣钱"为目标，子女打工的收入要交给父母，并且在 18～19 岁的时候一定会要求子女回家相亲结婚。如若子女在外自由恋爱，若对方是外地人，父母一定会想尽办法干预，甚至以死威胁要求子女放弃外地的男/女朋友；若对方是本地人，父母会就对方的家庭情况进行一定的考量，若父母健在、家庭条件尚可、兄弟少，父母便会同意这门婚事。

第二，调动所有的社会资源为子女积累结婚成本，并且将子女的婚期提前。婚姻市场上的结构性变化，造成了女性要价能力提高（主要是婚房和彩礼的成本提高），因而父母要想帮扶儿女成婚必须付出极大的代价。这时候，父母会调动所有的资源（省吃俭用、延长劳动时间、借债等）来为儿"操心"。因为结婚成本巨大，所以一旦订婚，父母会希望尽快结婚，以免"夜长梦多"发生变数。2000 年之前，从相亲到结婚要走四道程序（小见面—大见面—送好—结婚），需要 1～3 年；而现在这个时间越来越短，最近两年一般 3 个月就走完了这四道程序。这是因为，男女第一次见面订婚就要给女方上万元的见面礼，在订婚之后，男女双方要互走亲戚，其间，男方也要付出多次且较高的经济成本，而且每道程序都要支付女方一定名目的现金，如若在这期间退婚，男方之前付出的成本很难收回，于是男方父母往往在儿子订婚之后会要求尽快结婚。如今，乡村社会17～18岁便结婚并不稀奇，如若20岁还未结婚，父母就非常着急了，到22岁还未能结婚，通常情况下就被归为结婚困难户了。

第三，父母在子女婚后的相当长一段时间里依然要为儿"操心"。在17～20岁结婚，年轻人的心智还很不成熟，很快他们又要生儿育女，这种人生任务和家庭责任往往是他们负担不起的。比如，有不少年轻人在婚后依然不能经济独立，需要父母资助维持日常生活；甚至他们生了孩子之后，从日常照料到经济成本都得依靠父母。当地有句俗语，"媳妇是买来的，孙儿是爷爷奶奶的"。于是，D村一带形成了一种普遍的家庭结构：父亲打工养家，母亲顾家照看孙儿，年轻的夫妻外出打工自己挣钱自己花。这个结构通常要持续到父母彻底丧失了劳动能力之后，子女才能真正为家庭负责任，我们在调研中发现，子女在婚后10年依然不能独立，而依靠父母的帮扶过生活的情况并不少见。一方面，父母的人生任务无限扩展；另一方面，被"包办"的子女很难在这个过程中培养起独立生活的能力和家庭责任意识。D村的年轻人常年外出打工，甚至夫妻不在一处，孩子放在老家爷爷奶奶照顾，他们很少回家。已婚已育的年轻人大部分的时间依然是过着城市中的打工且单身的生活，他们只是在过年过节的时候才能一家人团聚。家庭生活被割裂，感情互动与相互适应的成本增加，产生了很多家庭问题。

如果说2000年之前的早婚现象有诸多文化传统的影响，那么在婚姻市场已经发生结构性变化的21世纪，早婚甚至"结婚未成年"早已超越了文化传统的限制。"结婚未成年"，不仅仅意味着早婚，也意味着父母人生任务加重，子辈无独立意识、无家庭责任感。

（二）"结婚未成年"的社会效应

父母主动将子女的婚期提前，表面上看是为了在严峻的形势下尽快完成人生任务，结果却是其人生任务无限扩展，子女婚后的几乎所有婚姻家庭生活事务都要父母的参与才能完成，"结婚未成年"，造成了代际关系失衡、婚姻家庭生活被割裂、婚姻风险增加、留守儿童的成长等诸多方面的社会问题，深刻影响到农村的家庭再生产。

1. 代际关系失衡

代际关系在生理层面是血缘关系和拟血缘关系，在功能层面是社会交换，在价值层面则是代际伦理及其背后的家庭道德。不管在哪个层面，代际关系都讲究平衡，即生理上"你抚我小，我养你老"；功能层面，相互辅助相互支撑，俗语的表达是"前三十年看父敬子，后三十年看子敬父"，代际是一个紧密的合作互助体系；价值层面，代际的伦理道德和责任系统非常强烈，这是由我们的文化传统赋予的，父母对于子女的生养之恩与子女对于父母的孝敬，这是一体两面的道德伦理。

然而，"结婚未成年"造成的显性后果就是代际关系失衡。代际关系失衡以年轻人的婚姻缔结为突出的表现形式，其缘由来自婚姻市场的结构性失衡，所造成的结果是，父辈为了完成自己的人生任务而负重前行，与子辈对父辈的付出形成失衡状态，表现在三个方面。一是父母需要为子女的婚姻大事付出巨大的经济成本，需要数十年甚至一生的资源积累才能勉强完成，甚至因此背负沉重的债务要自己偿还，而且儿子结婚之后的数年仍旧要为儿子的婚姻稳定和家庭事务负责。二是"结婚未成年"让年轻人还未成熟的时候就走进婚姻生活，使得年轻人无法很好地适应婚姻家庭生活，并且不能够因为结婚而产生强烈的婚姻伦理与家庭责任感，从而使得年轻人的婚姻家庭生活仍旧需要父母的扶持才能维系。三是代际关系失衡也意味着代际的权利义务责任系统在新的形势下进行重新配比。因为男方家庭需要调动所有的社会资源为子辈的婚姻大事负责，于是，"为子成婚"便成为农民人生任务系统的核心；与此同时，年轻的女性在婚姻市场上的"退出权"形塑了其权利的高位，以至于深刻影响了家庭生活秩序中的权利义务关系。表现为男方及男方父母的谈判能力弱小，他们只有尽量"讨好"儿媳妇才能获得婚姻家庭生活的圆满，于是家庭生活中的权力关系变为父辈讨好子辈、婆婆讨好媳妇。

代际关系失衡不仅是父辈的主动资源输出，也是子辈的"结婚未成年"；不仅是"代际剥削"的问题，也是代际界限不清、责任不明的问题；不仅是婚姻市场中的代际交换失衡，也是婚姻家庭生活中代际权利义务关系的重新配比。

2. 婚姻家庭生活被割裂

与代际关系失衡相伴而生，农民的婚姻家庭生活也变得支离破碎，传统的规矩礼仪失效，新的规矩礼仪没有形成。首先，代际的生活空间相互隔离。年轻人婚后常年外出务工，只在过年等特殊时节回家团聚；甚至生育子女的时候，多数年轻女性待在农村老家的时间都不会超过2年，而年轻的男性更是很少回家。包括养育子女在内的各种家庭事务都被父母包揽。通常情况下，母亲带孩子做家务，父亲在本地打工维持家用。这种家庭生活模式将代际的生活空间隔离，变成了村庄中的隔代家庭和打工地的夫妻家庭。代际缺乏日常生活中的家庭交往与相互扶持，家庭事务和家庭规范的传承受到了严重挑战，两代人之间的"代沟"凸显。我们在D村调研时发现，代际在生活方式、消费习惯、待人接物等各方面都出现了愈来愈严重的隔阂。D村一位48岁的婆婆告诉我们，"儿媳妇在家从来不做饭，刷个碗都是表现极好的，就这样还经常嫌弃我做饭不好吃，不想吃就到街上饭店吃饭，现在的儿媳妇不哭不闹就算好的"。同时，年轻人热衷于"手游""社交平台"等，没有哪个年轻人愿意将自己的大部分时间花费在家务事上，他们更乐意沉浸在消费主义的世界和虚拟的网络世界。

其次，两代人被锻造出了不同的家庭伦理和家庭责任感。在既有的家庭结构中，村庄中的隔代家庭承担了绝大多数的家庭事务，由家庭伦理和家庭责任感强烈的父母来完成；打工地的夫妻家庭几乎不承担任何家庭事务，年轻人依然过着非常"自我"的打工生活，他们的家庭责任感和家庭伦理弱化。表现在：村庄中没有哪个父母会退出为儿娶妻的婚备竞赛，也不会退出带孙儿做家务的家庭事务，如若父母不能很好地完成将会承受极大的舆论压力和心理压力；相反，在外打工的年轻夫妻不操心家事、不带孩子被视为正常，他们原则上只要每年给父母寄回一定的生活费就算负责任了，但是不少结婚多年的年轻人（30 岁以下），打工收入都不够自己花，结婚 10 年才开始有少量积蓄寄回的年轻人不在少数。父母承担大量的家庭事务，顾及家庭责任，但是并不能因此而获得好的效果。

D 村一位 26 岁的小媳妇儿向我们抱怨她的丈夫，结婚 7 年，生养 2 个孩子，夫妻俩打工的收入各自保存，丈夫的钱从来不够花，并且还在自己二胎怀孕期间出轨一个本地的姑娘，夫妻关系恶化。小媳妇儿说，"他总是抱怨，说因为我们结婚他们家变穷了。还总是惦记着我手里的 2 万元钱，这是结婚时的彩礼。他总想从我手里要回，有一次他买了一个 200 多元的戒指，说都给我买礼物了，难道我不应该把钱给他吗？"夫妻俩都不成熟，也无法承担起家庭重任。为了挽回这场婚姻，公婆做了很多工作，公婆承担了所有的家庭生活费用，两个孩子的奶粉钱都是公婆出的，由于儿媳妇总是抱怨丈夫不寄钱回家，公婆逼着儿子这年寄了 3 次钱，共计 2500 元，以讨好儿媳妇。但是公婆的这些努力也并不能真正挽救这场婚姻，儿媳妇告诉我们："我也不知道要不要离婚，一直犹豫，但要是离婚了我就不要这两个孩子了。"

上述案例在 D 村非常典型。过早结婚使得他们在婚后依赖父母成为常态，而长期依赖父母且不同财共居使得年轻夫妇的"自我"增长，年轻人以自我为中心，不懂得经营夫妻关系，也不懂得承担家庭责任；而父母的负重前行伴随着他们对于完满家庭生活的美好希冀，只是这种希冀寄托在这些未成熟便已婚的年轻人身上显得那么苍白。婚姻家庭生活就这样被物理距离、心理距离、代际距离割裂，婚姻家庭生活的统一性被打破，伦理规范失效，婚姻家庭生活问题不断凸显。

3. 婚姻风险增加，家庭生活危机加剧

在婚姻家庭生活被割裂的背景下，婚姻风险剧增，村庄中离

婚、逃婚、失婚的焦虑前所未有。由于多数年轻人办理结婚仪式的时候不够法定婚龄，于是他们大多数只办婚礼而不进行婚姻登记，等到第一个孩子上学需要户口的时候才去登记结婚，因而D村的婚姻风险主要体现为离婚和逃婚。

2000年以后，D村离婚和逃婚案例增多。近十年凸显了一种类型的离婚，即因为网聊认识了新的对象而导致婚姻破裂。这种情况多发生在年轻夫妻之间，并且双方都有外出打工的经历。外出打工，尤其是夫妻两人异地打工，增大了双方通过现代手段（网络、智能手机）结识新对象的概率，出轨导致夫妻感情破裂。这种类型的离婚发生在经济条件差、中、好各个层次的家庭中。我们仅在D村的其中一个自然村——西庄（约1000口人）就调查到8例此种类型的典型离婚案例。

田某，26岁，本乡相亲结婚，育有一儿一女，儿子7岁，女儿5岁。夫妻俩常年外出务工，并且不在一处工作，孩子一直由其父母照看。打工期间，男女双方都发生了网聊出轨事件，2015年离婚，孩子都留给男方。如今，田某继续外出打工，很少回家，还未再婚。像田某这样通过父母的安排相亲结婚，并且婚后夫妻不在一处打工的情况在D村很常见。在这种结构下，婚姻稳定性受到严重挑战。首先，父母安排相亲结婚，考虑最多的是双方条件的配比，男女之间感情基础较为薄弱；其次，由于结婚时年龄尚小，父母在年轻人婚后不得不承担大部分的家庭责任，这更加剧了年轻人家庭观念淡漠的情势；再次，异地打工不仅使得代际的日常交往缺失，也使得夫妻之间的日常交流匮乏，缺乏夫妻关系经营的条件，还使得传统的家庭规范失效；最后，外界打工生活具有很多新奇的、有诱惑性的事物，尤其是现代网络技术的发展与普及重构了年轻人的社交世界，在这种环境中的年轻人不免受到刺激与感染，甚至做出一些有悖于家庭团结和家庭稳定的事情。

4. 留守儿童的成长受到挑战

"结婚未成年"、老人带孙儿、长期不与父母共同生活，这些因素使得乡村社会留守儿童的成长受限。我们从两个层面来讨论留守儿童的成长问题，一方面是家庭教育，另一方面是学校教育。

在家庭教育上，主要表现为爷奶的"护短"教育和父母的教育缺位。D村的孩子大多数是留守儿童，这些孩子平常跟着爷爷奶奶一起生活。爷爷奶奶日常生活中只能给予孩子基本的吃穿住用的保障，对于孩子的学业、人格发展、心理健康、理想教育等方面难以顾及；而且由于少子化的倾向，爷爷奶奶对于孙儿辈以"疼爱"为主，不能以严格的标准在各方面要求孩子。另外，就算是父母在家，或者一方在家，年轻人对于孩子的管教也很少。很多孩子都玩手机游戏，不少孩子沉迷其中，甚至一些年轻的家长主动把孩子"交给手机"，这是因为年轻的家长自己贪玩，不想让孩子"烦自己"。

学校教育层面，一方面，现在的教育不允许打骂学生，只能"说服教育"；另一方面，现在的老年家长都非常"护短"，对老师要求高，甚至帮着孩子欺骗老师。所造成的结果就是，学生不好管也不能管，老师积极性受挫。

家庭教育和学校教育对于孩子的成长都非常重要，它们需要相互配合、共同促进。而现实情况是，爷爷奶奶的"护短"教育和父母的教育缺位，以及学校教育的不到位，使留守儿童的教育难以充分开展。在这种情况下，留守儿童的身心健康堪忧。

（三）"结婚未成年"的社会纠偏机制

以上的分析中，"结婚未成年"只是乡村社会诸多环节中的一个，其与打工经济所引发的社会流动、家庭结构变动，以及乡村社会的婚姻市场、农民的人生任务都具有密切的关联。"结婚未成年"是在诸多社会元素的相互作用下产生的复杂反应，这种反应本身也产生了一些社会效应。在不同社会元素的相互塑造过程中，"结婚未成年"成为理解诸多社会现象的一个关键词。

在婚姻市场的结构性失衡产生以后，农村社会的早婚传统演化为"结婚未成年"，由此引发了代际关系失衡、婚姻家庭生活被割裂、婚姻风险增加、留守儿童的成长等诸多社会效应。如今，这套社会运作体系已经越来越难以为继：代际关系、婚姻稳定、留守儿童等多方面的社会问题频发。为了保证农村社会的安全稳定，也为了农民家庭再生产的顺利完成，我们必须尝试进行社会纠偏，按照农民的话说就是"改变坏的社会风气"。

1. 建构适应于打工经济的婚姻家庭结构

打工经济所引发的社会流动割裂了正常的婚姻家庭生活，滋长了"结婚未成年"的趋势，从而构成了很多社会问题产生的重要背景。但是，农民增收是硬道理，打工经济不可逆，我们必须在现实的基础上找到可替代的方案，以尽可能减少由打工所引发的家庭结构变化。核心家庭由夫妻和孩子构成，核心家庭是完整的婚姻家庭生活的重要载体，对于夫妻感情的培育和孩子的成长都很重要，这也是我们所看到的婚姻不稳定和留守儿童成长问题的关键所在。因此，我们认为要在现实条件下尽可能地保护核心家庭的完整，保证农民正常的婚姻家庭生活。比如鼓励农民夫妻同处打工，尽量将孩子留在身边。如若农民的家乡能够就地打工，将能在很大程度上缓解婚姻家庭生活不完整的问题。

2. 重塑代际伦理与代际责任

在"结婚未成年"的情况下，代际关系失衡的本质是代际关系责任不清、伦理不明。我们应该重塑并加强"结婚即成年"观念，将结婚重新打造成农民开始建构家庭意识、独立承担家庭责任的节点。在这个过程中，一方面，父母应有意识地推迟孩子的婚龄，等到孩子成熟之后再根据自己的独立意志做出婚姻的决定，并且建构年轻人独立承担家庭责任的意识；另一方面，父母也应该界定清楚自己的责任界限，不能为了尽快完成人生任务而代替孩子的成长，更不能包办孩子的婚姻大事，父母需要更加清楚自己的定位：自己只有辅助孩子成长和辅助儿女缔结婚姻的义务，而没有代替孩子成长和包办婚姻大事的责任，能够为一个人的终身大事负责任的只有他自己。代际关系不再是传统意义上的伦理关系，彼此之间的界限不清，而是一种建立在各自独立基础之上的相互谅解、相互支撑的关系。

3. 开展家庭社会工作，干预婚姻家庭危机

在"结婚未成年"的形势下，传统家庭生活的伦理规范失序，一些家庭危机的产生已经不能够简单地运用伦理道德来解决了，需要综合分析社会形势与个体的需求，在功能主义的视角下讨论并解决家庭生活危机。由此，开展家庭社会工作就有了恰当的时机。家庭社会工作应建立在现实经验的基础上，重点对夫妻关系经营、亲子关系调整、代际关系适应等方面的议题开展工作，以家庭关系的调适来建构新的婚姻家庭生活秩序。

四　双系婚姻[①]

苏南地区中存在不少"两家并一家"（简称"并家"）的婚姻形式，即独生子女家庭婚姻结合中，男方不娶女方不嫁，男方不需要支付彩礼和提供婚姻物质基础，女方也不再是小夫妻的"客人"和"外人"，男女双方家庭在财产继承、姓氏继承、权力支配、家庭养老等诸层面都具有对等的主体地位。"并家"习俗是在拆迁安置所构建的较为均等化的社会阶层范围内，为了应对独生子女的成长成家困境，而在实践中逐渐形成的婚姻实践形态。

"并家"与以往的婚姻制度和婚姻实践不同的地方在于双系并重，即男方家庭和女方家庭在婚姻结合的实践中具有同等的主体地位，这是对以往单系婚姻（以一方为重）传统的挑战。然而，在婚姻形态的实践创新中，双系婚姻既要与现实的社会形态和生活结构高度嵌套，也要维系其双系并重的初心和使命，其中便产生了婚姻逻辑的辩证法。由此，"并家"所代表的双系婚姻构成了理解中国婚姻制度变革的重要一维。

学界对于双系婚姻的关注主要集中于对"两头走""并家""一子两挑""双系并重"等话题的研讨中。研究发现，2000年以

---

① 本节的主要内容以《双系婚姻：对于苏南"并家"习俗的功能主义解释》为题，发表于《当代青年研究》2020年第6期。

来，我国不少地域的农村开始出现"双系婚姻"，目前的文献中，对于川西平原、江汉平原农村"两头走"和对于苏南、浙北农村"并家"的讨论较为典型。双系婚姻是为了应对新的社会问题（新生代农民工中的独生子女婚姻）而形成的新的婚姻结合形式。其出现的共同背景是，独生子女大量进入婚龄，人们通过双系并重的实践来解决独生子女在婚姻结合过程中可能产生的宗祠继嗣、家庭养老、财产继承等问题。然而，虽然面临着相似的时代背景，但是各地的实践形态是不同的，不同的社会基础匹配以不同的社会形态，并构建出不同的运作机制。

本节的经验材料来自 2019 年 7 月 5～25 日，笔者与研究团队一起在江苏省苏州市 G 社区的调研。G 社区位于苏南某地，是一个安置房社区，现有户籍人口 8316 人，流动人口约 18000 人，位处城乡交界地带。

（一）"并家"的社会形态

与其他形态的双系婚姻相比，苏南地区的"并家"既有普遍性的一面，也有特殊性的一面。

1. "并家"的存在基础

2000 年左右，苏南地区开始出现"并家"，一直延续至今。"并家"广泛存在于独生子女一代人中，即 20 世纪 80 年代初期独生子女政策普及，2000 年左右独生子女逐渐到达婚龄，为了解决独生子女带来的婚姻结合和家庭生活诸问题，苏南地区逐渐开始并形塑了"并家"的婚姻结合模式。然而，独生子女之间的婚姻结合并不是"并家"习俗产生的唯一基础，在地方社会的复杂情境中，"并家"的婚姻结合形式显然要适应于周边环境和社会结构，并且要建构出一条处理其自身社会功能发挥的社会路径。

（1）本地通婚

"并家"习俗多存在于苏南地区的农村以及城乡接合部，并且"并家"都发生在苏南地区内部，即本地婚姻圈内。我们调研的 G 社区是一个典型的安置房社区，多数农民回迁已有 10 多年的时间。

G 社区一带在 2000 年之后便开始出现"并家"，而且"并家"只发生在本地人的婚姻结合中。苏南地区的"并家"具有双重意涵：第一，从经验层面来看，"并家"作为一种只存在于苏南地区的经验现象，有其存在的特殊性，或者说苏南地区的地域特质与人文环境为"并家"习俗的产生奠定了特殊的社会基础；第二，从学术层面来看，"并家"在本地婚姻圈中产生，维系着"本地人－本地人"的婚配结合，本地婚姻圈被强化。苏南地区流动人口体量巨大，本地婚姻圈在 20 世纪末期日渐开放，然而，在本地婚姻圈开放和融合的同时，"并家"也凸显了本地婚姻结合顽强的生命力，其中的运作机制值得进一步探讨。

（2）独生子女家庭

除了本地通婚，"并家"发生的另外一个特殊要素是独生子女家庭，即"并家"多发生在双方都是独生子女的家庭中。独生子女家庭的大量存在是产生"并家"习俗的基本条件，理由有二。首先，2000 年之后，我国的独生子女们先后进入婚龄，大量的独生子女的存在使得其婚配问题凸显。传统的嫁娶婚姻使得独生子女家庭（尤其是独女户）后续的家庭生活和养老问题面临严峻挑战，而且通常情况下双方家庭都会有一定的财产留给后代，即双方父母对于小家庭的资源输入和权利义务关系对等。其次，我国 2000 年出台了"双独"政策，即夫妻双方均为独生子女的可以生育第二个孩子。这项政策为"并家"婚姻中的生育策略提供了基本条件，父母会主导"并家"的子女生育两个孩子，分别继承父母的姓氏。

（3）资源禀赋相当

"并家"婚姻发生的第三个要素是双方资源对等或者相似，并且男女双方家庭都有一定的财产（房产）要留给子女。当地人告诉我们，"'并家'只能是条件对等的情况，差距过大不行，与外地人的结合也不行！"如若不具备此条件，就按照传统的嫁娶婚姻来办。

资源对等，一方面，让男女双方的权利义务边界清晰，社会交换理性化；另一方面，资源的强强联合也使得小家庭拥有了实现阶层跃升的可能性。在 G 社区，正常的本地家庭通常都拥有 3～6 套安置房，本地老人都有人均 1500 元左右的养老金，每户房租收入 2000～4000 元。工作机会对于本地人同等开放，收入差距不大，除非是通过教育竞争或者技能提升实现阶层跃升，进行中产阶层化。然而，能够成为中产阶层的人是少数，不足三成。在 G 社区，拥有 1～2 套好地段的商品房（学区房）成为中产阶层的标配。综合起来，本地家庭普遍条件相当，并且都以中产阶层的生活为目标。而"并家"则有可能通过双方家庭的资源合力为子女实现中产阶层的梦想铺路，因为男女双方的房产变现购买商品房成为可能。

2."并家"的表现形态

本地通婚、普遍的独生子女家庭，以及资源禀赋相当，这是"并家"存在的基本条件。"并家"习俗一旦产生，便需要处理周边的各种人文社会情境，进行功能调适与行为建构，进而衍生出不同层面的表现形态。

（1）多个"家"

"并家"产生的本意是解决独生子女婚配之后的家庭生活、养老、财产继承等问题，但是造成了婚姻结合中多个家庭主体并存的问题。

与以往嫁娶婚姻中家庭的单系继替不同，"并家"中出现了三个家庭主体：父系家庭、母系家庭、小家庭。多个家的存在会使年轻的夫妻产生一些关于"家太多"的烦恼。当地人告诉我们，年轻的夫妻都有三个家，男方父母家，女方父母家，还有自己的家。每个家都是家，那就意味着都有家庭伦理和家庭责任，忽视或者倚重某一个都不太合适。于是，我们在调研中发现，年轻的夫妻往往有多处居所，男方父母和女方父母会各自为其准备一处居所（一套住房），有的小夫妻还会自己购买一套商品房。小夫妻需要在这多处住所之间来回奔波，比如，有的小家庭在周一到周五居住在男方父母家，周末则必须回到女方父母家居住；有的小家庭则不定期地在两个家庭中轮流居住。当然，如有自己的住房，不少年轻的夫妻则选择自住。

多个家，一方面意味着双方父母对于小家庭都具有资源输入，另一方面也意味着小夫妻需要处理的家庭事务和家庭关系增多了。26 岁的小蒋刚刚结婚半年，他告诉我们，他们小夫妻在双方父母家轮流居住，日常家用都是双方父母供给，自己的工资还不够自己消费，需要父母补贴。孩子是双方父母带大，爷爷奶奶负责奶粉、尿不湿以及其他日用消费品。双方父母对于小家庭都有较大的资源输入，但这并不意味着年轻夫妻的日子好过了，相反，他们需要处理更多的家庭事务，比如对于双方家庭的情感反馈、孩子的哺育和教育，以及自身的职业规划与家庭发展。

传统上，成家立业即意味着子辈家庭主体性的建构，父辈家庭逐渐退出，子辈家庭开始全方位承接家庭功能。而多个家使得子辈家庭的主体性建构变得复杂，一方面，子辈家庭享受了父系家庭和母系家庭双方的资源输入；另一方面，资源输入与权力建构建立了关联，从而使得问题呈现复杂化。

（2）纵向的资源传承和情感传承

满足纵向的资源传承和情感传承，尤其是女方家庭的情感诉求，这是"并家"婚姻发挥的正向社会功能之一，也是对传统以从夫居为基础的家庭传承模式的反叛。如若按照男婚女嫁的传统模式进行婚配，对于独生女家庭来说不太公平。因为独生女家庭往往同独生子家庭财力相当，都有财产留给孩子；而女儿出嫁则意味着要以婆家为主，与娘家的亲密往来和财物流动变得有些"名不正言不顺"，而老人在女儿出嫁之后也要忍受长期的亲情缺失，独生女家庭的资源传承和情感传承都会出现问题。

"并家"婚姻也可以在一定程度上弥补以上的缺憾。有独生女的父母告诉我们，女儿"并家"后还是自家人，出嫁了是别家人，这具有根本不同的性质。自家人就意味着父母有义务扶持小家庭，也意味着父母有权力对于小家庭中的事务发言，这一方面避免了女儿在婆家"受气"，另一方面也享受了一家人的天伦之乐。当然，这种义务责任和天伦之乐都需要与亲家分享。

（3）双系对等

"并家"婚姻中，男女双系对等，体现在财物、权力、责任、义务等多个层面。

第一，"并家"是双方家庭协商的结果，通常情况下男女双方都比较赞同，男方家庭认为"并家"可以省去传统习俗中彩礼和婚房的麻烦，女方家庭也认为"并家"可以满足自身对于资源传承和情感传承的诉求。第二，双方家庭都会为小家庭准备婚房并满足基本的生活需求，双方的资源输入支撑起小家庭的发展目标。第三，"并家"一般会要求小夫妻生育两个孩子，一个随母姓，一个随父姓，双方都以"孙子、孙女"相称；而且通常意义上，祖父母有义务哺育和照料随自家姓氏的孩子。第四，"并家"的男女户口可迁往男方，也可迁往女方，还可夫妻分别在两处，孩子的户口也是两边俱可。

双系在财物、权力等各层面的主体对等建立在一个前提之下，这便是主体边界明晰。双方在财物关系、责任义务等层面都有着清晰的权力边界。当地人会自觉将各种家庭事务进行分割，如将小家庭在双方家庭的生活时间进行分割，并且将小家庭的家务劳动、哺育孩子等具体事项也进行区分。小夫妻婚后自己的工作创造才是他们的共同财产，双方父母对于小家庭的资源输入是单线条，即资源要流向随自家姓的孩子。双系对等与主体边界清晰相伴而生，这为小家庭的生活传承与家庭发展埋下了隐患。

（4）婚姻家庭事务协商解决

由于婚姻结合方式改变，"并家"中的各种婚姻家庭事务处理便不再完全遵循传统的伦理规范，其中的核心规则是"双方协商解决"。

我们在 G 社区看到，双方父母通常在男女结婚之前便已经约定了婚礼办理、居住方式、孩子姓氏等问题。一般情况下，婚宴双方各自办理，宴请自家的亲朋好友；然而核心的婚庆只有一场，婚庆意味着主场，双方协定举办的地点和议程。"在男方的婚宴中举办婚庆较多，有些女方会以此为条件谈判，认为婚庆在男方办，那么所生的第一个孩子就要随女方姓。"而相当多的女方家庭也并没有特地争取所谓举办婚庆的权利，但是双方往往在孩子的姓氏问题上会达成较为正式的口头契约。有的双方约定，第一个孩子随男姓，第二个孩子随女姓；也有的约定，男孩儿随男姓，女孩儿随女姓。但是这些约定都建立在小夫妻生育两个孩子并且是一男一女的条件下，然而现实的变化往往超出人的约定，有的小夫妻在第一胎后不想生二胎了，有的却并不能如愿生育一儿一女。这些多变的情况使双方之间的约定增加了不少的变数，于是还得靠"双方协商解决"。如若双方通情达理，考虑到小夫妻的现实情况的话，也许新的协议会很快达成；但是也有不少男女双方由于达不成新的协议而出现关系恶化的情况。

"双方协商解决"，这是在"并家"成为新的婚姻结合模式下的理性选择，它建构了一套新的婚姻家庭生活秩序。以婚姻中男女双系的主体性建构为基础，形成了双系对等且合作共赢的生活模式。此模式一方面解决了由于独生子女而产生的纵向财产传承与情感传承的功能性问题，另一方面也在现实中确立了双方协商共享的处事规则。尽管很多时候协商共享并不一定总是能够导向和谐共处，但是这种以功能满足和功能协调为基础的婚姻家庭生活新秩序已经初现雏形。

（二）双系婚姻的运作机制

"并家"婚姻中男女双系并重，这种婚姻结合基础的改变对于整个婚姻家庭生活产生了复杂的影响。当然，原本匹配于单系婚姻的道德、伦理和规范便有了不相适应的地方。以"并家"为主要形态的双系婚姻在多年的社会运作中，日渐明晰了一些特殊的运作机理，这些运作机理对于理解双系婚姻的性质具有重要意义。

1. 明晰的财物关系与家庭情感共存

尽管在形式上是"两家并一家"，但是"并家"婚姻中的财物关系非常明晰。双方父母都会为子女的婚姻输入资源，比如为他们准备婚房、帮他们哺育孩子等，但是这种资源输入在小夫妻那里并不会模糊了界限，即婚房的支配权依然在父母手中，而且父母也只倾向于照管随自家姓氏的孩子。由于年轻的夫妻普遍资源积累能力有限，他们很少人有能力购买自己的房产，所以小夫妻的"共同财产"普遍很少。如此，在财物关系上，"并家"婚姻的内部界限非常明晰，传统上"同财共居"的模式由于双方父母的强势介入而丧失了意义。

家庭内部的财物关系界限分明，自然可以减少家庭内部的财物纠纷。然而，过于清晰理性的财物关系却可能破坏家庭情感的养成。"同财共居"的意义在于，将家庭成员的财物从"我的"变为"我们的"，我们可以不分彼此，相互融合，相互扶持，这便是家庭的情感养成与家庭归属感的建构。而由于双方父母的财物输入减弱了夫妻之间"同财共居"的意义，家庭情感的养成就会被明晰的财物关系破坏。家庭成员的黏合和家庭的团结，一方面在于共同财物、界限模糊，另一方面在于由于财物界限模糊而产生的"我们感"和情感纠缠。

我们在调研中发现，年轻的夫妻往往可以将家庭生活中的各种事项找到归属主体，如房子是男方家的还是女方家的，孩子应该是男方养育还是女方养育，很多事项都可以归为"我的"，而很少有"我们的"。这种明晰的财物关系在离婚的时候也很少会有财产纠纷，因为财产很容易分割。年轻的夫妻各自挣钱各自花，各自承接父母的资源输入，共同的夫妻生活靠彼此的权利让渡，而一旦财物关系的默契无法达成，婚姻便面临破裂的危险。可以说，明晰的财物关系很难哺育出以"我们感"为基础的亲情责任与家庭归属感。

2. 纵向的情感传承切割横向的亲情

婚姻结合中双系对等，这使得纵向的情感传承甚至高于横向的亲情培育。

55岁的谭阿姨说，她在儿子结婚的时候与亲家商议，婚庆在男方举办，但是生育的第一个孩子随女姓，第二个孩子随男姓。

如今孙子3岁，随母姓，也是亲家母照管，谭阿姨对于自家的第二个孙子（女）充满期待。她的邻居李阿姨谈起自己的女儿时却唉声叹气。李阿姨的孙女10岁，当时约定随男姓。可是现在女儿不愿意生二胎了，李阿姨说："当初约定说大的随男姓，小的跟我们姓，可是现在是自己女儿不愿意再生了，这让我们都无处说理！"李阿姨的遭遇示警了不少老人，他们在姓氏的问题上更加谨慎。63岁的顾大爷说，自家儿子结婚时他们要求"第一个孩子随男姓，不论男女"。这是因为顾大爷担心儿媳妇有可能会不愿意生二胎，如果真是这样作为公公婆婆也不好强求，但是他认为女方父母给自家女儿"做工作"会方便些，于是顾大爷强烈要求第一个孩子要随自家姓。

除了按照顺序约定孩子的姓氏之外，孩子的性别也是决定其姓氏的要素之一。有些人会特地要求男孩儿要随男姓，女孩儿随女姓。有人第一胎生了女孩儿随男姓，第二胎生了儿子之后发生了亲家间的纠纷，男方家庭想要反悔，要求男孩儿随男姓，而女方家庭则以不守契约为由拒绝男方家庭要求。当然，也有男方家庭强势成功地将孩子"改姓"。

无论是对于婚庆主体的争议，还是对于孩子姓氏的争议，其中所凸显的都是纵向情感关联的重要性。父母手中的资源为他们在子女婚姻中争取情感关联提供了基础条件，即双方父母可能会在对于子女的资源输入、孙辈姓氏、孙辈照料等层面形成竞争，而这种竞争则可能切割横向的亲情。

G社区中出现过一些极端的情况：姐弟俩在同一所学校上学，女方父母只接送姐姐，给姐姐买各种零食，而对于弟弟则不管不问，理由是姐姐随自家姓，而弟弟不是。还有老人在子女家里照顾自家孙子一段时间后，把自己为自家孙子购买的各种日用品打包拿回自己家，因为这些东西"不应该让对方的孙子使用"。也有一些老人在帮忙照看对方的孙子一段时间后会被他人调侃："你帮他们（亲家）看孙子，给你多少钱？"幼小的孩子面临着亲人对于兄弟姊妹之间如此不同的待遇时，他们的内心一定很难受，手足之情很可能因此被切割。

横向的手足之情是家庭情感的重要一支，手足之情的养成不仅来自血缘上的关联，而且来自共同的家庭生活和共享的天伦之乐。而在"并家"的条件下，双系父母的隔代教养割裂了原本统一的家庭生活，纵向的资源传承与情感传承将手足之情培育的温床破坏。"并家"条件下成长起来的一代人有着关于手足之情的困惑，不过由于这代人还未成，其社会效应并未呈现。

3. 夫妻主体地位受到双系权力的拉扯

在双系对等且资源强势的情况下，年轻的夫妻主体地位受损，小家庭便很难"立"起来。

"并家"中有三个家庭主体，即父系家庭、母系家庭、小家庭。家庭主体的增多一定程度上改变了原本的亲属制度安排及家庭继替规范，主体互动也很复杂。"并家"不仅是通过婚姻将男女双方在家庭形态上合并，也是资源、关系、责任的合并。从资源流向上看，父系家庭和母系家庭对于小家庭有对等的资源输入；从关系地位上看，父系家庭和母系家庭对于小家庭也有对等的亲情诉求；从家庭责任上看，父系家庭与小家庭、母系家庭与小家庭构成了两对对等的责任义务系统。单系婚姻中，母系家庭通过亲属制度与小家庭关联在一起，其在地位、责任、权利等多个层面不能与父系家庭同日而语；而在"并家"中，母系家庭与父系家庭一样，拥有了同等的家庭主体地位和家庭继替的权利。家庭主体的增多，使家庭的继替关系呈现不同于以往的典型特征。理论上，三个家庭主体中会产生两对家庭继替关系——父系家庭与小家庭、母系家庭与小家庭，而父系家庭和母系家庭则由于地位平等而可能产生主体竞争。两者一旦产生主体竞争关系，便有可能改变家庭继替的一般形态，小家庭受到双系权力的拉扯。

在 G 社区，若年轻的夫妻自身能力（经济收入、工作机会和社会地位）有限，便会滋长双方父母对于小家庭的干预意愿。这是因为父母的资源输入往往与权力支配关联在一起，他们对于子女的帮扶也意味着其对于子女生活事务的话语权较大，如此，本就能力有限的年轻夫妻也丧失了好好经营婚姻生活和谋求家庭发展的空间。能力有限的年轻人往往家庭生活也过得一地鸡毛。而当年轻的夫妻能力较强（收入高、地位高）时，他们可能会有较多的共同财产（自己购买的商品房、车子等），也有能力抵御来自父母的各种要求和压力，比如他们很可能会采用"拖"的方式来寻找自己喜欢的结婚对象，而不仅仅是听从父母的建议；他们也很可能会为自己的子女建构优良的成长空间，而不需要完全借助于父母的扶持。如此，小家庭便可能"立"起来，成为一个强有力的家庭主体来应对双系权力的拉扯。

4. "家庭发展目标"取向明显

婚姻家庭生活是个统一体，依靠功能满足而实现功能整合。从功能层面来看，婚姻家庭有着"合两姓之好"，且满足情感需求、生产合作、相互照料、意义生产的社会功能。"并家"婚姻中，婚姻结合的变量发生变化，这会引发相应的功能调适，以及其他家庭功能实现的一系列变化。"并家"中凸显了双系父母对于小家庭的资源输入，但是目前还难以见到子辈对于双方父辈的养老反馈。两代人之间的资源互动与经济合作以"中产阶层的生活梦想"为核心；而双系对等也演变为资源上的强强联合，目标在于子家庭的"发展目标"。如此，子家庭的阶层跃升成为一个支配家庭内部资源流向的核心要素，并且由于实现阶层跃升对于大多数居民来说实属不易，有限的资源就很难顾及家庭内部的其他资源需求（比如老人的养老生活质量）。我们在 G 社区看到，不少老人直到 70 多岁仍旧在从事一些力所能及的工作，他们需要挣钱贴补子女，也需要存钱为自己养老，他们虽然衣食无忧，却承受着由于"中产梦想"而产生的经济压力。

"并家"中双方父母对于子辈的情感投入产生了两方面的社会后果：一方面，双系纵向的情感关联切割了孙辈之间横向的亲情养成，家庭情感呈现复杂化，亲情涵养的功能实现受到挑战；另一方面，父辈的价值体验多集中在家庭内部的天伦之乐，而子辈的价值体验已经超出了家庭的边界，即以社会竞争的方式来实现

"中产梦想"。由此，家庭情感上的功能实现不再统一，而产生了纵向与横向的分化，也产生了对内与对外的分化。家庭情感的分化使情感满足功能的实现变得复杂，家庭情感的边界变得模糊。

5. 现代法规切割家庭生成秩序

家庭是一个关于行动互动、功能实现和秩序建构的统一体。在某一个变量（如从单系为重转变为双系并重）出现变化以后，家庭统一体会因此引发功能适应和功能协调问题，家庭生成秩序会由于新变量的加入而重新建构。通常情况下，家庭功能的满足和功能调适的实现最终都会导向一定的家庭生成秩序。然而，当外界变量（如现代法规）加入时，家庭内部的生成秩序便很难通过功能协调导向秩序生成。

"并家"婚姻一个非常重要的动力机制在于家产继替，即双系父母都有家产要留给子女。在传统嫁娶婚姻中，出嫁的女人通常不具备继承家产的资格，"子承父业"、兄弟共享，这才是基本的民间规范。在法律上，子女具有继承父母遗产的同等权利，并且法律也认可"遗嘱"的合法性。民间规范和法律规则共同作用，让"并家"婚姻的家产继替变得复杂。有人告诉我们，一些老人有强烈的倾向，要把自家的房产传给随自家姓氏的孩子。为了达到这种目的，老人很可能会通过写遗嘱、做公证的方式强制进行。这种倾向会产生三个方面的问题：首先，祖辈的家产绕过子辈而直接留给孙辈，这也就意味着子辈失去了对家产的处置和调控权力；其次，老人会借助现代法规（写遗嘱、做公证）达到目的，这也意味着现代法规破坏了民间"子承父业"的规范，并且切断了"并家"婚姻在家产上进行各种功能调适的可能性；最后，这种倾向很可能产生的后果是，亲生的兄弟姐妹之间在家产继替上权利不平等，由此造成家庭不团结，通过功能满足和功能协调的家庭生活新秩序无法达成。

从"单系"到"双系"，"并家"中所增加的要素，在新的家庭生活结构中和在实践家庭发展策略的时候，呈现了复杂的运作机理，我们试图在结构、权力、功能、秩序等层面进行简单梳理。

由于双系对等，家庭中的感情与物质之间不再是相互形塑的关系，物质边界的清晰或模糊成为影响家庭情感养成的重要因素；而双系对等也造就了两条平行的代际关系，产生了双系间的主体竞争；同时，双系对等也改变了家庭内部的权力结构，造成了"资源－权力"的联动机制，从而使夫妻主体地位受损。"并家"在应对独生子女条件下的婚姻家庭生活困境时有积极意义，然而在面对与外界的关系竞争时，"并家"婚姻在情感满足、经济合作等层面的功能实现变得复杂，甚至可以引入现代法规切割家庭生成秩序。这意味着，"并家"婚姻中的感情与物质、代际关系、家庭权力结构、家庭生活的功能实现与秩序达成都面临新的挑战。

（三）双系婚姻的社会学意义

"并家"所彰显的双系婚姻，为我们深入理解婚姻制度的实践形态及其辩证关系提供了经验基础。

1. 双系婚姻的两种实现模式

为了应对独生子女的婚姻问题，各地实践出了一些特殊的婚姻模式，如在川西平原、江汉平原出现的"两头走"和在苏南地区存在的"并家"。虽然应对的问题一致，然而，各地的社会情境不同，尤其是父母资源禀赋、阶层结构、婚配范围很不同，这就造成了其运作机制上的巨大差异。

父母资源禀赋对于双系婚姻实践逻辑的影响较大，主要体现在资源流动的方向与权力关系的建构，以及在此基础上形成的婚姻主体性的建构。父母如果有较多的资源（房产、财富等）要流向子女，那么父母对于子女婚姻家庭生活的话语权会增强；如果双方父母有对等的资源要流向子女，那么双方父母对于子女婚姻家庭生活的话语权都会有增强的诉求。如此，温和的双系并重就会演变为激烈的双系竞争。在"并家"婚姻中，双方父母的资源禀赋都强，构建了多个家的事实，这预示着多个家庭主体的存在，也预示着激烈的双系竞争。而在"两头走"婚姻中，父母的资源禀赋较少，"双系"的意涵主要落实在双方的养老义务和情感关联的功能性需要上，即小家庭（夫妻主体）对于双方父母家庭的付出和反馈相当，其中少有资源的流动和权力关系的建构。

阶层结构也是构建双系婚姻的运作机制的重要一环。苏南地区以"集体经济"为典型特征，即便是在城镇化之后，当地农村的社会结构依然保留了较多的集体经济的遗产，其中扁平化是一个典型特质。当地农民普遍一户拥有 3～5 套安置房（可供出租）和较多的本地就业的机会，通常情况下家庭年收入为 10 万～20 万元。如若拥有技能或者较高学历，农民基本可以实现阶层跃升，达到中产阶层的生活状态。从安置户到中产阶层，其中的阶层距离需要较强的个人禀赋或者举全家之力才能达到。在技能和高学历稀缺的社会条件下，"并家"婚姻为当地人构建了"跻身中产阶层"的家庭发展目标，即举双系之力来实现第三代的中产阶层梦想。这是"并家"婚姻运作动力的隐性线索。"两头走"婚姻发生在部分中西部农村，是为了解决独生子女婚姻而产生的养老和亲情关联等问题，这是"两头走"婚姻运作的显性线索。其中并不牵涉太多的资源流动，在中西部农村的资源条件下也很难通过婚姻结合而发生阶层跃升。因而，"两头走"婚姻面临着较小的阶层跃升动力。

婚配范围对于双系婚姻的影响与阶层结构关联在一起。在苏南地区，"并家"婚姻都发生在本地人且条件相当的两户人家之间。李宽和王会（2017）认为苏南农村的"并家"婚姻模式与当地低度社会分化的社会阶层结构紧密相关。同时，它也是本地青年为了规避与外来人口通婚所带来的各种风险而进行理性选择的结果。而"两头走"的婚配范围可能会超出本地的婚姻圈，只要发生在条件相似的两户人家即可。"并家"为何要维系在苏南地区本地婚姻圈中？这是因为它能够在本地人的结合中实现强强联合、资源优化，从而有助于家庭发展目标（阶层跃升）的达成。而在广大中西部农村，"两头走"婚姻虽然也要求资源禀赋相当，但它是为了凸显双系平衡，而不是为了资源优化，而且往往双方的资源整合也并不足以达到更高的家庭发展目标。因此，"两头走"并不必然限定在本地婚姻圈中，它只要能够实现纵向的情感关联和养老反馈即可。

综上所述，我们可以提出双系婚姻的两种实现模式：义务控制型、资源优化型。两者在存在条件、核心机理、婚姻家庭主体、稳态的婚姻结构等方面具有典型性（见表2-2）。

表2-2　双系婚姻的两种实现模式

双系婚姻类型	义务控制型	资源优化型
典型形态	"两头走"	"并家"
存在条件	独生子女、本地婚姻圈、资源禀赋相当	独生子女、本地婚姻圈、资源禀赋优越且相当
存在区域	江汉平原、川西平原	苏南、浙北
核心机理	强调"养老义务"、情感关联	强调通过双系资源优化而实现家庭发展目标
婚姻家庭主体	小夫妻为主	多个主体的竞争
稳态的婚姻结构	义务控制、双系平衡	资源优化后的阶层跃升
婚姻生活核心问题	家庭内部平衡	对外社会竞争
问题处理原则	情感、理性	共同协商

义务控制型和资源优化型都是为了解决独生子女在婚后出现的亲情、养老等问题而产生的。在表现形态上，两者都要兼顾"双系"，义务控制型试图做到双系平衡，而资源优化型则要做到双系并重。在运作上，两者都试图超越单系婚姻所形成的一方主体结构，试图从婚姻的表现形态上做到"男女平等"。可以说，双系婚姻是人们在特定情境中应对特殊的现代社会问题而产生的婚姻制度调适。

然而，在微观运作机制上，两者也有根本的不同。义务控制型是以强调双系的"养老义务"为核心，通过平等的小夫妻主体建构进行义务控制，实现双系平衡的婚姻模式。义务控制型是在资源流量不大且家庭发展压力不大的地域中，按照社会功能实现的目标逐渐形塑的，这种双系婚姻的功能整合关键在于义务控制和双系平衡。资源优化型则是在资源流量较大的地区，通过强调双系资源优化而实现家庭发展目标的一种婚姻模式。资源优化型会由于资源密集而形成多个竞争主体，其功能整合的关键在于资源优化后的阶层跃升。

两种模式的双系婚姻为我们提供了讨论的基础：从功能的层面来看，双系婚姻的实现可以分为纵向传承之"分"和主体建构之"合"。"分"指向代际关联中的资源、情感、伦理传承，而"合"指向婚姻主体的建构和婚姻整合。"分"与"合"的辩证存在，正是双系婚姻实践的合法性基础。

2. "分"与"合"的辩证存在

婚姻所标识的纵向传承有资源、情感、伦理等层面，其中伴随着家庭权力的生成；家庭整合有不同的来源和主体，以父辈为主体的家庭整合多要借助于外在的道德伦理和社会规范，以子辈为主体的家庭整合则是自身主体性的体现。"分"与"合"的辩证存在贯穿于所有的婚姻家庭实践中。

在单系的嫁娶婚姻中，纵向传承统一而有效，其中的"分"体现在父母与多个子女之间的纵向关联，以父母为原点；"合"体现在父母的先赋性身份之上。在双系婚姻中，资源、情感和伦理的传承需要处理双系平衡的问题，"分"存在于双系之间，以子女为原点；"合"则需要通过小夫妻的主体性建构来实现家庭整合（见表2-3）。

表2-3 婚姻实践的"分""合"之辩

婚姻形态	单系婚姻	双系婚姻
"分"与"合"的关联	统一而有效	"分"与"合"的矛盾统一
"分"	以父母为原点的发散结构	以子女为原点的平行结构
"合"	父母是子女之"合"的先赋性身份	通过小夫妻的主体性建构实现家庭整合
资源禀赋之功能	"合"之拉力	"分"之拉力
核心命题	如何"分"	怎样"合"
"拉力"之性质	家庭权力结构	婚姻主体性建构

子女婚配之时，父母与子女之间在资源禀赋上的区分，构成了形塑"分"的拉力之源。单系婚姻中，父母资源禀赋强，他们对子女的拉力就强；父母资源禀赋弱，他们对子女的拉力就弱。拉力所体现的是家庭权力的生成；而情感和伦理的传承依附于以资源为基础的权力结构。双系婚姻中，由于父辈的资源禀赋条件相当，子女的资源禀赋就成为构成"分"之拉力的核心。子女的资源禀赋强，他们的主体性建构就有力，子女会形成对双系的拉力从而实现婚姻整合；子女的资源禀赋弱，他们的主体性建构就弱，子女对双系的拉力无法很好地实现婚姻整合。拉力所体现的是婚姻主体性的建构能力；情感传承和伦理传承便依附于此种婚姻主体性。

因而，单系婚姻中，"合"不是问题，如何"分"才是问题；双系婚姻中，"分"不是问题，怎样"合"才是问题。

双系婚姻拥有关于"分"的天然基因，因为双系平衡、双系对等，这是双系婚姻存在的基本形态。在这种"分"的平行结构中，要实现婚姻整合，其关键在于小夫妻的婚姻主体性能否成功建构。于是我们在苏南地区的"并家"婚姻中看到，明晰的财物关系与情感涵养、纵向的情感传承与横向的亲情培育、双系的资源输入与小家庭的主体建构、小家庭的主体性与家庭发展之间，都形成了矛盾统一的辩证结构。以双系父母为主体的纵向情感传承和资源输入构建了双系并重的权力互动结构，拉扯着以小家庭为主体的家庭情感培育与家庭发展目标的实现。在如此的辩证结构中，双系并重是形式，家庭发展目标的实现是内容；情感传承与资源输入是"分"，小家庭的主体建构和家庭发展是"合"。家庭形态在形式与内容的互动中形塑，家庭功能在"分"与"合"的辩证关系中得以发挥，新的家庭关系规则和家庭秩序得以建立。

五 打工经济的影响

打工经济兴起之后，以新生代农民工为主体的婚恋行为呈现明显的多元化趋势，出现了许多特殊的婚恋现象，这在形态上已经完全不同于农村传统的婚恋现象。打工经济是影响新生代农民工婚恋形态多样化的重要变量，而乡村社会的生男偏好、独生子女等实践要素对于婚恋形态多样化的问题也有重要的影响。

打工经济在以下四个层面引发了新生代农民工婚恋行为的变化。第一，打工使新生代农民工与家人分隔两地，在一定程度上挣脱了家庭对于农村年轻人婚恋行为的规约，使新生代农民工在打工地的婚恋行为更加自由和主动。第二，打工不仅改变了长期以来农民的生产方式，也增加了新生代农民工的现金流，为新生代农民工在打工地自由恋爱提供了一定的经济来源，并且，打工所在的城市中往往有着较为发达的休闲娱乐文化生活，这为新生代农民工的自由恋爱提供了合适的社会环境。第三，农村社会由于打工的兴起而呈现周期性的"空心"现象，平日里在城市中打工，过年时回家几天，这种打工周期影响了传统婚恋模式的完整性和系统性，由此加速了农村传统婚恋模式的解体。第四，新生代农民工在城市中受到了城市婚恋文化、消费观念、审美观念等的影响，他们的人生观和价值观有了一定的改变，从而深刻影响了新生代农民工婚恋价值观的形成。

受打工经济影响的新生代农民工的婚恋行为呈现以下几方面的典型特征。第一，婚恋行为越来越挣脱父母的"干预"，越来越与农村传统"脱钩"，体现在新生代农民工普遍开始相信以感情为核心的"爱情"，不愿意父母干预自身的婚恋选择，在婚恋消费、婚姻仪式、婚恋表达等层面越来越城市化。第二，打工的时间周期影响了新生代农民工的婚恋节奏，闪婚闪离的事情时有发生；城市文化的浸染影响了新生代农民工的婚恋选择，从而使跨省婚姻、自由恋爱、未婚同居等现象变得稀疏平常。第三，多重婚恋现象往往叠加在一起，例如，既是跨省婚姻，又是闪婚；既是两地分居，又有临时夫妻的事实。这使新生代农民工的婚恋问题变得更加复杂，简单的道德规约和统一的法规条文已经很难对其定性。第四，婚恋不稳定性增加，婚恋失败的可能性增加，受到婚恋伤害的可能性也在骤增，这些情况意味着新生代农民工的婚恋风险进入高发时期。第五，婚恋价值观多元化趋势明显。不同的婚恋行为背后往往暗含着相应的婚恋价值观，多样的婚恋形态使得价值观的问题日渐呈现，而婚恋风险的高发则将多元婚恋价值观进一步凸显。

乡村社会的生男偏好、独生子女等要素对于新生代农民工婚恋现象的影响体现在多个维度。例如，生男偏好在现代性别鉴定技术的作用下影响了一些农村地区的出生性别比，多年以后，地域内适婚青年的男女性别比例会严重失衡，进而影响其婚配概率。由此，生男偏好最终会提升部分地域的"光棍率"，影响地方婚姻市场的均衡。一些农村地区的独生子女潮，在多年以后也会重塑他们的婚配模式。双系婚姻起源于独生子女家庭后续的养老和家庭归属问题，在运作形态上呈现"双系并重"的局面。在满足一些社会功能的同时，双系婚姻也引发了一些"意外"的社会后果。

整体上看，婚恋形态多样是打工经济影响农村婚恋领域的外在呈现，新生代农民工是多样婚恋形态的主体。然而，多样的婚恋形态背后却预示着丰富的社会内涵，如婚恋路径重组、婚姻市场重构、工厂恋情兴起、婚恋价值变革……

第三章　婚恋路径重组

新生代农民工正在经历比以往任何时候都多样的婚恋形态，在这背后，预示着怎样的婚恋路径变革呢？本章中，我们将通过对新生代农民工双栖性的阐释，来解释其婚恋路径的形成，以及婚恋路径重组的社会学意义。

一　新生代农民工的双栖性

新生代农民工多指在 2000 年以后开始外出务工的第二代农民工，他们多是 80 后、90 后，出生在农村，在农村接受义务教育，随后到城市中务工。新生代农民工的农村生活底色和城市生活体验共同构成了他们婚恋生活的背景，这种双栖性是在日常生活体验中逐渐塑造和型构的。

与 2000 年之前外出务工的第一代农民工相比，新生代农民工的打工生活重心发生了明显的变化。新生代农民工往往在初中毕业之后便外出务工，他们很少有从事农业生产的经历，打工过程中的城市生活是他们进行社会化的重要组成部分。新生代农民工外出务工的目标已经从功利性的"挣钱"转变为增长见识、体验城市生活和寻找恋爱对象等。因而，如果说第一代农民工双栖的属性主要体现在生产方式上的两重性，其生活面向和生活目标依然在农村的话，那么新生代农民工的双栖性已经体现在生产方式、生活方式、消费、观念态度等全方位，甚至，新生代农民工会更加倾向于城市生活所赋予他们的一切（宋丽娜、曹广伟，2013）。那么到底应该如何理解新生代农民工的双栖性？如何理解双栖性对于新生代农民工婚恋生活的塑造？

　　一方面，城乡之间流动所造成的双栖性是塑造新生代农民工诸多婚恋实践的逻辑起点；另一方面，新生代农民工的婚恋事件所形成的综合性效应，也在一定程度上反作用于婚恋实践本身。这是一个综合性的事件群，与生产、生活、消费、人生安排等多个事件密切相关，因而也就成为一个观察和体现双栖性的绝佳窗口。综合起来，我们将新生代农民工婚恋生活的双栖性理解为三个层面：与农村生活的关联，与城市生活的关联，与打工生活的关联。

（一）与农村生活的关联

　　新生代农民工的婚恋生活与农村社会相关的部分，① 多体现在父母的"操心"、物质基础的筹备、婚姻仪式的办理、婚姻维系的农村方式、婚姻家庭生活模式等。农村社会有一套关于农民婚恋实践的社会规范，是为了解决农村生活中可能遇到的问题而逐渐形成的。农村父母对于新生代农民工也同样拿着这套规范来实践，不过形势的变化已经让维系农村原本的话语体系困难重重。

　　首先，父母帮助儿女成家立业，这在多数农村社会都是父母的人生任务。因而，在农村生活的场景中，为儿子"操心"，为儿子"存钱"买房买车等，甚至为儿子"选择"合适的媳妇儿，为儿子帮忙"带孩子"等，都成为身为父母的应有之义。一方面，农村父母对于孩子的付出一直延续，甚至在儿子完成婚姻大事之后依然不能够停歇；另一方面，相比于城市社会，农村父母对于子女婚姻大事的干预性更强，他们会在婚嫁距离、对象的家庭背景和个人条件等层面给予子女较强的干预，目标是子女能够按照他们所认为的模式正常地完成婚配。因而，对于新生代农民工来说，父母及其背后的农村生活规范对于其婚恋生活的干预几乎是

---

① 能够成功在城市中安家的新生代农民工是少数，因而，我们这里的讨论特指大多数需要回到农村社会办理婚姻大事的情况。

一个不可避免的重要因素。

其次，农村社会婚恋实践中物质基础的准备也发生了重要的变化。从恋爱到结婚，新生代农民工必然面临物质基础的问题。在广大华北地区，农村社会中既有的观念认为，父母有责任为子女的婚姻大事做准备，于是其中的物质基础需要父母从儿子很小的时候就开始准备，不断打工挣钱，以积攒儿子将来完成婚姻大事的费用。甚至在河南、陕西等的一些农村地区，父母会要求未婚的子女都加入这个积累资源的过程，子女要把打工收入交给父母，将来在儿子结婚的时候派上用场。目前，在农村社会婚恋需要的物质准备有以下几项：婚前恋爱时期的礼物往来，主要是男方在过年过节时到女方家"串门"；婚前对于婚房的准备，多数农村地区都要为子女准备两层以上的新房作为婚房，还有一些农村地区会为子女在城市里买房作为婚房；按照传统婚姻礼仪在男女双方往来过程中给予女方的见面礼、彩礼、买衣服钱、婚车钱、改口费等。在一些农村地区，这些婚恋上的物质基础在最近几年的时间出现了暴涨的情况，高额彩礼和婚房的费用是其中的大头。物质基础的变化对于新生代农民工的婚恋生活产生了重要的影响。

最后，农村社会现存的一套对于婚恋的礼仪和规范对于新生代农民工婚恋行为的制约。对于婚姻礼仪、婚姻关系、家庭生活方式、家庭关系等事项，农村社会往往有一套地方性规范，但在打工经济的冲击下发生了剧烈的变化。比如，婚姻礼仪中，其关于物质馈赠的层面愈发加强，而对于婚姻关系和家庭关系规范的层面却有所弱化；夫妻关系受到打工经济所引发的跨省婚姻的严重挑战，夫妻共同生活受到城乡之间生活方式割裂的挑战，夫妻关系也在传统家庭关系模式中不断突破底线。由打工经济所引发的流动生活，使新生代农民工的婚恋生活受到传统婚恋规范的制约愈加弱化，从而在农村社会爆发了一系列相关的婚恋问题。新生代农民工的打工生活不断突破农村既有的婚恋规范的限制，使农村社会在不同程度上呈现了一些典型的婚恋问题。

以上是新生代农民工的婚恋与农村社会密切相关的三个层面，

这些层面的事实也构成了在农村场景中理解新生代农民工婚恋生活的三个视角。此外，从农村社会的层面来看，农村婚姻市场的运作机制及其与全国婚姻市场的关系，也是影响新生代农民工婚恋生活的重要结构性因素。

（二）与城市生活的关联

新生代农民工的婚恋生活与城市生活相关的部分集中体现在以下方面：恋爱生活中的技能、消费、观念态度，以及其他一些城市生活对于婚恋的影响。

城市是新生代农民工的工作地和生活地，城市里的生产方式、生活方式、消费习惯、文娱活动、观念态度等都对新生代农民工的婚恋生活产生了不同层面的影响。首先，自由恋爱的结合方式对于新生代农民工产生重要的影响。新生代农民工在城市中是"过客"，城市只是他们暂时工作和生活的地方，并且在新生代农民工的周围往往聚集着大量同他们一样来自四面八方的年轻人，这就为自由恋爱的发生创造了基础条件。自由恋爱是有别于农村社会传统的"父母之命，媒妁之言"的婚恋结合方式，以尊重当事人的感情为前提条件。自由恋爱的发生对于传统以"相亲"为形式的婚恋途径提出了挑战，这不仅仅是对父母干预权威的挑战，更是对婚配地域、婚姻结合方式的挑战，是一种完全不同于农村传统婚配模式的新途径。然而，自由恋爱结合的婚姻往往呈现以下的特征：成功率较低，可能会有跨省婚姻、未婚同居、多次恋爱等社会后果。

其次，自由恋爱多发生在城市中，城市的情境使新生代农民工的婚恋带上了"技术主义"（宋丽娜，2016）的痕迹。婚恋技术主义，注重婚恋生活中的"技艺"，体现为男人的"甜言蜜语"和体贴，追求"小惊喜""小浪漫""暖男""闺蜜"等，将男女之间的恋爱关系化约为各种小资情调的文娱活动、旅游、吃饭等。婚恋技术主义增加了新生代农民工发生自由恋爱的成本，也造成了城市中的一些婚恋乱象。新生代农民工多数经济条件有限，城市里自由恋爱的成本高、套路复杂，这种较高的恋爱门槛将不少新生代农民工排除在外，他们普遍对于自由恋爱比较向往，但是只有一部分人有条件尝试；自由恋爱的后果并不总是乐观的，这反过来又对新生代农民工的婚恋态度产生了负面影响。

最后，城市生活方式、消费观念等对新生代农民工的婚恋也产生了全方位的影响。虽然只有少数人能够成功实现"市民化"，即在城市中安家，但是多数新生代农民工将城市生活方式、消费观念等带回了自己农村的婚恋生活中。近些年结婚成家的新生代农民工已经在很大程度上脱离了农村社会传统的生活方式，而代之以城市生活方式，比如在家具、电器、交通工具等物质层面的消费上已经与城市中相差不大，在生活习惯、消费习惯、作息时间等方式上也日趋城市化，在生活观念、消费态度、家庭意识等层面上也已经与上一辈的农民大相径庭。可以说，不少新生代农民工虽然是在农村的场景中恋爱结婚，但是其婚恋行为和婚恋观念已经城市化，即试图动员并利用全部的农村家庭资源来维系"农村里的城市婚恋生活"，当然这种追求并不总是能够如愿，而且产生了一定的问题。如此的婚恋生活状态是前所未有的，是新生代农民工所特有的。

以上三个层面是新生代农民工的婚恋生活与城市密切相关的部分，这也构成了理解城市对于新生代农民工婚恋生活影响的三个层面。

（三）与打工生活的关联

打工生活本身就是一种特殊的生活状态：周期性地流动在城市与农村之间，工作和日常消费在城市，成家立业和大宗消费却在农村。这种打工生活所引发的流动状态深刻影响了新生代农民工的婚恋生活。生活本身的统一性被流动打破，城乡生活方式、观念态度的冲突与更替在新生代农民工身上集中体现，从而引发了新生代农民工一些独特的行为方式与价值危机。新生代农民工的婚恋生活与打工生活的密切关联在于：婚恋的统一性被打破，稳定性受到影响，出现了一些由于周期性打工而引发的婚恋问题。

首先，打工所引发的城乡之间的流动，让新生代农民工婚恋的空间场景成为问题，有两种主要的表现形式。第一种，新生代农民工如果试图在农村老家找对象，他们往往需要通过相亲进行，相亲的对象只有在回乡期间有少数几次接触便要定下终身大事，之后便很可能由于各自打工地点不一而成为异地恋，缺乏真正相处、恋爱的空间。在这种模式之下，在新生代农民工身上容易发生退婚、闪婚闪离等问题。第二种，新生代农民工在打工地自由恋爱，他们在远离各自生活底色的第三地恋爱，恋爱的模式以城市中的方式为主，当自由恋爱的双方回到生活场景中的时候，在打工地的恋爱很可能有适应不良的问题，因而，城市中的自由恋爱并不一定导向农村社会的成家立业，空间的错位也使得恋爱结婚的进程发生了错位。在这种模式下，未婚同居、多次恋爱、婚外情、临时夫妻等成为主要问题。很显然，婚恋空间的错位将新生代农民工婚恋的统一性打破，要么成为形式，要么没有结果；无论是要努力维系婚恋的形式，还是要充分自由恋爱，婚恋稳定性都遭到前所未有的挑战。

其次，打工的周期性安排引发了一系列婚恋方面的相关变化。例如，在农村，每到过年前后便是新生代农民工相亲、结婚的高峰，短短的时间里，不少新生代农民工见面几次便要匆忙定下终身大事，然后，在第二年或者第三年回家过年时结婚。在有的农村地区，新生代农民工的婚恋周期变短，有人在过年前后一个月时间里便完成了从相亲到结婚的整个过程。此外，过年前后农村婚姻市场异常热闹，其中也催生了一个特殊的行业——专职媒人①，

---

① 专职媒人是以挣钱为目标，以说媒为工作内容的人。传统社会的"媒婆"多数由乡土社会中的"熟人"组成，其工作并不固定，并且较少有物质报酬；而专职媒人在村庄生活中滋长出来，随着业务的发展而拓展服务对象的范围，并且试图运用更多现代化的技术和手段，从而慢慢发展为具有较强现代意涵的职业。

即以帮人说媒为职业的人。过年前后是专职媒人发挥作用的主要时期。在婚姻生活中，新生代农民工也同样遭遇到了打工周期引发的各种问题，比如夫妻之间随着打工的周期安排夫妻生活，可能会引发情感危机；孩子留守家中，可能会引发亲情危机；等等。

打工生活是一种流动的生活，这种生活在两个层面上对新生代农民工的婚恋产生影响，一是婚恋空间重构，二是依据打工的节奏安排婚恋节奏。

在不少农村地区，以代际分工为基础的"半工半耕"（夏柱智，2016；夏柱智、贺雪峰，2017）模式是农民家庭生计安排的有效形式，它是农民务工与务农收入最大化的社会安排。然而，对于新生代农民工来说，打工生活本身并不服务于家庭利益最大化，而是成为他们进行婚恋重构的有效途径，这也正是我们在经验调查中听到不少新生代农民工所说的："××出来打工是为了找男（女）朋友！"因而，新生代农民工作为实践主体出现在打工生活中，他们一方面在以上两个层面上受打工生活的影响，另一方面会主动运用打工生活的有利条件来充实自身的婚恋生活。

我们在以上关于新生代农民工婚恋的论述中发现，其婚恋生活既与农村社会密切相关，也深受城市生活影响，又在打工的流动生活中形成了一些独特的主体实践。新生代农民工婚恋生活中的以上特征，正是其在城乡流动双栖性的映照下呈现的一些典型反应。所谓双栖性，即在新生代农民工的各种婚恋事件丛中，既带有农村社会文化的元素，也带有城市文化的诸多影响，并且在打工生活中形塑了一些独特的行为模式。新生代农民工的双栖性就是其流动生活的显在体现，城乡文化因素在以新生代农民工为主体的婚恋实践中发生了特殊的化学反应，由此型构了新生代农民工特殊的婚恋路径、婚恋表现等，并且形成了其特有的双轨模式。

二　两种婚恋路径①

家在农村却工作在城市，新生代农民工的这种两栖属性影响了他们的婚恋模式。农村社会传统的婚恋路径是相亲，而城市中的婚恋路径多是自由恋爱，两种婚恋路径共存于新生代农民工的婚恋实践中，并且其中发生了微妙的社会互动与社会建构。本节将聚焦于新生代农民工婚恋路径的选择，考察两种婚恋路径的社会运作机制，给予特定的社会学解释，并据此给出一些畅通新生代农民工婚恋路径的建议。

本节的经验基础来自笔者的实地调研。2016 年 8 月 19～28日，我们在河南省郑州市的 FSK 集团做了为期 10 天的社会学调研。FSK 集团建厂于 2010 年。由于淡旺季的不同，FSK 集团的员工规模在 20 万～40 万人浮动。我们的调查活动借助于一个专门从事农民工服务的公司——YGS 来开展。我们主要的调研方式为半结构访谈和参与式观察，我们对约 40 位农民工进行了深度访谈，对 5～6 位从事一线农民工服务的 YGS 员工进行了深度访谈，从而获得了对于打工地农民工婚恋路径的基本认识。

（一）相亲"噩梦"

传统时代，"父母之命，媒妁之言"是主导，只有经过了父母和媒人，男女之间缔结婚姻才是合理合法的；相反，自由恋爱不具合法性。这种传统相亲模式占据主导地位的时代一直延续到打工经济兴起之前。打工经济兴起之后，相亲模式很快就受到了合法性问题的冲击，这便是"感情"的问题。知道了自由恋爱的甜蜜，才会反思相亲时的"凑合"。于是，相亲模式尽管在乡村社会一直持续，不过在打工经济兴起之后，相亲在形式、内容上都做

① 本节的主要内容以《新生代农民工婚恋路径的社会学解释》为题发表在《云南行政学院学报》2017 年第 4 期。

了一定的转化。

如今，通过相亲缔结婚姻依然是相当一部分新生代农民工的现实选择。只不过，在接受过自由恋爱洗礼的年轻人看来，相亲别有一番风味。

1. 小许的两次相亲"噩梦"

第一次定亲，女孩才 17 岁，我大她 8 岁。她拿着姐姐的身份证外出务工，实际年龄很小。我们在家相亲认识，后来一起到东莞待了 3 个月。我俩还经常打架，我抽烟喝酒，她更厉害，特别是她烟瘾很大，她妈妈居然说："女孩子抽烟没啥！"我们在一起之后，她才告诉我实际年龄。她在 KTV 上班，我问她是不是做过（小姐），她承认了。为了管住她的烟瘾，我用尽方法，发现抽烟一次打一次，还不行。我的钱给她，而她却把自己的钱寄给父母。坚持了 3 个月，（我）坚决要退婚。知道她做过小姐之后我立即到医院里检查身体，幸好没事。后来威逼利诱，逼着她家人将定亲的彩礼退回后就算了。

之后，很快又订另一门亲事。我与女孩见了面，感觉女方定亲就像"卖女儿"。2009 年 10 月定亲，她是家人催着请假回来定亲的，我是为了安慰妈妈的情绪才定亲的。定亲之后，我陪她去买衣服，结果她一家来了四五个人，花了很长时间，买了 2000 多元的衣服。后来过年时去看望她爷爷奶奶，老人家不问青红皂白就教训我不好好干活："净找事！"原来是有一次我打电话跟她说，自己与车间领导有意见，工作扔了跑出去给她打电话。（她）爷爷奶奶居然放在心上，见面就教训我，我自然心里不爽。订婚时，女孩说意思一下就行，准备给 6600 元彩礼。女方家里一直同意，直到准备定亲的前一天，突然说彩礼少，要加几千块。我们骑虎难下，我说不订了，妈妈当即就哭了。后来表哥来劝，说："这钱出不起吗？出 1 万元娶个媳妇就亏了？"感觉像是被绑架了。没办法，妥协，加钱总算把亲订了。结果过年商量结婚时又出问题，女孩没回家，岳母说，"着啥急，你还小着呢"。她们认为一回来就得结婚，所以躲在外面不回来。后来我与她通电话才知道，是她父母的主意，不让她回来。我甚至都给岳母下跪了，要求放女儿回来结婚。她甚至耍赖说女儿丢了。最后还得退婚，彩礼没退完。

两次相亲噩梦彻底打碎了小许关于在家解决婚姻问题的幻想。小许说自己家庭条件不好，为了安慰母亲操劳的心，尽量按照家长的要求在家相亲订婚，可是没想到结果如此不堪。也许是他的运气不佳，遇到的女孩都不符合常规的理想的结婚对象的条件。就是这样两个女孩，家人的态度居然是尽量忍耐妥协，小许说，"若第一次订婚我不退婚，估计现在孩子都能打酱油了，而且当时家人的态度也是非常不希望我退婚"。

农村相亲结婚的弊端在小许的讲述中非常明确：不讲感情，高额彩礼，家长推动。相亲就是男女双方算计一下自身条件是否合适，家庭条件是否合适，还要算计一下彩礼的往来是否合适。农村相亲是讲究规矩的，男女如何相处，订婚后如何走双方的亲属，彩礼如何往来，这些在农村都有一个一般化的标准。小许对于所有这些相亲中的规矩和流弊深恶痛绝，因为这些不关心人的感情、尊严，他甚至感觉在相亲过程中丧失了基本的人格。于是后来，他下定决心不再理会这些："为了自己那点可怜的自尊和人格，哪怕是不断因此伤害父母的心，哪怕是自己至今也未能娶上媳妇。"

2. 相亲的"靠谱"与"不靠谱"

25 岁小张的相亲经验。

小张，开封农村人，他长相秀气，身材不错，有一个小他 9 岁的弟弟。他从 23 岁起被父母安排相亲。2014 年时父母托人给小张介绍了一个大他 3 岁的女孩，这个女孩条件好，在县城里有生意，并且会做事，但是长相一般，没感觉。小张认为自己要听父母的。于是见面之后他都主动约见女孩，每周末回家时会约女孩出来逛逛，并且买点礼物送她。女孩希望小张能够在县城买房。小张认为自己条件就这样，你（认为）行就结婚。而且，女孩挺主动的，小张却因为没感觉而不太在意。后来小张说明之后，女孩还很伤心，认为是小张玩弄她的感情。

后来，父母又安排相亲。小张反感，但是不敢反对。父母说："你要有本事自己谈个回来，谈不了，家里介绍还挑三拣四！"小张无言以对，所以总是按照父母的要求来。2015 年时，又有一个相亲对象，18 岁，这女孩特别胖，有 160 斤以上，长相还好。见面时小张就期望对方说不愿意就好了，因为他不敢说自己不同意。也是因为父母要求，小张又是周末回家约女孩出来玩。一段时间之后，女孩表态说自己还小，希望玩两年再结婚。小张认为，每次找她花钱不说，还要再等两年，到时候自己都 27 岁了，而且女孩抽烟。于是没有谈拢就放弃了。小张说"只要有人愿意，我一定会同意结婚的"。

2016 年上半年，小张又有了第三个相亲对象。这个女孩没有妈妈，只有父女俩生活。22 岁，家庭条件很差，只有三间瓦房，女孩很胆小怕人。见面时还满心希望女孩不愿意，但是女孩同意了。还是周末回家约她见面。谈到结婚的时候又出现问题了。对方要求小张上门，并且还要带过来 10 万元钱，而且要在女方家里办婚宴。她家太差、太脏，连饭都吃不上。女孩也很邋遢。有次，小张到女孩家干了一天活，走的时候要求女孩送自己到路口，女孩说忙没时间，后来她爸也要求她送，小张觉得女孩太不通情理，从那刻起他决定算了，以后再也没联系过了。认识了一个月，去了她家三次。

对于小张来说，他的相亲经历似乎有一个固定的模式，男女见面，自己迫于父母的压力不敢不同意，只要是女方愿意就行，每次女方默认之后便不时约出来逛逛，买点礼物，可是到最后都因为各种各样的原因放弃。同小许的感觉是一样的，小张也同样感受到相亲过程中对于"感情"因素的不重视。小张性格温和，他认为只要女孩愿意，自己肯定愿意，在这个过程中他宁肯不顾自己的感受，这是因为他没有任何谈判能力，因为父母说"你要有本事自己谈个回来，谈不了，家里介绍还挑三拣四"时他总是无言以对。他每次都期望女孩子说不愿意就好了，因为他不能说不愿意。尽管如此，小张事实上还是尊重了自己的感觉，三次相亲都没有成功，并且也几乎都是他首先放弃的。在小张的故事中，相亲就是一种形式，一种婚姻交换、条件算计的形式，无关人的感情。之所以这种"形式"在农村社会依然有着广泛的市场，是因为不少年轻男性有着娶妻难的恐慌。在一妻难求的情况下，他们宁肯多走形式而不顾及自己真实的感受。

3. 小结

尽管农村里的相亲有着诸多弊端，如不重视感情、规矩僵化、家长介入过多、金钱算计、物化和交易成分过重等，但是其优势也是明显的，如相亲时往往更多考虑双方在婚嫁距离、家庭条件等客观条件方面的配比，而这种"门当户对"的现实因素正是婚姻得以稳固的重要基础。而且，农村社会中规矩的存在与家长的推动，也使农村的相亲相比于城市中的自由恋爱有了更多稳定的基础。这种婚姻的保障和稳固的基础，对于经济社会地位不高的农民工阶层来说还是非常有吸引力的，因而，放弃城市里婚恋的虚浮，投身农村有约束力的保障，这也是不少新生代农民工宁可选择回乡相亲的最重要缘由。

事实上，在农村，大部分新生代农民工依然是通过相亲缔结婚姻的，通过自由恋爱而缔结婚姻并不那么普遍。我们这里的调研凸显了新生代农民工对于相亲噩梦的体验，这是因为，如今的新生代农民工绝大多数已经受过婚恋关系中爱情的洗礼，却受制于现实条件无法堂而皇之地追求爱情，所以他们委曲求全，为了能够缔结婚姻而宁可忍受相亲噩梦。通过相亲缔结婚姻往往很平淡，就是"过日子"，就是建房、娶妻、养儿、养老，当生活被

"过日子"规范了之后，所谓感情也就显得不重要了。

不少新生代农民工依然在这种较低的经济社会地位、相亲噩梦、爱情的美好希冀中苦苦挣扎，他们中的大部分选择了忍受相亲噩梦而对现实妥协，由此获得了并不尽如自己心意却形式完善的生活；少数人如小许和小张一样不愿轻易妥协而甘冒被婚姻市场边缘化的风险；极少部分人执着地追求爱情而幸运地获得成功。对这种境况最好的阐释是新生代农民工自己的话："相亲是噩梦，可是年纪大了也只有相亲是靠谱的。""农村的婚恋之路已经伤痕累累，无法规训年轻人。"

农村社会传统的婚恋结合路径是"父母之命，媒妁之言"，在婚姻大事上父母的意见占据主导地位，而且必须通过媒人的牵线才能得到农村社会的承认。20世纪90年代以来，农村社会的打工经济大规模兴起之后，虽然农村社会依然看重父母的意见和媒人的作用，然而相亲模式已经加入了不少现代的因素。

农村社会传统的婚姻缔结往往有一套固定的程序和仪式。例如，从第一次见面到正式的相亲仪式，中间会隔一段时间，不少地区将相亲仪式标定为"订婚仪式"，在仪式上要有男女双方的礼物交换和亲朋好友的到场。从相亲到结婚往往也需要1~3年的相处时间，其间，男女双方要互走亲戚，有礼物往来和家庭关系建构的功能。在打工经济兴起之后，一些现实情况会影响传统程序和仪式的进行，比如打工的周期性流动使传统的原本比较烦琐的程序和仪式很难充分进行，一些程序和仪式开始简化。与此同时，城市打工生活中，新生代农民工可能会自由恋爱，并且在外未婚同居等，由此在农村社会引发了一股退婚浪潮。传统的相亲模式在应对这些新问题的时候出现了一些变化，比如从相亲到结婚的时间尽量缩短，以防"夜长梦多"，退婚后彩礼的归属逐渐在一些农村社会形成了一套被众人认可的规矩——若男方退婚则彩礼要不回或者不能完全要回，若女方退婚便要将彩礼如数奉还。

经过十余年的发展，农村社会的相亲模式在新世纪发生了明显的变化。首先，父母在相亲中适时调整自身的角色定位，由原本的以"干预"为主的权力配置关系转变为以"付出"为主的资源配置关系，即传统的相亲模式以父母的权威对子女婚姻大事的干预为表现形式，而在 2000 年以后，父母对于子女的婚姻大事更多的是资源上的付出，即为孩子的婚姻大事做出物质资源上的充分准备。其次，相亲的程序和仪式由于退婚、逃婚等事件而发生了一些变化。农村父母为了避免订婚之后夜长梦多，便主动缩短从定亲到结婚的时间差，甚至造成了农村社会的闪婚现象；而且为了能够在本地婚姻市场上占据优势，且尽早完成作为父母的人生任务，父母助推乡村社会早婚愈加频繁地发生。最后，闪婚、早婚的发生又产生了一系列连锁的社会效应，典型如"结婚未成年"（宋丽娜，2017），即子女在婚后相当长一段时间里还需要父母扶持生活；由于婚前感情基础不牢固，婚后会在家务分配、共同事务、养育责任、赡养责任等方面出现婚姻家庭危机。

在形式上，相亲模式继承了传统方式中的程序和仪式，虽然随着形势的变化有所调整，但是基本维系了形式上的完整性，形式上的完整一定程度上保证了男女相亲的社会后果，即所有的相亲程序和仪式为日后男女组成的婚姻家庭负责。尽管有不少人认为相亲模式下形式主义突出，不注重实质感情，注重物质利益算计，当事的男女有被安排的嫌疑，然而经过了这些传统形式婚姻也往往更有保障。在内涵上，相亲模式纳入了不少现代的因素，比如父母在权力上的干预减弱，子女实际决定性意义上升，必须经过子女的认同才能定亲，如果男女一方坚决要退婚，父母一般也会尊重子女的选择；此外，在礼物的交换、嫁妆的置办等物质层面，农村社会也越来越向城市看齐；定亲的男女同居、未婚先孕、多次恋爱等情况在农村社会的接受程度在不断提高。农村社会的相亲作为一种婚恋路径具有重要的社会意义，它继承了传统的形式并且纳入了现代的意涵，在新的社会形势中不断调整适应。

（二）自由恋爱的"伤痕"

相亲成为新生代农民工的"噩梦"，但是自由恋爱带给他们的也并不只是爱情的甜蜜，更多的是爱情的"伤痕"。

打工经济使得男女青年外出异地工作，在打工地发生自由恋爱的概率急剧增加。重要的是，自由恋爱的兴起使得感情的因素在农民工的婚恋关系中具备了合法性和正当性。所以，在打工经济兴起之初，自由恋爱对于传统的乡村社会来说具有"浪漫革命"（阎云翔，2005）的意义，可是，随着打工经济的不断深化，自由恋爱的时代命运也发生了变化。如今的自由恋爱，讲究恋爱技能与恋爱套路，并且物质化和祛魅化的趋势非常明显，这样的自由恋爱已经日渐打破了新生代农民工对于爱情的美好希冀。

1. 被物质所伤的爱情

> 33 岁的小邵已经是两个孩子的父亲，老家在河南民权县。2006 年，小邵还在深圳打工，那时候他认识了一个女孩，是湖北黄冈人，他俩在深圳谈了两年恋爱，感情很好，最终却因为现实条件被逼分手。女孩是独生女，女孩父母要求小邵做上门女婿，并且要求他拿出 20 万元在黄冈买房子。小邵没有钱也不愿意做上门女婿。后来，女孩母亲以自己生病为由让女孩回家，随后将女孩的手机藏起来，联系断了。后来，父母逼着女孩在家里结婚了。谈及此事，小邵依然有掩饰不住的遗憾。后来，他在父母的安排下相亲结婚，现在的生活也还不错。

像小邵一样的男女并不少见，他们在打工地自由恋爱，可迫于现实压力无法走入婚姻。距离遥远、来往不便、生活条件差、无婚房等是阻碍异地农民工缔结婚姻的最常见的现实理由。可事实上，小邵依然是幸运的，他虽有遗憾却曾经拥有，而也有不少人都不曾拥有便感受到了现实的残酷。

> 26 岁的小尚是个不善言谈的小伙子，他勤劳肯干，工作多年手中也有了几万元的存款。小尚单身，他说自己没有谈

过恋爱，他告诉我们，曾对两个女孩有过好感，第一个是由于自己过于害羞不敢追求便无疾而终；第二个是他在无锡打工时认识的，大胆追求，却不得要领，失败了。之后，小尚就再也没有这方面的想法了，他说来郑州这两年他把自己"封闭起来了"，不愿意谈及这个问题，因为他目睹了太多冲着金钱和物质而去的女孩，这让他倍感凄凉，觉得"有了稳定的收入，有资产之后再考虑个人问题吧"。并且他给自己设了100万元的奋斗目标。因为他太明白金钱意味着什么，他的感情也都受制于金钱！

试图追求感情无果，却明白了金钱的重要性，我们现在无法回溯小尚当初试图追求感情时的心境，不过从结果来看，这个刺激应该是巨大的。

除了以上这些自由恋爱中明确的金钱要求外，恋爱本身便是一个金钱消费和物质流通的过程。如今的自由恋爱有以下两方面的显著特征。第一，爱情发生在休闲娱乐场合。FSK集团的农民工几乎都能很准确地说出哪些是恋爱的场所——饭店、电影院、KTV、商业街、公共活动场所、风景区等，自由恋爱中必然会伴随着吃饭聚会、唱歌跳舞、逛街游玩等活动，也必然伴随着消费，这就是自由恋爱必须付出的成本，在人们的认知中这些活动甚至就是恋爱本身。事实上，休闲娱乐场合就是自由恋爱发生的平台，平台的搭建需要物质基础，而成本则需要新生代农民工自己负担。第二，恋爱关系建构过程中的礼物流动，"小惊喜""小浪漫"的制造等，都以金钱为基础。自由恋爱的内容就是由互送礼物、纪念日、"小惊喜"和"小浪漫"组成的，它们是"恋爱套路"的一部分。

综上所述，自由恋爱中的金钱和物质并不是全部，可是没有金钱和物质的支撑，爱情是万万不能的。当经济窘迫的新生代农民工遇到爱情困境的时候，他们便很容易将爱情与物质对立起来，爱情便被物质伤害。

2. "真情假意"与"朝三暮四"

爱情不仅仅会被物质伤害，也会被自身伤害，爱情的真假变换使得它本身自带风险；传统的相亲模式调动人际网络和民间制度为长期稳定的婚恋关系提供保障，而发生在异地的自由恋爱则不具有这种保障基础。因而，爱情中的"真情假意"和"朝三暮四"便成为一个横亘在自由恋爱男女之间的真命题。

　　李力，24 岁，长相帅气，并且会穿戴打扮、能说会道。他目前是 FSK 某个车间里的"加料员"，即穿梭于各条生产线上提供材料之人。因为工作性质，他不断与人搭话；又由于性格外向，他人缘很好，尤其是女孩儿缘极好。李力在朋友聚餐时谈及自己的烦恼。原来，李力家里已经娶妻了，可是在 FSK 这边又谈了一个女孩儿，尽管目前两个女人并不知道对方的存在，但是这两个女人都管他"很紧"，都很"暴力"，经常吵闹，会威胁上吊自杀之类的。李力疲于应付两个女人，因此事烦恼。

　　张翔，25 岁，1.8 米，长相帅气，已婚，老婆在家。张翔有自己的轿车，开车上下班，甚是体面。他住在附近的城中村张庄，他另有一个女人，比他大几岁，包养张翔的吃穿用度。张翔曾多次向别人炫耀说，这女人给他洗衣做饭，什么都听他的，两人是在"陌陌"（社交软件）上认识的。可是，张翔还会不时与其他女人开房。

李力和张翔是 FSK 员工中知名度较高的风流人物，原因是他们在人群中太突出，并且故事颇多，这样的人物是男女关系的典型代表。尽管在人们的论述中，他们的形象不佳，不过，从另外的角度来看，他们将自由恋爱把玩到极致。其中的逻辑是，长相帅气、打扮入时，并且能说会道的男性更容易吸引女孩子的眼光；会哄人、会制造"小惊喜"和"小浪漫"、花钱大方、懂得女孩儿

心思的男人更容易建构婚恋关系；以"感情"的名义周旋于多个
婚恋对象之间，或者始乱终弃，都只成为个人的隐私。婚恋关系
在此情境下变为技艺和套路（宋丽娜，2016），其中的真情实意不
免被淹没，而虚情假意也让婚恋男女对彼此之间的关系和预期产
生深深的怀疑。

> 小雪，女，24岁，曾在广东打工，目前在FSK工作。她
> 告诉我们，自己一直没有在外面恋爱过，因为父母要求自己
> "不许在外谈对象"，而她自己也认为："外面的男孩儿确实没
> 有什么好的，好的话谁会打工啊？"并且，小雪多年打工经历
> 也见证了不少自由恋爱的悲剧：有人在家已婚，外出打工后
> 又组建"临时夫妻"，"外面太乱"。在广东打工时朋友的经历
> 让小雪十分感慨，"外面的人花心，没把握，以后会不会变
> 心"。在FSK期间，小雪也同样见证过一些"不正常"的恋爱
> 关系，一个女孩已婚，又有一个男孩追求她，两人天天在一
> 起，同事们都议论说："两人肯定有事！"见惯了外面的虚情
> 假意，小雪从没有在外恋爱过，她告诉我们，自己2016年过
> 年时被家人安排相亲，觉得男孩不错，就一直交往着。男孩
> 是本地人，并且有木工的手艺，目前在他们本地工作。小雪
> 以为这样的恋爱和婚姻就是牢靠的。

与小雪有着相似恋爱观念的女孩儿不在少数。她们虽然也是
打工者，不过却并不太愿意与同是打工者的男人交往，并且，女
孩们普遍的感受是"外面太乱"，这让她们对于在外自由恋爱充满
了担忧与不安，不少女孩儿宁可回到农村相亲去寻找婚恋的确定
性，也不愿意自己勇敢承担自由恋爱的风险。显然，女孩们更愿
意相信家乡父母安排的相亲，并不是因为她们觉得感情不重要，
也不是因为她们观念更加传统，而是因为，女孩们更深切地感受
到了自由恋爱带给她们的不安与风险。

3. 小结

自由恋爱的最大好处是讲究男女之间的感情体验，这是它确立自身合法性的重要基础。可是，其缺陷也越来越多地显现出来。第一，自由恋爱以物质为基础条件，以恋爱技能和恋爱套路为基本方式，这为自由恋爱的男女设立了基本的门槛：经济条件和个人魅力。这个门槛对于经济社会地位低下的农民工来说相当苛刻，它无形中将大部分的新生代农民工排斥在外。第二，从社会后果来看，自由恋爱的稳定性和成功率不高，跨省婚姻也有诸多隐患。自由恋爱的风险以感情的模糊和异变为基础，男女双方在感情上的坚守可以为他们争取彼此的确定性，可是感情上的确定性仍旧要面对现实条件的不确定性（异地、生活方式、生活条件、家长支持、责任划分等）。以相亲为主要表现形式的民间婚恋制度也很难保护自由恋爱的成果。

自由恋爱既挣脱了传统婚姻制度对于新生代农民工的安排与控制，也排斥了其对于婚恋的保护。自由恋爱的风险，其中一部分是由传统婚姻制度的缺席造成，另一部分则是由感情自带的不确定性造成。因而，自由恋爱会被物质所伤，被"真情假意"与"朝三暮四"所伤，这是新生代农民工为追求感情而付出的风险与代价。

打工经济兴起之后，新生代农民工由于工作的原因在异地聚集，少了农村社会的情境性因素，也少了父母的监控，年轻人之间的自由恋爱越来越多地发生。新生代农民工的自由恋爱多数以城市生活为背景，远离农村的情境和父母的监控，由此形成了一些特殊的行为模式。

在我们的调查经验中，新生代农民工在城市里的自由恋爱具有鲜明的特征。首先，注重恋爱技能，注重感情体验。男女之间的自由恋爱以感情为唯一的合法性来源，彼此相处的爱情体验非常重要。其次，爱情往往发生在城市中的文化娱乐场所，聚会吃饭、旅游、唱歌、逛街等是新生代农民工自由恋爱的主要活动，这些活动往往伴随着物质消费，这是新生代农民工自由恋爱要付出的物质成本。最后，新生代农民工要克服异地、父母的阻挠、文化不适应等诸多困难才能走入婚姻。

自由恋爱以爱情为合法性来源，以男女双方的主体性建构为核心，这受到现代文化的鼓励。新生代农民工在打工生活中也会被自由恋爱所吸引，他们也追求爱情的美好，然而城市中的自由恋爱却有一定的门槛和套路，需要具备一定的物质基础并且懂得恋爱技能才能在自由恋爱中如鱼得水。然而，相当一部分新生代农民工都不具备条件来自由恋爱，于是，自由恋爱成为他们的奢侈品。也有相当一部分新生代农民工在城市中自由恋爱成功，他们好好经营感情，不过，在面对婚姻大事的时候，他们仍旧会遭遇父母的阻挠、居住地、房子、文化不适应等问题的挑战，只有少数自由恋爱的新生代农民工在自身条件许可的情况下进入婚姻。然而，就算成功结婚了，这些跨省婚姻的维系也很可能成为问题，他们通常要面临文化适应、夫妻异地、亲子分离等问题的挑战。

新生代农民工的流动生活具有双栖性，他们的经济条件有限，对于城市文化的融合程度也不高，而且他们很少能够在城市中安家，这些都尚不足以支撑他们的自由恋爱诉求。也就是说，新生代农民工在精神上普遍接受了自由恋爱所倡导的"爱情至上"的理念，但是他们的流动生活并不足以保证他们的自由恋爱有一个稳定美好的结局，这些理想与现实之间的矛盾给予新生代农民工极大的心理创伤，他们徘徊在自由恋爱和回家相亲之间。

三 婚恋的双轨运作

（一）婚恋分离及其意涵

相亲与自由恋爱是新生代农民工两种主要的婚恋路径，在打工经济不断深化的背景下，它们都发生了逻辑上的转变。首先，相亲由于过于注重形式和程序，而成为新生代农民工爱情品格的枷锁。相亲模式来源于传统婚姻制度，其设置过于理性与正式，这与已经经历过"浪漫革命"启蒙的新生代农民工产生了天然的心灵对抗。其次，自由恋爱是广大新生代农民工的奢侈品，它有着关于经济条件和个人魅力的较高门槛。自由恋爱塑造了新生代农民工关于爱情的品格，却没有给予他们的爱情以合适的社会出路，也没有为他们实现爱情提供相应的社会基础。如果说相亲噩梦更多的是外力的作用，那么自由恋爱的伤痕则多是内因的运作。两种婚恋路径从内到外将新生代农民工关于婚恋关系的认知打破，将其对于婚恋的预期打碎，生生地将新生代农民工甩出美好婚恋关系的模式之外，成为一种有别于正常婚恋关系的第三种存在。

新生代农民工两种婚恋路径逻辑转变的背后是婚恋分离。婚恋本为一体，恋爱是婚姻的前奏，婚姻是恋爱的结果，婚恋本身的统一既彰显了感情因素的重要性，也是构建婚恋秩序的表征。婚恋的统一还需正式制度和非正式制度的双重保障。关于婚姻和家庭的法律条文能规避相关领域的违法犯罪，非正式制度却要能积极主动地建构有利于其统一性和确定性的婚恋秩序。而今，相亲模式中，通向婚姻的道路容纳不了爱情；自由恋爱有爱情，却不确定也很难走到婚姻的路口。恋爱与婚姻渐行渐远，相互隔离，其统一性被打破。婚恋分离也意味着新生代农民工的感情体验与民间制度保证之间脱节，婚恋秩序遭到挑战。

如何将婚恋统一化，既能保证感情，又能保证结果呢？新生代农民工面临的婚恋困境启示我们，构建农村场景中低成本的自由恋爱，或许是新生代农民工群体可以探索的一条有效的婚恋路径。发生在熟悉的农村社会场景中的自由恋爱，一方面尊重新生代农民工的主体性和感情体验，另一方面受到农村社会的保护。然而，现实的问题是，大多数新生代农民工需要到城市中务工，必然会受到城市文化的强势浸染；如若新生代农民工能够在农村社会实现就地化就业，就能够在一定程度上保证自由恋爱的在地化。然而，这条路径目前仍旧只能在少数有条件的农村地区实现。在这个意义上，实施乡村振兴，让农民在农村社会安居乐业，是保证新生代农民工婚恋路径的基础。

（二）婚恋的双轨运作

新生代农民工婚恋问题的呈现，打工经济是重要的背景，双栖性是其特殊属性，相亲与自由恋爱是两个主要途径，未婚同居、闪婚、跨省婚姻、逃婚离婚等是一些典型现象。如何理解这一系列现象本身？显然，新生代农民工的婚恋样态不一，影响因素众多，理念多样化，并且尚处在转型变化之中，要想归结出特定的模式并不容易，但是至少，我们可以从以上关于新生代农民工婚恋样态的描述中发现婚恋现象的双轨并行运作：城乡元素的纠缠、传统－现代模型的分裂、现实与理念的张力、行动与结构的紧张。这些二元对立的因素集中体现在新生代农民工的婚恋问题上。

在新生代农民工的工作生活经验中，城市里物质丰裕、干净卫生、娱乐多样，只要有钱就能够享受平等的消费；具有正式规则，价值观多样，金钱面前人人平等。而农村里则物质匮乏，不够卫生不够科学，待久了就会"无聊"，并且农村人讲究"面子"，"面子"竞争意识强烈，农村的人情味儿更浓，每个人都要活在他人的各种关系体系中。城市是现代的代名词，而农村成为传统和落后的代表。在以上情境中的婚恋也是一样。在城市自由恋爱需要按照城市里的规则进行，需要男人的"甜言蜜语""小惊喜""小浪漫"，需要通过消费来构建恋爱的情境和体验。而在农村的相亲则是个异常复杂的社会过程，相亲不仅仅是青年男女之间的互相爱慕，更是"父母之命，媒妁之言"；不仅仅是彼此之间的关系建构，也是礼物的流动、物质的交换和亲属关系的建构。

生活于以上双重社会情境中的新生代农民工，在面临自己的婚恋生活时，都有多多少少的困惑和迷茫。比如，不少新生代农民工认可感情因素在婚恋关系中的重要性，但是他们又时常有感于"外面的女孩子都现实，没有钱是没人愿意与你恋爱的"；在城市里他们渴望而不得，可是如果让新生代农民工退回到农村里相亲结婚，他们又显得无奈而悲伤，"不想让父母操心、伤心，所以尽量按照父母的要求相亲订婚"，然而，相亲对象却很难总是符合他们的心意，于是不少人在父母的"操心"和自身的"孝心"中半推半就地完成了自己的人生大事。然而，情感上的"将就"、物质上的"交换"，以及父母的干预和农村社会的舆论都为他们的婚恋生活埋下了隐患。我们在新生代农民工婚恋生活的轨迹中发现，有对于城市的向往与追求，也有对于农村的不舍与忍耐；有现代的物质主义和消费主义，也有传统的家庭观念与村庄伦理；有理想中的浪漫爱情，也有现实条件的拮据；有行动上的任性和价值上的反叛，也有结构上的束缚与无奈。婚恋的双轨运作，成就了新生代农民工一代立体的社会形象，也给予了我们一个观察社会转型、理解社会变迁的极佳窗口。

第四章　婚姻市场重构

农村是新生代农民工婚恋的重要场景之一。在社会转型期，农村社会在婚恋领域发生了剧烈的变迁，引发了一系列的社会效应，其中最重要且最外显的变化便是农村传统的稳态婚姻圈被打破，代之以竞争性的婚姻市场，表现为婚备竞赛。农村婚姻市场重构是一项系统的运作，其产生于传统婚姻圈日渐被打破的21世纪，广泛存在于以小亲族为农民认同与行动单位的黄淮海地区；婚姻市场重构以失婚的焦虑、彩礼的上涨、专职媒人的产生为主要标志；进而，婚姻资源的竞争成为必然，由此引发了婚恋要素的重组，形成了婚姻分层的结构；随即，农村社会发生了一定程度的"光棍危机"；甚至，离婚后"重返光棍"也成为婚备竞赛发生的重要标识。由此，婚姻市场的变革在婚备竞赛的激烈碰撞下被不断向前推进。

婚房、彩礼等传统的婚姻缔结要素是助推婚备竞赛的主要载体，新生代农民工是婚备竞赛的主体，婚姻市场的型构是婚备竞赛的主要背景。农村的婚备竞赛以结婚成本的急剧增加为主要表现形式，以婚姻分层、婚姻资源竞争为主要运作机制，以婚姻市场的型构和"光棍危机"为主要社会后果。婚备竞赛的社会情境构建了新生代农民工基本的婚恋环境，是其面临的结构性要素之一。

与农村婚姻市场变革相关的社会现象有高额彩礼、妇女婚姻主导权、光棍等，目前，学界对此已有充分的讨论。不少研究者注意到了一些农村地区的高额彩礼现象（桂华、余练，2010；王德福，2014a；李永萍，2018a），对此的解释是，彩礼更多承担了代际资源转移的功能（王跃生，2010），而高额彩礼则是子辈通过婚姻缔结对父辈的"代际剥削"。不少学者也注意到，打工经济背景下妇女地位得以提升（陈锋，2010；陈琳、陈讯、蒲琨，2016；蒲琨、陈讯，2018）。陈锋（2010）认为这是一种"依附性支配"状态；李永萍（2016）则讨论了打工经济背景下妇女婚姻主导权的兴起，认为妇女在婚姻中的"退出权"形塑了其主导权，这是在农村婚姻市场变革中逐渐形成的典型现象。除此之外，何倩倩（2019）在婚姻市场的框架中，从"子代找得到"与"父代娶得起"两个维度来分析农村婚姻缔结过程与光棍形成机制。王向阳（2017）则把眼光直接聚焦于婚备竞赛本身，他发现了婚备竞赛所引发的婚姻分层现象，并且认为"外地媳妇"是本地婚姻市场建构出来的用于弥补本地婚姻市场的有效补充机制。

以上研究都是在经验层面上对于农村婚备竞赛不同侧面的阐释，给予了我们极大的启发。本章也将以关中农村的调研经验为例，勾勒出农村婚备竞赛的社会轮廓，抽离出其核心运作机制，并将新生代农民工放置在此情境中来解释其婚恋行为，讨论婚姻市场的变革。F村位于陕西省武功县，现有314户，1330口人，耕地1400亩。F村一带的农民在2000年之前开始大规模地外出打工，主要经济收入来源为打工和种田。村中大多数青壮年劳动力常年外出打工，或者去东南沿海，或者就近打工。粮食种植以小麦和玉米为主。经济条件一般，自然地理条件一般，交通情况一般。笔者及学术同仁曾于2014年7～8月在F村驻村调研25天，与农民同吃同住，深度访谈和量化统计方法并用，其间重点关注并研究了村庄及其周边地区的婚姻状况。

一　稳态的婚姻圈被打破

F村一带农村婚姻市场的变革开始于世纪之交。2000年前后，F村一带已经形成了大规模的打工经济，农民生产方式的变革引发其家计模式的变化，农民家庭生活形态的变化也引发其婚恋路径的重组。对于原本稳态的农村社会而言，传统的婚姻圈在打工经济的冲击下被打破，一些农村地区逐渐被一种失婚的焦虑所笼罩，进而推动彩礼价格高涨，甚而在农村社会出现了专职媒人。稳态的婚姻圈被打破，由此农村社会正式拉开了婚姻市场变革的序幕。

（一）失婚的焦虑

失婚的焦虑是农村婚姻市场变革的逻辑起点。失婚的焦虑特指在世纪之交，由于农村社会性别比例失衡和女性外流而引发的对于婚配关系的担忧，通常以农村失婚的男性为担忧对象。失婚的焦虑来自何处？我们试图从宏观政策、中观机制、微观运作三个维度来分析。

第一个维度是宏观层面上适婚男女性别比例失衡，这是理解失婚焦虑的结构性因素。

我国大部分农村地区在 20 世纪 80 年代初开始实行计划生育政策，多数是"一孩半"政策，即头胎是男孩的话只能生一个，头胎是女孩的话可以再生一个。这种政策显然是考虑了我国大部分地区农民的"男孩偏好"，即生男孩传宗接代的传统观念。

总体上看，我国 1990 年之后开始进入急剧的性别比例失衡年代，这种趋势一直持续了接近 20 年，这意味着，这些年出生的男孩远远多于女孩，他们长大之后，有相当一部分男人娶不上妻子。按照正常的婚配年龄计算，这个趋势大约从 2010 年之后就会日渐明显。我们在经验调查中发现，某些贫困的农村在 2010 年前后产生了较多的光棍，发生了较为严重的"光棍危机"。

出生人口性别比居高不下，意味着我国在相当长的一段时间里会产生大量的失婚者，这是一个重要的结构性因素。

第二个维度是中观层面上打工经济所引发的婚姻市场的流通，即女性更倾向于流向婚姻市场的高位，这是形成失婚焦虑的核心运作机制。

在婚姻市场的运作中，女性的婚嫁自由是一个基本的规则。我国传统上有"女攀高枝"的说法，即在婚姻配比的过程中，女性更倾向于寻找比自身条件优越的男性为伴。而在人口学的婚姻梯度理论中，上男配中女，中男配下女，这种婚姻配比也是被理论界所承认的。以往，农村的婚姻圈相对固定，在一个固定区域内的男女婚姻配比虽然也遵循以上的规则，但是区域内的自然地理条件、经济发展水平相似，因而并不会出现一个明显的婚姻流向。而打工经济所引发的社会流动打破了这种固定的婚姻圈，构建了一个全国范围内的婚姻市场。这个婚姻市场太大，会有明显的自然地理条件、经济发展水平上的区分，于是，婚姻市场就会形成一条从高到低的流动线条。位于婚姻市场高位的区域，女性流入高于流出，会集中婚姻市场上的优质资源；而婚姻市场的低位区域中，女性流出高于流入，会形成较多的失婚者。于是，在婚姻市场的低位区域，失婚的焦虑便会逐渐形成并蔓延开来。

第三个维度是微观层面的代际责任，父母对于子女婚姻大事的责任伦理会将失婚问题建构出来，并且逐渐形成焦虑。

在我国的文化传统中，代际的抚慰和供养是被支持和鼓励的，然而在不同的区域，代际伦理运作下的代际责任却很不同。在华北农村，代际伦理较强烈，主要体现为父辈对于子辈婚姻大事的责任和义务，即身为父母有责任帮助子女成家立业。而在华南的宗族性村庄，代际伦理虽然也较为强烈，但是父母的责任并不重，因为一个人成家立业被认为是自己的人生任务，父母会为子女的人生大事担忧，但是他们并不能替代子女去完成他们的人生大事。于是，华北农村的父母很早便开始为子女的婚姻大事做准备，建（买）房子、准备彩礼等，2000 年之后，新生代农民工的结婚成本急剧增加，极大地加重了父母的负担，在这种条件下，父母对于子女婚姻大事的焦虑就凸显出来，失婚的焦虑前所未有。而在华南的宗族性村庄，父母很少会强烈地干预子女的相亲、结婚等事项；那里的父母在打工经济兴起之后已经逐渐接受了子女自由恋爱的正当性，他们虽然也关心，但是认为婚姻大事是孩子自己的事情。因此，在面临同样的打工经济所引发的婚姻市场的流通时，华南农村的父母多是担忧却无奈的心态，他们仍旧寄希望于孩子，社会上的焦虑情绪并不会像华北农村一样蔓延（杨华，2019）。

可以说，父母对于子女婚姻大事的责任伦理愈加强烈，父母对于子女的干预性越强，农村社会关于新生代农民工婚恋问题的焦虑就越突出，失婚的焦虑就越强烈。在此意义上，虽然同样位于婚姻市场的低位区域，但是有些地区的失婚焦虑强烈，而有些地区则相对缓和，其中的关键就在于代际伦理是否能够通过一些具体的行动将这个问题建构出来。

从宏观、中观、微观三个层面来看，失婚的焦虑被这么一套社会联动机制建构了出来，尤其是河南、陕西等华北地区的农村，失婚的焦虑成为蔓延在乡村社会的一种集体意识，从而成为引发乡村社会婚备竞赛的逻辑起点。

（二）结婚成本急剧增加

失婚的焦虑引发了相应的社会行动，助推乡村社会的结婚成本（婚房、彩礼）水涨船高，乡村社会由此被动员起来参与到婚备竞赛之中。

对于失婚的焦虑最为敏感的是乡村社会的父母，他们具有帮助子女成家立业的伦理责任，因此，当他们不断感受到适婚青年的男女比例失衡、打工经济使不少本地女孩外嫁的情况时，本地的父母们就开始早早地为儿子的婚姻大事做准备了。父母们有三方面的具体举措。首先，父母们尽量提早为儿子的婚事做准备。有的父母在孩子很小的时候便开始攒钱，通常情况下，在儿子初中毕业的时候就要为儿子建房完成，因为初中毕业之后马上要面临相亲的问题，而房子则是一项必备条件。在不少农村地区，回乡的新生代农民工要结婚的基本条件就是两层楼房，目前的建房成本是 20 万元以上。如若家庭条件稍好，他们会考虑在周边的城市中为儿子买房，如此结婚成本便会高上许多。其次，父母不仅自己积极准备，还会要求子女都参与进来。我们在河南农村调研时发现，不少新生代农民工在婚前的打工收入都是上交父母的，他们一般情况下年底会给父母带回一年的积蓄。不论男女，新生代农民工在婚前都被父母要求上交收入，这是因为父母需要子女的共同努力才能完成儿子的婚姻大事，有的农村社会甚至在年底的时候形成了一股相互对比子女"拿多少钱回来"的社会风气，子女若是不配合父母，将会被认为"不懂事"。最后，父母和子女共同完成物质基础上的准备，但是这仍旧不能保证儿子婚姻大事的顺利完成，因为乡村社会的未婚女孩远远少于男孩，为了有所保障，必须"先下手为强"，即越早完成物质准备就可以越早进行相亲、结婚，越早结婚就可以越早一天"心安"。而且，最近十多年的时间，农村社会的结婚成本不断增加，因而越晚可能付出的成本越高昂。因而，有条件的家庭都会早早为儿子相亲、结婚。

父母试图集数十年的积蓄甚至更长时间的全家劳动成果来参与到婚备竞赛之中，这个过程一直伴随着结婚成本的增加。

在河南上蔡县农村，2000年前后农民的结婚成本也主要是房子和彩礼，当时婚房的普遍标准是一层平房，彩礼的标准是1000~2000元。这个成本相对于农民的收入来说不算太高，条件中等的家庭通过3~5年的积蓄通常能够顺利地付出这个成本。随后，结婚成本水涨船高。2009年前后，彩礼的行情为6600~8800元，婚房的标准已经普遍变为了两层楼房，成本为10万元以上。2010年之后，彩礼的标准加速上涨，这也正是失婚的焦虑已经普遍化、白热化的时期。2015年以后，不少地区的彩礼已经在10万元左右，个别地区在15万元以上，两层楼房的成本是15万~20万元。乡村社会对于婚房的要求，一方面在品质上有所提升，从一层平房到两层楼房，再到在城市里买房，另一方面根据物价水平的上涨而提升，婚房成本是结婚准备中的大头。彩礼的上涨则呈现明显的先缓后快的趋势，2010年之前彩礼缓慢上涨，之后则加速上涨。

在陕西武功县F村，结婚成本的增长与河南上蔡县农村相似。20世纪80年代的彩礼礼金一般几百元，90年代涨到了上千元，2000年左右涨到了四五千元，2005~2010年在一万元左右，2010年之后开始急速抬升，2011~2013年的彩礼价格一般在3万~4万元，2014 年已经涨到了 6 万元。这还仅是彩礼的价格，除彩礼外，若再加上给女方购买"三金"，办酒席，买家具，以及给媒人的介绍费用，全部加起来，一个成年男子结婚大概要 10 万元。加上盖房子的 10 多万元，结婚总计需 20 多万元。

在中西部农村，一个新生代农民工的结婚成本需要一个普通的农村家庭集全家之力数十年才能完成，"因婚致贫"已经成为一种典型的社会现象。如若有 2 个及以上的儿子，结婚成本将是普通农民所承受不起的。

失婚的焦虑是引发结婚成本上升的逻辑起点，这个过程伴随着婚姻市场的运作与新生代农民工的主体行动。打工经济兴起之后的婚姻市场形成了一套强大的运作机制，失婚的焦虑对一个地域内的所有父母做了深度动员，使之都卷入了婚备竞赛的体系。为了能够赢得这场竞赛，父母们采取各种策略和行动，婚姻市场加速运转，由此不断推高了乡村社会的结婚成本。这种婚备竞赛开始于打工经济兴起之初，在 2010 年前后进入深度竞争，在乡村社会引发了一系列的社会后果，而新生代农民工正是这场婚备竞赛的主要承担者。

（三）专职媒人的产生

与失婚的焦虑和结婚成本上涨同时产生的是专职媒人。专职媒人是指在乡村社会中以"说媒"为职业的人。多数乡村社会中以往都有媒人的存在，他们或者是村庄中"好事"的妇女，或者是对于周边村庄人口信息很熟悉的人，抑或是个人的亲属朋友，这些人说媒并无现金报酬，只是作为业余爱好存在。然而，在打工经济兴起之后，一些地区由于为青年男性说媒的诉求强烈，催生了专职媒人这一行业，他们专门收集周边各乡镇的适婚男女的信息，并且通过说媒获取报酬。

整体上看，资源匮乏的农村由于女性的外流，以及适婚男女数量的不平衡，原有的婚姻介绍方式已经不再适应新形势。原有的婚姻介绍方式主要依托于村庄的熟人社会网络，即一个家庭所掌握的血缘和地缘关系，以及这两种关系的扩展和延伸，由此种社会网络所产生的婚姻很少超出县域范围。媒人也是不固定的，主要是自己的亲戚或邻居，多是业余性质，比如，A 村的姑娘 M 嫁到 B 村后，B 村的 F 委托 M 给自己的儿子介绍对象，M 回娘家的时候看到自己的堂妹还没有找对象，就找堂妹的父母问问情况，征询双方家长的意见，若能谈得来，则再安排正式的见面，在婚姻关系确定后，F 则要给 M 送些烟酒等礼品，以示谢意。

以前很少有专职媒人，在村庄的熟人社会关系网络下，也几乎没有专职媒人生存的空间。但是，婚姻市场发生变化以后，原有的婚姻圈被打破，再用以前的方式靠自己的亲友介绍对象的可能性大大降低，专职媒人应运而生。所谓专职媒人，即专门以婚姻介绍谋生的人，婚姻介绍成为一种职业。要找专职媒人介绍对象的话，首先要到媒人那里去登记，一次的登记费用为 20~30 元，主要是男人登记，女人很少有登记的，即使登记了也不收钱。媒人开始跟男女双方介绍时，男方要先往媒人的手机里充 50 元的电话费，安排见一次面要给媒人 100 元。男女双方见面的地点一般在镇上的饭店里，男方请媒人和女方及女方父母吃饭。若双方基本同意，则开始讨论彩礼价格，男女双方协商，媒人居中调解。若婚姻关系确立，即男女方定亲后，则男方要支付给媒人 1000 元的答谢费。有的时候，一次相亲要两个及以上的媒人，给媒人的答谢费则要几千元。如 F 村的媒人王某说，他经历过的婚姻介绍中，最多的一次有 6 个媒人，如此一来，双方见一次面就要给媒人 600 元，若确定了婚姻关系，则要给媒人支付 6000 元。

这种多个媒人的情况，一般是由媒人之间的合作带来的。如一个姑娘在 A 村的媒人 G 那里登记后，G 又通过 B 村的媒人 K 将 B 村的 T 介绍给 A 村的姑娘，这样一来就产生了两个媒人。多个媒人的产生逻辑同样如此，媒人多了，意味着男方所要支付的介绍费也就多了。在媒人的介绍下，若男女双方谈成了还好，若谈不成，则显然所有的费用都要由男方支付。有时候，男方被媒人安排了七八次见面的机会，都没有谈成，前后给媒人的电话费、引荐费、请客吃饭的费用等就花费了几千块钱。因此，许多村民认为媒人就是骗子，F村的王某被村民称为"王大骗"。也有时候，在多个媒人的引荐下，男方好不容易取得女方的同意，支付过彩礼后，女方也嫁了过来，但嫁过来没几天就跟男方离婚了，男方最后落个人财两空。

2013年，王某给老李介绍了个对象，老李50岁，妻子去世多年，儿女都在外面打工，家里条件一般。女方是密县人，38岁。相亲时有6个媒人，女方在密县有两个媒人，密县的两个媒人认识扶风县的两个媒人，扶风县的两个媒人认识武功县的两个媒人，其中一人是王某。老李本来想不要那么多媒人，但王某是通过扶风县的媒人才认识密县的媒人的，王某本人对密县的两个媒人并不认识。好在男女双方第一次见面后，结婚的事就订了下来，6万元彩礼，并给了每个媒人1000元介绍费。女方嫁过来后，双方并没有领结婚证，女方嫁过来没多久就跑了。老李白白损失了6万多块钱。

村民们明知道媒人有一定的欺骗性，还要去找媒人介绍，这充分反映了男方在变化了的婚姻市场上的无奈。在F村，找媒人介绍的往往是找媳妇困难的家庭，一般情况下，村民们能不找媒人就不去找媒人，或年轻男女自己谈，或找自己的亲戚朋友帮忙介绍，往往是实在没有办法的情况下，才去找媒人。但即使如此，媒人也并不是给所有前来登记的都介绍，有些媒人认为根本不可能找到对象的男人，就不予登记，也不给介绍，因为给他们介绍，成功率太低，根本赚不到钱。这些不进入媒人登记册的人包括：离过婚的、个子矮的、打工没有什么手艺的、残疾的等。

专职媒人的产生是在婚姻圈被打破之后产生的一个典型的社会现象，它的产生预示着：第一，婚恋的机会在一些农村地区变得稀缺，专职媒人的运作就是对这种稀缺机会的竞争；第二，专职媒人也成为结婚成本中的一项重要内容，这意味着普通农民的结婚成本进一步提升；第三，专职媒人会进一步降低婚恋关系中的礼仪成分，而增加其物质因素和功利成分。

失婚的焦虑、结婚成本的急剧增加与专职媒人的产生是相互关联的社会现象；它们是在农村传统婚姻圈被打破、婚姻市场型构的转换时期所呈现的典型社会现象；它们预示着婚姻市场的失衡和婚备竞赛的开启。

二　婚恋要素重组

在失婚的焦虑、结婚成本急剧增加和专职媒人产生的背后，是农村社会婚恋要素的重组。在婚姻市场的条件下，微观层面上的婚恋配置机制将男女之间的婚姻资源做了重新安排；中观层面上婚姻资源的竞争则构成了农村社会婚备竞赛的动力机制。

（一）　婚姻资源的配置机制

从社会学的视角来理解农民的婚姻行为，婚姻不仅是个体选择的结果，也是社会选择的结果；婚姻不仅是结合的问题，也是维系和经营的问题；婚姻不仅对私人造成影响，也对社会整体产生较大的影响；婚姻并不仅仅是行动的问题，更是行动与结构互动的问题。

婚姻本是一对一的性别配比，无所谓分化。不过，当婚姻的配置产生了资源依托，随着资源的区分，婚姻出现了分化并分层的现象。

通常情况下，经济分层与经济资源在人群和组织中的分布有关，而社会分层则与社会资源在人群中的分布有关。资源的不均质分布是宏观社会分化现象的外在呈现。而在私人生活的婚姻领域，男女之间的婚姻配置有着更加复杂的机制和规则系统。在男女之间的婚姻配置过程中有三方面的要素。第一，婚姻结合的合法性问题，是"父母之命，媒妁之言"还是"自由恋爱"？第二，婚姻配置的伦理性问题，是责任与义务，还是独立与个性？第三，婚姻配置的具体规则，是公共性的还是私人性的？经验中，人们对于婚姻的认识多是从规则和社会规范的层面出发，如传统社会的"父母之命，媒妁之言"、"门当户对"和"男才女貌"，现代社会的"恋爱自由"、"找感觉"以及对于房子和车子的要求等。婚姻的合法性问题和伦理性问题一定程度上能够在规则问题上体现出来，而婚姻配置的规则显然不仅仅是规则，其背后有着合法性和伦理性问题的社会规定。因为有着合法性和伦理性的限制，婚姻问题才能呈现为规则公共性和私人性的问题。在这种多重因素影响的婚姻配置中，婚姻成为一个具有公共性的社会事件，其分化的社会后果并不明显，即婚姻并没有分化的问题，而是弥散在社会的各个角落和各个层面。

传统文化的伦理意涵和制度组织是保证乡村社会婚姻系统性和整体性的关键，婚姻被构建为一个由公共性规则支配的社会系统。不过，在新的形势下，尤其是社会流动因素的加入，婚姻的统一性被打破，婚姻的合法性、伦理性、规则性问题发生了整体的变迁，婚姻本身越来越成为一个由诸多规则系统组织起来的事件流，其中尤其凸显出婚姻资源的问题。

婚姻资源指的是影响婚姻状态和婚姻关系的资源依托，如经济条件、房子、个人能力、工作、相貌等。传统社会所讲究的"门当户对"与婚姻资源相关但并不等同。在稳态的地域社会，男女双方家庭所拥有的财富、势力、影响力等各个方面相互匹配，这便是支配人们婚姻配比的"门当户对"规则。如果说"门当户对"是从整体层面出发而标定的婚配标准，那么婚姻资源的配比则是男女缔结婚姻的个体性规则。

当今乡村社会，男性的婚姻资源包括自身工作（收入/编制/地域）、学历、房子、相貌、家庭背景等；女性的婚姻资源则包括学历、相貌、持家能力、收入、家庭背景等。各自的婚姻资源就是他们在婚姻市场上的谈判能力，男女之间的婚姻资源要求适当配比。不过，几方面的婚姻资源可以归结为两个层面，一个是财富占有（工作/房子/家庭背景等），另一个是个人条件（学历/相貌/持家能力等）。两个层面的婚姻资源中，男性的财富占有更加重要，而女性的个人条件更加重要。不同层面的婚姻资源在人群中的分布是弥散的，即人们通常所说的"看重的是他的钱（财富占有）还是他的人（个人条件）"，"他家庭条件差点，但是人长得好、能说会道"，"他尽管个子矮，但是学历高、工作稳定"，"她长得漂亮"，"她会过日子，尽管文化低些"，等等。婚姻资源在人群中的弥散分布意味着，人们对于婚姻配比的评价体系是多元的，一方面的资源弱势可以用其他方面的资源优势来弥补，依靠这种互补的资源弥散机制来保证作为一种基本权利的婚姻，使得婚姻配比的标准多元化和形态多样化。

不过，在新的形势下，婚姻资源所呈现的问题愈加明显：多个方面的婚姻资源中，财富占有的重要性越来越大，越来越成为影响婚姻资源质量的核心因素，并且财富占有情况可以更大地弥补其他方面的劣势，财富占有超越了相貌、个人能力、学历、家庭环境等因素。所造成的结果便是婚姻机会在农村社会中的分布不再是弥散的，而具有了集中的趋势。婚姻机会向少数以财富占有为核心的评价体系上层集中，表现为：财富占有越充裕，婚姻资源的分量就越重，农民的婚配机会越多，结婚成本（以彩礼和婚房为主要表现形式）越低，妇女的婚姻依附性越强，而男性的婚姻支配性和婚姻选择性越大；反之，财富占有越匮乏，婚姻资源的分量越轻，农民的婚配机会越稀缺，结婚成本越高，妇女的婚姻选择性越大，男性的婚姻选择性越小，甚至沦为光棍。婚姻机会的集中趋势影响了婚姻的社会分布，使得农村社会的婚姻日益呈现分化的趋势，这便是婚姻分层。

这里需要说明一下与资源相关的另外一个婚配要素——结婚成本。结婚成本是指为了缔结婚姻而支付的经济成本，通常包括房产、彩礼、酒席，以及其他礼物成本。当下的农村社会，结婚成本主要由男方支付，女方支付的结婚成本——嫁妆往往也是来自男方所出的彩礼。因而，结婚成本的支付往往彰显出男方的经济实力，不过，财富占有情况与结婚成本之间并不总是呈现正相关的关系，甚至往往呈现反比关系，即财富占有越充裕，所支付的结婚成本可能越少，而财富占有越匮乏，所要支付的结婚成本却越多。其中一个关键的变量是女方的"要价"（桂华、余练，2010），即女方对于与男方缔结婚姻而进行的资源索要。传统社会，结婚成本的支付是有规矩的，受到社会地位和文化传统的影响，女方的索要也要在既有的规矩之内。而今，结婚成本的多寡更多变成私人之间的协商，表现为：如若男方的财富占有情况充裕，并且各方面条件优越，女方反而不再过高要价，这时候的索要似乎变得没有必要；相反，如若男方财富占有情况一般，甚至较差，女方预计嫁过去之后可能过日子会受苦，那么婚前对于男方的经济要价往往较高。女方的婚姻要价能力与男方的经济条件有关，也与男多女少的结构性矛盾有关。在女方主导的婚姻市场上，结婚成本会随着女性的稀缺程度和男性的财富条件水涨船高，主要体现为婚房的标准日益提高，彩礼也日益攀高。这造成的社会后果便是，富有的男性为婚姻支付的成本更多依据的是个人的看法——我想要彰显自己的实力和面子，就故意支付较高的结婚成本，而我如果并不在乎这些，女方也没有索要彩礼的话，结婚成本就可能极低；越穷的男性反而为了缔结婚姻支付更高的经济成本。水涨船高的结婚成本变成了为穷困的男性"量身定做"的，这更进一步加强了他们经济底层状况的自循环，"因婚致贫"在农村社会屡见不鲜。

综合起来，婚姻资源对于婚姻配置的作用机制如下。

第一，男性的财富占有情况成为婚姻资源最核心的要素，也是婚姻分层的主要标准体系。

第二，财富占有丰富的人（工作好/家庭条件优越/有房子等）更加容易结婚，而财富占有匮乏的人则难以找到结婚对象。

第三，财富占有丰富的人结婚的时候往往为婚姻支付的成本较低，即给较少的彩礼，婚姻支出本身相对于他们财富占有情况的比例较低；而财富占有匮乏的人则要为婚姻支付更高的成本，女方的婚姻要价能力高涨，男方的谈判资本减少。当然，这并不包括有些财富占有丰富的人在缔结婚姻时主动向女方支付高额彩礼。

第四，财富占有丰富的人在婚姻关系中的支配性强，女性的依附性较强，即男人主导婚姻状态的比例增大；财富占有匮乏的人在婚姻关系中的支配性弱，女性主体性凸显，即女性更加容易主导婚姻状态。

以财富占有为核心的婚姻资源在农民的婚姻配置过程中发挥了核心作用，其所引发的显在社会后果便是婚姻分层的形塑。

所谓婚姻分层，就是指婚姻资源的不均质分布引发的婚姻机会不均质。婚姻机会的集中趋势影响了婚姻的配置和维系状态，其所造成的后果就是婚姻在不同人群中的不均质分布，婚姻市场的得意者和失意者之间形成了一条人为的鸿沟，难以跨越。在乡村社会，婚姻分层的本质是婚姻机会的不均质分布，对于处在婚姻分层中下层的人来说，婚姻是稀缺的，婚姻的稀缺性是由婚姻资源的不均质及其相互竞争引起的。

婚姻分层主要是以男性为婚姻主体所进行的分层，即男性在婚姻上的资源越丰富，他的婚姻结合越容易，婚姻维系成本越低，婚姻对于其生活的影响越小；反之，男性在婚姻上的资源越匮乏，他的婚姻结合越困难，婚姻维系成本越高，而婚姻对于其生活的影响越大。婚姻分层的表现如下。

第一，婚姻资源丰富的人在婚姻上的选择性大，他们有机会选择婚姻资源更加丰富的结婚对象，也能更加容易地选择离婚，支付再婚的成本，他们并不惧怕婚姻失败，并且更加容易发生婚外情/一夫多妻等婚姻问题；婚姻资源匮乏的人在婚姻上的选择性小，他们很少有机会选择结婚对象，甚至被婚姻市场"剩下"而成为光棍，他们惧怕离婚，一旦离婚往往就更加难以支付再婚的成本，成为光棍。

第二，婚姻资源丰富的人是婚姻市场的得意者，而婚姻资源匮乏的人则是失意者。得意者与失意者之间难以转换，形成一种明显的分化，婚姻的选择能力成为乡村社会一部分人的专利，要想在婚姻市场上从失意者转换为得意者，财富占有情况是核心的影响因素。

（二）婚姻资源的竞争机制

婚姻分层是从个体的视角呈现的社会现象，其中核心的作用机制在于婚姻资源的竞争。婚姻资源的竞争，一方面连接着新生代农民工个体的切身利益，另一方面与整个社会的资源分配和压力分配密切相关。

就个体层面而言，新生代农民工婚姻资源的竞争主要来自婚姻机会的争取。以财富占有为核心的资源竞争，将乡村社会的婚姻机会设定了一个资源的门槛，并且这个门槛随着女性的稀缺程度水涨船高。这意味着，新生代农民工个体的财富占有是最主要的婚姻竞争力。关键的问题是，婚姻资源通向婚姻机会的逻辑在新生代农民工心目中具有合法性基础，即婚房和彩礼是我国传统文化认可并一直践行至今的社会风俗，很少有人会质疑婚房与彩礼存在的合法性。于是，婚姻资源就借着婚房和彩礼的合法性外衣占据着婚姻机会争取的核心位置。

就社会层面而言，资源配置的不均质和由于男多女少而产生的结构性婚姻压力并存，不过两者通过婚姻资源的竞争机制将问题进行了社会转化。压力转化机制的具体实践，即婚姻资源的竞争产生了积聚效应，通过竞争将结构性的婚姻压力（男多女少的结构性矛盾意味着一大部分的男性将成为光棍）分配给财富占有匮乏的人群，也就是造成了婚姻市场上的底层群体——光棍，光棍有着特殊的群体属性。社会通过特殊的竞争机制（婚姻资源的竞争）将整个社会的婚姻问题分配给了特定的社会群体——财富占有匮乏者。

不论是个体层面还是社会层面，婚姻资源的竞争都是关键点。根据经验现象呈现的方式，我们将婚姻资源竞争机制抽象为以下几个步骤。

第一步，社会流动因素进入农村婚姻圈的循环过程。一方面，以打工为主要表现形式的社会流动因素打破了婚配范围的限制；另一方面，它也对传统的婚恋模式造成冲击。打工经济的兴起打破了传统婚姻圈的限制，跨省婚姻变得普遍。在世纪之交，新生代农民工中有人外嫁，也有外地媳妇流入。总体而言，流出量和流入量没有明显区别。同时，乡村社会由于跨省婚姻而出现了一股自由恋爱的风潮。

第二步，因为婚姻资源因素的加入，很快，自由恋爱的虚幻美好被打破。自由恋爱与女性的婚姻流动相伴而生，既然是"自由"，女性当然更愿意选择婚姻资源更加丰富的男性和资源丰富的地区。对于资源匮乏的农村地区来说，往往经历过自由恋爱的短暂美好之后，人们很快便会发现，女性的婚姻流出量慢慢大于流入量了。社会流动因素与婚姻梯度的相互作用，使得农村社会整体的男女比例失调加剧，这进一步加剧了婚姻资源的竞争，在这个过程中，婚姻资源的竞争日益在婚姻结合中成为一种新常态，并且有愈演愈烈的趋势。人们发现，农村社会适婚的女性越来越稀缺，适婚的男性却积压众多。如何争夺这有限的适婚女性呢？婚姻资源之间的竞争越来越剧烈。

第三步，新生代农民工中的女性在婚姻市场上自觉形成了一定的出嫁模式。首先是第一层次的女性，长相好，学历高，有固定工作，条件优越的女性基本上都会外嫁给城市中有房子并且工作稳定的男性；其次是第二层次的女性，在长相、学历、工作等方面有些欠缺，不过在农村社会依然条件优越，她们的首选也是嫁到城市，不过农村社会中的条件优越者是她们主要的婚配对象；再次是第三层次的女性，长相一般，打工为主，学历较低，条件较差，这类女性的主要婚配对象是农村社会的优秀男青年；最后是第四层次的女性，长相丑陋，身体有缺陷，有精神问题等，这些女性在农村的主要婚配对象为条件一般的男青年。第一层次和第二层次是新生代农民工中的优秀女性，她们的婚嫁目标是城市中的优秀男性，只有第三层次和第四层次的女性才把眼光放在农村社会，而农村社会的男青年婚姻资源的主要竞争目标在于第三层次和第四层次的女性。

陕西的 F 村曾发生这样一件事情。一个女青年，28 岁，早年曾被人贩子拐卖到四川，结婚生子，也不时外出务工。2014年初，趁家人不注意带女儿逃回老家F村。随后，夫家来找要求她回去，她百般不同意，便留在娘家。娘家父母很快便安排她相亲，最终锁定了三个对象，第一个男青年，30岁，个子矮点，愿意出10万元彩礼；第二个男青年，34岁，个子高，相貌较好，多年打工储蓄10多万元；第三个男青年，32岁，有房子，也愿意出10万元彩礼。经过媒人撮合，女青年相中第二个男青年，双方协商男方出8.6万元彩礼，男青年无条件接受女方的女儿，女方还觉得自家极其仁慈，还抱怨第二个男青年曾经在相亲时隐瞒了真实年龄（当时说是30岁）。这三个男青年的经济条件在当地社会都是中等之上，他们之间的婚姻资源竞争的激烈程度与婚姻配比情况可见一斑。

第四步，根据婚姻资源的拥有状况，农村出现了婚姻分层现象的初级层面——婚姻结合层面的不平等，即婚姻机会的不均质分布。财富占有丰富的人拥有更多的婚配机会，他们选择能力强，婚姻支配性强，能够较好地承担结婚成本和婚姻风险；相反，财富占有匮乏的人选择能力弱，婚姻支配性弱，需要承受高额的结婚成本和较高的婚姻风险。

第五步，随着婚姻资源竞争的激烈展开，农村继而出现了婚姻分层的高级层面——婚姻维系和婚姻稳定层面的不平等。婚姻资源的占有者更加容易维系婚姻，婚姻更加稳定，容易出现婚外情、一夫多妻等婚姻问题，并且不惧怕离婚；而婚姻资源的匮乏者则往往要小心翼翼维系既得婚姻，惧怕离婚，女性的家庭地位较高。婚姻资源的竞争进一步提升了女性在婚姻市场上的要价能力。

从内涵上看，婚姻结合、婚姻维系、婚姻稳定等层面的不均等共同构成了婚姻分层的有机组成部分。从后果上看，农民在婚姻上的差距拉开，家庭经济条件差的男青年娶妻压力剧增。从机制上看，婚姻资源的竞争在婚姻分层形成的过程中发挥着核心的作用。

婚姻资源的竞争就是一套筛选机制，它将一部分人安置在婚姻市场的顶层，将另外一部分人推到婚姻市场的底层。婚姻市场结构性矛盾引发的各种婚姻压力，由这种筛选机制分配给了婚姻资源的匮乏者，从而形成了一个婚姻底层人群。婚姻底层人群最主要的表现形式就是难以结婚成家，或者难以维系婚姻。

三 农村的"光棍危机"

在乡村社会，失婚的焦虑引发了系列连锁反应，婚姻市场上的竞争逐渐白热化。婚姻资源竞争的必然结果便是婚姻分层，而婚姻分层的形成与扩展进一步引发了男性新生代农民工之间婚姻资源的差距，婚姻分层进一步固化。在这个过程中，一些乡村社会形成了一个庞大的以新生代农民工为主体的光棍群体，他们在婚姻中的弱势地位引发了乡村整体生活的连锁反应，日益形成了具有鲜明时代特征和整体特征的"光棍危机"。

乡村社会中光棍的存在一直都有，不过，今日之光棍并不同于昔日之光棍。今昔之间的区隔是农村社会的婚姻圈被打破之后，也就是打工经济兴起的年代——世纪之交。打工经济的兴起使农村的婚姻融入了全国婚姻市场中，随着这种融入的日益加深，以农村社会（特别是经济自然条件一般的农村社会）为主体的婚姻流入与流出比例发生了微妙的变化，即经济发达、环境良好的农村地区，婚姻流入者多于流出者；经济不发达、环境恶劣的农村地区，婚姻流入者少于流出者。于是，婚姻市场的平衡被打破，经济自然条件一般的农村地区在全国婚姻市场中处于劣势，这些地域经过多年的婚姻流动，就会出现一个庞大的光棍群体，这个群体比整体人口结构失调比例更加严重。就笔者所调查过的关中农村、河南农村而言，这个光棍群体出现的时间是 2010 年之后。

笔者就此查阅了第四次、第五次和第六次全国人口普查中关于出生人口性别比的数据[①]，结果发现，1980～1990 年这个数据在

[①] 出生人口性别比的数据主要来源于国务院人口普查办公室，2012；中华人民共和国国家统计局网站中关于人口普查的公报，http://data.stats.gov.cn/index.htm。

107～112 上下波动，不太稳定；1990 年我国的出生人口性别比是
111.14，之后逐年上升；1996～2009 年都在 120 左右徘徊；2009
年之后逐年轻微下降。国际上通行认为较为正常的出生人口性别
比的数据是 103～107。很显然，从 1990 年之后，我国新出生男女
性别比呈现结构性失衡的态势，其中农村的数据比整体数据要高。
再加上社会流动因素和婚姻梯度的作用，农村男多女少的结构性
矛盾只能更加突出。根据农村青年正常相亲与婚配年龄（20 岁左
右）推断，2010 年之后"光棍危机"将会越来越多地呈现。

打工经济兴起之前，光棍是稳态婚姻圈的溢出者；2010 年之
前，光棍是被社会流动因素筛选而剩下的，他们多数有着不利于
自由恋爱发生的各种条件；今日之光棍群体彰显的是社会性层面
的"光棍危机"。

为什么今日之光棍问题才构成社会性层面的"光棍危机"？

首先，光棍数量有明显差别。2000 年之前，经济自然条件一
般的乡村社会光棍是极个别的人，往往一个村庄有极少数这种特
殊的光棍。之后，这个数字往往有上升并徘徊的趋势。而 2010 年
之后，乡村社会——尤其是经济自然条件一般的地区——的光棍
（30～45 岁）突然增长，一个千人的村庄就可能出现 20～30 人，
甚至更多。也就是说，农村社会 1980 年前后出生的男性农民成为
"光棍危机"的主要承受者，初步统计，80 后农民的"光棍率"
在 30%～40%（刘燕舞，2011）。

其次，光棍的理由也发生了明显的变化。以往，经济条件极
差、父母双亡、相貌丑陋、身体残疾、有精神疾病等都可能成为
光棍的理由，并且往往以上某一个条件的缺失也并不足以使他们
成为光棍，几个条件一起缺失才会成为光棍。现如今，财富占有
成为核心。一方面，财富占有的标准已经提高，比如，农村社会
条件一般的男青年，打工为主，年收入 2 万～3 万元，这样的条件
在以往的结构中并不会成为光棍，而今却很可能成为光棍；另一
方面，财富占有情况也成为所有理由中的最核心因素，超越其他
几个理由的重要性。如果男青年相貌丑陋，或者身体残疾，可是

家庭条件优越，他通常能正常婚配；相反，如若男青年相貌堂堂、身体健康，可是经济条件极差，他往往难以通过农村正常的婚配途径结婚。

最后，光棍形成的原因也发生了一定的变化。以往光棍形成的原因就是上文所述的几种理由，而今光棍形成多了另外一个原因——离婚后成为光棍。我们在关中和河南农村的调研都发现了这种"重返光棍"现象（宋丽娜，2015）。其中，关中 F 村共有10 个这样的案例，河南 C 村则有 6 个，男青年婚后时间不长（0~8 年）便离婚了，理由多样——性格不合、家庭矛盾、外出流动、生活习惯等，其中一个最典型的情况是由于女性在婚姻市场上的要价能力提高，即便离婚的妇女依然能在再婚的时候获取巨额彩礼，于是娘家人就有了鼓动嫁给条件不好人家的女儿离婚的冲动，重要的是，现实中确实有一些人这样做了。离婚事件中，女性没有任何损失，她们能够很容易再次找到对象，娘家人会因此获得巨额彩礼，而女儿也有可能嫁入条件更好的人家；而男性则是全盘皆输，因为结一次婚往往已经耗费了家里所有的财富，他们根本支付不起再婚的成本，而且往往离婚之后孩子都会留给男方，这更增加了他们婚配的困难，于是他们离婚后就难以再婚配而成为光棍。男人怕离婚，女人则动不动就要离婚，男女之间在婚姻中的话语权对比发生了重心的转移。F 村曾有这样的案例，一户人家条件尚可，可是儿子离婚 4 年了依然没有找到媳妇，而母亲曾公开宣扬自家有 10 多万元的存款，相亲无数，却一无所获，不少邻居认为他很可能成为光棍了。

光棍群体本身发生了变化，他们的社会生产机制和外在表现都很不一样。不过，这些并不能够使我们更加全面地认识光棍问题。如今的光棍问题，重要的是光棍形成了特有的社会形象，促发了连锁反应，引发了一些社会性的危机，成为社会危机的组成部分。

第一，光棍的社会形象发生了变化。以往的光棍尚能在村庄中心安理得地生活，他们尽管地位边缘，可却被村庄社会所接纳，是村庄社会的有机组成部分，在一些重要的活动场合都能看到光棍的身影。而如今的光棍群体数量庞大，不过我们在村庄中却很少能看见这些年轻光棍的身影，不少人因为成为光棍而不愿生活在村庄，常年外出打工，到处流浪，几年都不回家。我们调查发现，留在村庄中的年轻光棍居然都是心智有问题的人。村庄生活对于现今的光棍群体来说已经成为一种负担，村庄生活没有很好地接纳他们，而他们也并不知道如何在村庄中塑造自己的社会性身份，于是总是逃避在外。

第二，光棍群体的庞大促发了相亲行业的火爆。以往乡村社会的相亲是一种非正式社会制度，即通常情况下亲朋好友偶尔充当说媒者的角色，乡村社会并不存在专职媒人。而如今，乡村社会相亲盛行，每个村庄中都有 1~2 个专职媒人，他们能说会道，对周边村庄非常熟悉，媒人之间建立网络，在相亲的各个环节收取费用。关中 F 村的王某（63 岁）就是一个专职媒人，他做此工作已有 5 年时间。在他的工作本上密密麻麻地记录着相亲对象的各种信息，他说自己登记了 200 多个需要相亲的男青年，而女青年只有 10 多个。王某主要的收入就来自这些求偶的男青年：登记先交100 元的"电话费"（联系方便），安排一次"见面"（相亲）便出一份费用，有几次"见面"的安排就出几次的费用，不论是否成功；如若能够成功订婚，其中自然少不了订婚、安排饭局的各种花费。有时候相亲一次要多个媒人联合说媒①才行，于是男青年往往要支付经手的每个媒人一份费用。相亲群体中男女比例严重失衡，使得这个行业本身的社会形象欠佳，不少农民告诉笔者，媒人就是"骗人"，F 村媒人王某的外号就叫"王大骗"，因为他们会巧立各种名目收费，求偶心切的男方往往对媒人有问必答、有求必应，支付大量的相亲成本，最终却极少有人能够通过相亲缔结婚姻。F 村的农民告诉我们，一户人家先后支付给王某共计

---

① 联合说媒，关中土语，即 A 媒人登记的女性被介绍给 B 媒人登记的男性，甚至 A 通过 B、C 等多人的介绍而成功安排了一对男女青年相亲，这种情况便是联合说媒。

5000元的费用依然一无所获；还有一户人家在媒人的安排下遭遇了"骗婚"，女人在男方支付彩礼之后便消失了。相亲行业的乱象对于光棍群体来说是火上浇油，一方面，相亲行业要攫取光棍群体有限的财富；另一方面，相亲行业的乱象也给予了光棍群体极大的心灵挫伤。

第三，光棍群体关于婚配的社会路径越来越窄。他们外出打工的时候也想自由恋爱，一门心思对某个女孩子好，却发现女孩子更看重的是财富的拥有量和个人的能耐；他们老老实实打工，本本分分做人，却发现自己无论如何努力，积累的财富都比不上彩礼涨价的速度；他们寄希望于专业人士，托几个媒人说对象，结果发现支付了不少钱财却总见不到靠谱的。社会上正常的婚配路径对于他们而言都遥不可及，社会留给他们的婚配路径越来越窄，找到一个媳妇结婚成为莫大的荣幸。

第四，乡村社会中有这样一个庞大的群体找不到对象，这在乡村社会并非常态，给予了农民极大的心灵震撼，日益形成了一些不健康的社会心态。有些人认为现在"有钱能使鬼推磨"，"用钱来买婚姻和爱情"；也有些人认为女儿多就能"卖"不少彩礼钱，这是一个快速"挣钱"的好门路；还有些人发现辛苦劳作、供儿子读大学，到头来却娶不上个媳妇；更有些人困惑，有钱人能三妻四妾，没钱人就活该一辈子打光棍吗？各种各样消极的社会心态弥散在村庄生活的不同层面，它们沉淀、发酵，可能会散发一些社会戾气而产生不好的社会影响。

如今的"光棍危机"是一种连锁反应。身体上积累的危机，财富上积累的危机，社会地位上积累的危机，和心灵上积累的危机，它们相互复合，共同作用于光棍群体，形成"光棍危机"。新生代农民工是整个社会婚姻压力的承受者，婚姻压力通过婚姻市场的运作被分配到了新生代农民工群体中，这个群体又通过分化机制制造出了一个规模相当庞大的光棍群体。这种状况的日益加剧必然要引发光棍群体的反应，形成一些破坏整体社会团结和稳定的行动。从这个意义上讲，"光棍危机"其实并不仅仅是新生代农民工这个社会群体的危机，更是整个社会运转失衡的危机。

四　"重返光棍"的发生[①]

在婚姻市场的条件下，不但在婚姻结合的层面上出现了机会的稀缺，可能会形成"光棍危机"，而且结婚之后也可能会受到婚姻市场运作的深度影响，出现离婚后"重返光棍"的局面。"重返光棍"的发生为我们提供了一个深度观察婚姻市场运作的绝佳视角。

（一）离婚率高升与"重返光棍"

从婚姻结合到婚姻维系，婚姻关系的稳定性有赖于各种婚姻规范的实践，强规范的实践下，婚姻关系可能出现紧张或者僵化之势；弱规范之下，婚姻关系变动性大，不稳定状态较普遍；从一种规范到另一种规范的转型状态下，婚姻关系的稳定状态最差。婚姻关系的稳定状态也就决定了婚姻维系的状态，离婚是婚姻不稳定的极端表现。

在 F 村，经过村民回忆，相互剔除重复个案，我们共收集了22 例离婚案例的详情。按照村民归结的离婚缘由，可以做出以下统计（见表 4 -1）。

表 4 -1　离婚时间与离婚缘由分布

单位：例，%

	夫妻关系不和	代际矛盾	婚外情	多年未归	赌博等	总计
2000 年之前	1（4.6）		2（9.1）			3（13.6）
2000～2009 年	3（13.6）	2（9.1）	3（13.6）			7（31.8）
2010～2014 年	4（18.2）	3（13.6）		6（27.3）	2（9.1）	12（54.5）
总计	8（36.4）	5（22.7）	5（22.7）	6（27.3）	2（9.1）	22（100）

注：有些案例离婚缘由有不止一个，比如一个离婚案例中既有夫妻关系不和的情节，也有多年未归的情节。

---

① 本节的主要内容以《"重返光棍"与婚姻市场的再变革》为题，发表在《中国青年研究》2015 年第 11 期。

F村的离婚案例有以下几方面显著特征。

第一，2000年之后离婚增多。

22例离婚案例中，19例发生于2000年之后，占86.4%；12例发生于2010年之后，占54.5%；2000年之前只有3例，占13.6%。

2000年为分界，离婚呈爆发趋势发展，特别是2010年之后，离婚案例达到近年来的最高潮。

打工经济向纵深拓展，这影响到了离婚率的变化。世纪之交，打工经济的兴起，打破了村庄传统婚姻圈的限制，男女之间的通婚范围扩展至全国婚姻市场，传统的婚恋模式"父母之命，媒妁之言"日渐瓦解，自由恋爱兴起，婚恋价值观变迁，婚恋模式多样化开始出现。打工经济对于婚姻生活的影响是全方位的，主要体现为婚姻结合方式的变迁、婚姻关系的重新建构、婚姻秩序维系路径的变迁、婚姻观念的变化等。离婚是打工经济引发众多层面社会变迁的一种，时间上的契合（2000年前后）可以在一定程度上反映打工经济与离婚现象的相关性。而随着打工经济的深入发展（2010年前后），尤其是新生代农民工逐步迈入婚姻生活，农村社会的离婚案例更加密集，呈现集中爆发的态势。

第二，2000～2009年的离婚理由集中在夫妻关系不和、代际矛盾、婚外情等，而2010年之后的离婚理由突出了多年未归和赌博的情节。

2000年之后的19例离婚案例中，有7例的矛盾源头是夫妻关系不和，占同时间段离婚案例的36.8%；有5例牵涉到了代际矛盾，特别是婆媳之间对于当家权的争夺，占26.3%；有3例（15.8%）是因为婚外情；有6例（31.6%）案例中有多年未归情节。

2010年之后的12例离婚案例中，有6例的离婚事实中有多年未归的情节，占同时间段离婚案例的50%；有3例离婚事件牵涉到了代际矛盾，占25%；有4例的矛盾源头是夫妻关系不和，占33.3%。

随着打工经济的深入发展，打工对于乡村社会的影响向纵深扩展。打工经济的兴起开始影响农民的婚姻家庭生活，而打工经济的深入发展则已经使得农民婚姻家庭生活发生从量到质的变化。

两个阶段的不同之处可以从以上关于离婚理由的讨论中窥见一二。2000年之后的离婚理由——夫妻关系不和/代际矛盾/婚外情等都有可能是由打工引发的婚姻关系和家庭关系不稳固导致的。不过这个阶段仍旧是以传统的婚姻关系和家庭关系建构为主。而新生代农民工日益成为打工主力军之后，农村传统的婚姻家庭关系对于他们的约束力在不断减弱，新生代农民工融入农村婚姻家庭生活的可能性在降低，依靠传统家庭和村庄的制度维系他们婚姻的可能性也在降低。我们看到，2010年之后的离婚案例中，多达一半的案例都有男方多年未归的情节，另外代际矛盾以及夫妻关系不和也是主要理由。这表明，打工经济已经日益危害到了农民正常的婚姻家庭生活建构，原有的婚姻家庭生活秩序不断遭到挑战，当家权在变更，夫妻关系在整个家庭中的重要性在上升。

第三，2010年之后离婚者多为1980年前后出生的一代人，并且这代人在离婚后再婚比例极低。

2010年之后的12例离婚案例中，所有人的年龄都小于40岁，只有2例在离婚之后成功再婚，占同时间段离婚案例的16.7%，有83.3%的离异者未能再婚。与此同时，我们了解到，这12例离婚案例中的所有离婚女方都已经成功再婚。村民们普遍认为，男方离婚两年内没有成功再婚，以后再婚的可能性就会急剧降低；而且与离婚女方再婚的时间相比较，也同样说明这个时间间隔的影响极小，可以忽略不计。

按照村民们的看法，这些男性离异者将很难再婚，因为婚姻市场的形势已经发生变化，按照正常的婚姻支付价格，现在他们已经无法支付成婚需要的成本了。这种"重返光棍"现象不幸被1980年前后出生的一代人遭遇，在村民的认知范围内，这种情况前所未有。

1980年前后出生的一代人是新生代农民工，尽管出生在农村，重要的社会化时期却发生在城市，他们几乎没有从事过农业生产，农村社会传统的婚姻家庭观念在他们身上也少有体现，可以说，这代人是真正的"两栖人"，漂浮在农村，又不能深刻地融入城市。于是，他们这代人的婚姻家庭生活很不同，农村社会对于这代人婚姻的建构是失败的，城市社会又不提供他们进行婚姻家庭生活的条件。

第四，家庭经济条件之间的差异在离婚案例中的分布并没有明显趋势。

男性离婚后"重返光棍"，其中，家庭经济条件的影响是怎样的？

通过调查发现，2010 年之后的 12 例离婚案例中，有 5 例的家庭条件是较好及以上，占 41.7％；5 例的家庭条件是一般，占 41.7％；2 例家庭条件较差，占 16.7％。

单看离婚案例，家庭经济条件在离婚案例中的差异不太明显，不过，我们进一步了解发现，家庭经济条件与离婚之间有着更为隐秘的关系，其中也牵涉到了代际关系和夫妻关系在经济条件作用下的不同互动模式。首先，家庭经济条件较好并不意味着其中的男人个人能力较强，通常情况下，父母的资源丰厚家庭条件就好。我们在现实中遇见过几例父母条件良好，男人却极为普通的案例。这种情况下，男方父母往往较为强势，他们在子女婚姻生活中说话的分量重，又因为男人能力一般，无法平衡好父母与媳妇之间的关系，往往会因为家庭矛盾特别是代际矛盾而离婚。经济条件好的家庭中，其结构性矛盾在于，父辈对于家庭经济的贡献大，他们对于家庭地位的要求相对较高，即父母更容易当家；儿子和媳妇对于家庭经济的贡献小，可是他们对于家庭地位的诉求日渐增长。在一个家庭中，经济贡献与家庭地位的不协调容易引发家庭失序的问题，可能造成家庭的崩溃。其次，12 例离婚案例中只有 2 例的家庭条件差，这并不意味着家庭条件差的离婚概率低，而是因为村庄中同年龄段的男青年中，家庭条件差的人的婚配比例本来就很低，相对于条件一般和良好的人家，有不少条件差的人失婚，没有结婚当然无所谓离婚。因而，对于家庭经济条件差的男青年来说，婚姻是一种"奢侈品"，而离婚则是"失去奢侈品的烦恼"。最后，家庭条件一般的男人其实是农村社会中经过努力尚能婚配的一群人，他们的主要结婚对象是农村社会婚姻资源一般或者较少的女性。他们的离婚多数与女性在婚姻市场上的要价能力提高有关，即条件一般的男人最怕离婚，离婚之后他们就再也支付不起再婚的成本，相反他们的妻子却可能因为离婚而找到一个至少不会比前夫条件差的男人。因而，家庭条件一般的男性一旦离婚便往往因无法支付再婚的成本而"重返光棍"，他们是主要承受者。

综上所述，家庭条件一般及以下的男人离婚多是由其妻子主导的，男方离婚后"重返光棍"的可能性极大；而家庭条件好的男人离婚多是代际矛盾爆发引起的，他们离婚后"重返光棍"的可能性相对较小。

通过对 F 村 2000 年之后 19 例离婚案例的分析，我们发现，农村社会的婚姻稳定程度越来越弱，2000 年之后婚姻关系强有力的制约手段日渐丧失，2010 年之后婚姻关系的稳定性已没有了保障。与以往不同的是，以往的光棍可能只是婚姻市场的溢出者和失意者，而今的光棍也可能是婚姻关系维系的失败者，这便是"重返光棍"。

（二）"重返光棍"的社会机制

在农村社会，"重返光棍"是指有过婚姻经历却面临极大失婚风险的男人。光棍现象早已有之，离婚也不算稀奇，只是离婚后重新成为光棍，面临失婚的极大风险，这并不在我们的理解范围之内。这种"重返光棍"现象正是我们所调查的关中农村正在发生并且初具规模的事情。

"重返光棍"现象就是在婚姻市场急剧失衡状态下发生的一系列社会事件的综合反应。这种反应的发生建立在两个基础之上，一个是离婚概率增加，另一个是婚姻支付成本急剧上升。两个基础都增强了女性在婚姻市场上的选择能力，哪怕是被传统所诟病的离异妇女，她们依然在婚姻市场上有较强的选择能力。离婚对于男性——特别是家庭经济条件一般的男性来说是人财尽失，并且往往也意味着其在婚姻市场上的位置已经被边缘化，面临极大的失婚风险；而离婚对于女性来说却越来越成为一件百利而无一害之事。女性离婚带走孩子的情况极少，她们不受孩子的牵绊，反而能够再次获得高额彩礼以及找一个条件更好的男人。离婚之后的男性"重返光棍"成为一种特定的社会事件，对于解读农村社会的婚姻市场以及农民的婚姻家庭生活都具有重要的意义。

这里将从离婚案例、婚姻支付成本、婚姻关系经营、婚姻资源竞争等多个维度来阐释"重返光棍"的社会机制。

"重返光棍"现象与婚姻支付成本的急剧上升有关。2010 年左右，关中地区的农村婚姻支付成本（彩礼/房子/三金等）急剧上升。据当地农民介绍，2009 年及之前，F 村一带结婚彩礼一般支付 1 万元左右，最多不超过 2 万元；2010 年涨至 2 万~3 万元，以后年年上升，2014 年 7 月笔者调研期间，彩礼行情为 6 万~8 万元，多则超过 10 万元。这个结婚成本相当于一个农村一般家庭（两个劳动力人口外出打工）省吃俭用 5~10 年的收入。如果一个男人在 2009 年时花费 2 万元钱（一家人多年的辛苦劳作）将媳妇娶回家，随后离婚，在 2010 年及以后他就很可能成为光棍，这是因为，一方面劳动力价格的增长速度远远赶不上彩礼的增长速度，另一方面前一次婚姻已经几乎耗尽了家庭的财富，整个家庭便无力支付再婚成本。

2010 年之后的 12 例离婚案例中，只有 2 例的男主人公成功再婚。笔者了解到，这 2 例的家庭条件都非常优越，并且当初离婚也都是男方提出来的。其他 10 例中，2 例家庭条件稍好，只是个人条件（相貌/身高/说话能力）相对较差；另外 8 例家庭条件都是一般及以下水平。这意味着农村社会中的中等经济条件的家庭都已经支付不起再婚的成本，而不论个人条件如何。

与此同时我们了解到，最近几年的离婚案例，一个很重要的情况是，女方提出离婚较多，并且女方娘家有促使女儿离婚的强烈动机。我们在村庄中详细了解到至少 4 例离婚案例中，女方及其娘家合谋离婚并且都从离婚和再婚事件中受益。一个农民说："现在姑娘金贵，彩礼较高，离婚了还能找个条件更好的，并且嫁姑娘再得一大笔钱，何乐而不为呢？"婚姻市场的失衡一方面极大地提高了女性的婚姻要价能力，另一方面也增强了女性在婚姻家庭中（特别是经济条件一般及以下家庭）的主导作用。

在这种情况下，男性不仅在初婚市场上没有谈判能力，在再婚市场上也没有谈判能力。F村一带近几年初婚男人娶二婚女人的情况并不稀奇。

男女比例失衡提高了女性在婚姻市场上的谈判能力和要价能力，降低了男性在婚姻市场上的谈判能力，并且加剧了男性之间的婚姻资源竞争。再加上婚姻关系的伦理感衰落、道德感降低，规范婚姻关系的文化因素日渐式微，婚姻市场以及婚姻关系成为赤裸裸的市场竞争。在这种情况下，婚姻资源竞争失利的男性便成为农村婚姻市场的最大受害群体，他们面临极大的失婚风险，甚至结婚后依然面临婚姻资源的竞争和婚姻市场的选择而"重返光棍"。

总的来说，"重返光棍"现象可以归结出以下几个层面的社会机制。

第一，婚姻市场上男女比例失衡，婚姻支付成本上升是民间应对机制的第一步。

第二，婚姻支付成本上升意味着农村婚姻市场上的男性婚姻资源（家庭条件、相貌、学历、个人能力等）竞争日渐激烈。

第三，婚姻支付成本成为农村男性婚配的基本门槛，农村男性根据婚姻支付能力的不同分为三类情况：强，一般，弱。婚姻在三类情况中的分布不均质：支付能力强能够婚配，也不惧怕支付再婚的成本，这是农村社会中的极少数；支付能力一般勉强能够婚配，却无法支付再婚的成本；支付能力弱很难婚配，更遑论再婚。

第四，婚姻关系的稳定状态与家庭经济条件和家庭地位的相互作用有关。在经济条件好的家庭中，父母的经济贡献大，家庭地位诉求高，而子辈（尤其是儿媳妇）的经济贡献小，家庭地位诉求却日益增长，容易因家庭矛盾而离婚，离婚后能够支付再婚的成本；经济条件一般的家庭，子辈（尤其是儿媳妇）的家庭地位诉求更加强烈，却受困于经济条件，儿子离婚后难以再婚；经济条件差的家庭，失婚风险极大。

第五，婚姻维续的问题存在于不同经济条件的家庭中，理由各有不同，这表明婚姻家庭状态出现了分化趋势，或者说婚姻生活一定程度上失序了。

第六，"重返光棍"现象的主要承受者是 40 岁以下且家庭经济条件一般及以下的男性。

"重返光棍"现象在一定程度上集中呈现了资源匮乏的中西部农村婚姻市场运作的基本逻辑。

五　婚姻市场的运作

在稳态的婚姻圈被打破、婚恋要素重组、"光棍危机"和"重返光棍"发生之后，农村的婚姻市场在变革中不断重构。

（一）社会流动因素的影响

以打工经济为起点，农村婚姻市场形成并不断变动。其中彰显着社会流动因素对于农民婚恋的影响日益向纵深扩展。这种影响越来越呈现两个阶段性的特征。第一个阶段是影响逐步扩展的阶段，时间是 2000～2010 年，我们可以称为第一次婚恋变革，这是一种自由恋爱革命，其结果是催生了一个全国性的自由婚姻市场；第二个阶段是影响向纵深扩展的时期，时间大约在 2010 年之后，是婚姻市场的再变革，是一种关于婚姻资源的革命，其结果是本地婚姻市场形成，并且造就了婚姻分层与"光棍危机"的社会后果。

在第一个阶段，打工经济对农村婚姻家庭的影响主要体现在四个方面。第一，婚姻结合方式的变革，打工所产生的距离使得"父母之命，媒妁之言"日益受到冲击，自由恋爱模式兴起（宋丽娜，2010a）；第二，"半工半耕"的家计模式对于婚姻生活安排的影响，男女之间的家庭分工模式（男主外，女主内）日益被代际分工模式（子辈外出打工，父辈留守）所替代，婚姻生活的经济基础发生改变（郭俊霞，2010）；第三，打工所引发的空间差距与文化差距对于婚姻稳定性产生影响，婚姻矛盾等影响婚姻维续的事件开始呈现；第四，城乡文化的巨大差异对于传统婚姻家庭观念的冲击，私人生活的很多层面都呈现"无公德的个人"（阎云翔，2005）。

第一个阶段的影响一定程度上已经被学界所感知，并且有了较为丰富的研究成果。第二个阶段的影响却以更加极端的方式日渐呈现，值得学界广泛关注。

第一，婚姻结合方式经历了自由恋爱的短暂春天，很快被物质殖民化。这体现在婚恋中的选择权更多被具有丰富物质资源的一方掌控。农村社会中，房产成为结婚的基本条件，通行的标准是两层楼房，或者在城镇买房，并且彩礼在2010年之后呈现快速增长的态势。在婚姻结合上典型模式如闪婚，即打工青年的婚姻大事在过年前后较短的时间里很快解决，闪婚的发生有其特定的社会基础和发生机制，也引发了一些不良的社会后果。第二，农村婚姻市场上的结构性矛盾更加凸显。整体社会男多女少的情况更加严重，在这种大的背景之下，在婚姻市场上，男性依据婚姻资源的多寡而出现了明显的分层现象，由此促发了"光棍危机"。第三，婚姻维续问题以前所未有的态势爆发。离婚、婚外情、一夫多妻、做小姐、临时夫妻等影响婚姻维续的事件日渐凸显。婚姻维持系统断裂，造成婚姻生活失序的状态。第四，婚恋价值观更加失序。婚姻中双方家庭的因素日渐退却，婚姻越来越成为男女个人的事情，价值观越来越个体化。被社会大众热议的有：财富在婚姻结合中的作用，婚姻忠诚，婚外性关系的道德性，家庭伦理秩序等。这表明，人们的婚姻价值观越来越多元，传统的婚姻家庭秩序维系愈加困难，社会急需开掘出一种新的婚姻家庭秩序维系机制和道德系统。

（二）婚姻秩序的困境

打工经济对于农村社会婚恋关系的影响已进入"深水区"，经济资源在婚姻关系中的比重越来越大，婚姻分层越来越明显，处于婚姻分层体系底端的农村男性面临极大的婚恋风险，离婚和"重返光棍"现象不断发生，这些都在预示着乡村社会婚姻秩序维系的困境。

婚姻秩序包括两个层面，一个是婚姻结合的秩序，另一个是婚姻维系的秩序。就婚姻结合而言，其维系秩序的方式来自婚姻结合的正当性，即哪种婚姻结合方式是正当的、农民普遍接受的？打工经济兴起之前，"父母之命，媒妁之言"是正当的方式，是被群众接受并且有着合法性建构的方式，在这种婚姻结合的秩序之下，自由恋爱便不被接受并且不受乡村社会保护。打工经济兴起之后，自由恋爱一度成为日渐凸显的婚姻结合方式，打工经济给青年男女创造的一些条件使得自由恋爱在农村越来越具有合法性。不过，随着打工经济的深入发展，农村青年发现，自由恋爱越来越不"自由"了，因为它与个人所拥有的婚姻资源（包括财富占有和个人条件两个基本的方面）关系愈加紧密，婚姻市场上的这些变化形成了新时代的"门当户对"秩序。与城市相比，农村社会在资源占有上处于弱势，女性更多流向资源丰富的区域，于是，农村男性之间的婚姻资源竞争在婚姻结合中就成为基本的秩序，即农村社会形成了一个关于婚配的门槛——比如"洋房"成标配，彩礼在失控（朱战辉、余彪，2015），并且这个门槛在不断提高，将越来越多处于婚姻分层弱势的青年农民工排除在婚恋的基本权利之外。这造成的一个结果便是，婚姻结合的正当性越来越来自婚姻资源的占有情况，进一步说，便是越来越来自财富占有的丰富程度。

与此同时，婚姻维系的秩序也不断变革。在"父母之命，媒妁之言"的年代，婚姻关系的维系离不开男女双方的家庭，人们不会轻易离婚。而当自由恋爱时代来临之后，婚姻关系中的"个人"在增长，家庭和社会在退出，婚姻维系很大程度上成为个人之事，婚姻面临更多因个人性情不定而引发的风险。在这个过程中，以夫妻关系为主轴的婚姻经营成为农村青年的重要之事，可是并不为传统的农村社会文化所了解。随着婚姻市场上男多女少结构性矛盾的加剧，婚姻维系的困境不断加深。如今的婚姻关系面临着财富占有情况的严峻挑战，婚姻关系必须直面财富占有情况才可能维系下去。因而，现今农村社会婚姻维系的秩序要靠两个层面的作用：一个是夫妻之间的婚姻经营，另一个是家庭财富占有。一旦出现其中任何一个层面的问题，婚姻关系将难以维系。

农村青年的婚姻秩序维系困境在于，一方面，家庭财富占有在整个社会处于弱势；另一方面，他们很少有婚姻经营的意识。造成的结果便是农民更多地承受了由男女比例失衡加剧带来的婚配危机。

（三）双重婚姻市场

在安土重迁的乡土社会，农民的婚恋关系受制于婚姻圈的范围和公共性的婚姻规范。从恋爱方式到婚姻缔结，再到婚姻维系，婚姻实践的规则是公共性的，这种规则以传统的儒家文化伦理为背景，以各种礼仪规矩为载体，以婚姻配比的相对均质为目标。这是一种婚恋状态的经营模式，以儒家文化伦理为合法性基础，以家庭和家族架构为基本框架，以差序格局的建构和维系以及"父母之命，媒妁之言"为主要社会调节机制，即文化、组织和社会层面的要素共同参与到了婚恋经营之中，构建了一种具有明显公共性意涵的婚恋模式。

如果说传统的婚恋模式更加注重"个人"之外的婚恋制度保证，那么现代的模式则更加凸显了婚恋关系中的个人自主性。首先是解放话语对婚恋关系中个人自主性的启蒙（杨华，2012b）。解放话语直接继承了妇女解放运动的思潮与实践，尤其是五四运动以来学术和社会大众对于解放妇女话语的呼唤。新中国成立初期，婚姻法的制定，男女平等、妇女能顶半边天、离婚自由的意识形态宣传，都给予了社会大众以深刻的婚恋自主性的启蒙。因为要反对封建家长制、夫权等文化传统，就凸显了对妇女的婚恋自主性的启蒙。不过，尽管意识形态领域和法律层面鼓励婚恋自主性，但是在基层——尤其是在农村的社会实践中，具有公共性意涵的传统婚恋模式并没有很快隐退。有学者在村庄经验的层面上梳理了新中国成立后农民婚恋行为的历史脉络，发现"父母之命，媒妁之言"依然在较长的一段时间里起到了核心的作用，变化是有的，都是量变，具有实质性意义的变化出现在20世纪的最后几年，也就是打工经济大规模兴起之后。外出务工，尤其是到远离父母的东南沿海外出务工，使青年男女的婚恋远离了父母的监控和乡土社会的制约，真正意义上的"自由恋爱"得以较大规模发生，青年农民在自身婚恋问题上的自主性不断扩展，婚恋革命正在发生（宋丽娜，2010b）。

与婚恋自主性相伴而生的，是由于社会流动因素的加入而引发的婚姻流动突破了原有的限制，稳态的婚姻圈及其相关的社会制度日益被婚姻市场的社会运作所代替。市场机制日益主导农民的婚恋生活，呈现更多异于传统婚恋模式的社会现象。农民的婚恋也日益形成了两个截然不同的市场，一个是以打工经济为背景的全国婚姻市场，另一个是在特定婚姻圈的基础上形成的以专职媒人为特色的本地婚姻市场。全国婚姻市场更多出现在打工经济兴起的前期，其典型特征便是自由恋爱、跨省婚姻。婚姻的流动如打工的流动一样，具有跨地域性和不确定性。全国婚姻市场的兴起可以看作第一次"婚姻革命"，也就是以自由恋爱为主旨的西方意义上的"浪漫革命"。不过很快，农村社会对于全国婚姻市场的鼓励日渐衰落。原因在于其所引起的社会后果——跨省婚姻、多次恋爱、未婚同居、婚姻仪式简化、工厂恋情、临时夫妻等，在不同层面产生了不良的社会影响，如跨省婚姻在社会适应和文化融合层面有诸多不便之处，而多次恋爱、未婚同居、婚姻仪式简化等现象也使得社会大众的婚恋意识产生了一定的价值混乱，工厂恋情和临时夫妻的报道更是在不断挑战着社会大众的道德底线。全国婚姻市场伴随着打工经济的进展而形成，这是一种跨越地域限制并挑战传统婚姻制度的婚配模式。

对于农村社会来说，经历过一段时间的发展，全国婚姻市场的热度很快降低，而代之以本地婚姻市场。本地婚姻市场是在传统婚姻圈的基础上形成的，利用传统婚姻制度的一些资源（如父母对子女的婚姻安排、媒人的作用等），将所有的青年农民纳入市场选择的体系之中。本地婚姻市场的典型特征有彩礼不断攀升、专职媒人的市场化运作、闪婚闪离的大量发生、"光棍危机"的爆发等。本地婚姻市场的形成是在 2010 年前后。经历过全国婚姻市场的弊端，农民对于婚恋关系的稳定和婚姻生活的方便有了更迫切的需求，而本地婚姻市场便回应了这种需求：传统的形式保稳定，本地的范围保方便。可以说，本地婚姻市场是在全国婚姻市场无法更好地应对农村婚恋需求的基础上形成的，它脱胎于传统的婚恋制度和文化，却有着截然不同于传统的社会运作机制。不过，本地婚姻市场真的能用旧的形式和新的内涵来保障农民的婚恋需求吗？

全国婚姻市场和本地婚姻市场陆续在农村社会发挥重要的作用，市场化是其共同的方面，不过其具体的社会运作机制不同，引起的社会后果也不同。本书的讨论集中于本地婚姻市场的社会运作机制，当然这种讨论是以打工经济和全国婚姻市场的形成为重要背景。我们认为，本地婚姻市场的社会运作彰显了不同于"浪漫革命"的婚姻市场再变革。

第五章　工厂恋情兴起

　　城市之于新生代农民工，有三方面的社会意涵：第一，城市是多数新生代农民工的工作地，是一个远离家乡的陌生的地方；第二，城市是多数时候新生代农民工的日常生活地，新生代农民工一年之中只有少数过年过节的时候会回乡，多数时间是在城市里工作和生活；第三，新生代农民工多数是初中毕业之后便外出务工，他们的青少年阶段以城市为主题，因而，城市也承载着新生代农民工社会化的任务，也是其接受婚恋启蒙和婚恋教育的社会场合。由此，通过城市的视野和情境来理解新生代农民工的婚恋，就构成了本书的一个重要部分。

　　工厂是新生代农民工在城市生活的具体场景。理解城市里新生代农民工的婚恋，其实就是理解工厂恋情的兴起。最近这些年，80后和90后的新生代农民工多数已完成结婚生育的人生任务，甚至开始迈向中年，这使得工厂恋情兴起的社会意义呈现更加充分。因而，我们需要做到以下几点。第一，重新思考社会流动对于农民工婚恋行为模式的影响。打工经济兴起前期，流动是农民工不得已的选择，由此带来的婚恋自由具有婚恋解放的意义；而今，流动已经成为新生代农民工的常态，婚恋自由建构了不同于以往的社会意义。第二，重视城市文化对于新生代农民工婚恋行为的形塑，尤其是穿梭于城乡之间的农民工的文化体验。工厂情境中的恋爱自由与乡村场域中的婚姻生活形成了文化上的张力，这构成了他们重要的婚恋困境。第三，建构以农民工为主体的研究视角，社会流动是塑造他们主体性的核心要素。然而，作为主体的农民工个人与客体化的婚恋场景也已经成为农民工逃避不了的结构性困境。

本章的经验材料来自笔者在河南省郑州市 FSK 集团所做的社会学调研。郑州 YGS 是一家专门服务于农民工的民营组织，长期与广大农民工群体接触。笔者曾经受邀参与了此公司举办的一个农民工问题研讨会，并且借此机会与 YGS 建立了良好的合作关系。借助于 YGS 在农民工群体中积累的社会资源和服务项目，笔者于 2016 年 8 月 19～28 日在 FSK 集团附近进行了为期 10 天的农民工婚恋问题调研，我们主要的调研方式为半结构访谈和参与式观察，其间我们对约 40 位农民工进行了深度访谈，对 5～6 位从事一线农民工服务的 YGS 员工进行了深度访谈，从而获得了对于打工地农民工婚恋行为的基本认识。

一 工厂情境

在具体阐述农民工的婚恋状况之前，我们需要将其生活和工作的环境进行阐释，这是理解农民工日常生活状态和思想精神状态的基础，也是解释农民工婚恋行为的基本框架。FSK 集团位于郑州市的航空港区，郑州航空港经济综合实验区（以下简称"港区"）发展规划于 2013 年 3 月 7 日获得国务院批复，是目前全国唯一一个国家级航空港经济综合实验区，也是河南省三大国家战略重要组成部分。港区位于郑州市东南方向 25 公里，规划批复面积 415 平方公里，是集航空、高铁、城际铁路、地铁、高速公路于一体，可实现"铁、公、机"无缝衔接的综合枢纽。港区所在地原本是一个"三不管"地带，是村落形态，经济落后。因为有着国家战略的规划，近几年港区快速发展起来，国家征地进行城市基础设施建设，随后，各种基础设施不断完善，高楼大厦林立。FSK 集团建立于 2010 年，2011 年正式开始对外招工，是港区最大的经济实力企业。目前（2016 年 8 月），FSK 集团有员工 22 万～25 万人，拥有港区最大规模的外来人群。FSK 集团分为 8 个厂区，每个厂区都有员工宿舍区，都有工会等组织形式。近几年，受 FSK

集团入驻的影响，港区的经济发展、人员就业等方面都有较大提升，特别是当地人的生活得到极大的改善，而大量的外来人口入驻，也繁荣了当地的商业、服务业以及租房行业。

在 FSK 工作的农民工就生活在以上的情境中，一方面在 FSK 打工挣钱，另一方面在当地消费生活。可以说，对于就职于 FSK 的农民工来说，港区既是工作的场域，也是生活的环境，更是休闲娱乐的主要场所。FSK 农民工中发生的所有故事都是在这种特定的地理和文化时空中发生的，特定的空间、流动的人生，这是 FSK 农民工的基本生活写照。我们将分别从 FSK 员工的人员结构、宿舍、商业街、城中村等几个方面来全面阐述 FSK 农民工的生活工作情境。

FSK 的人员结构。首先，从年龄结构来看，绝大多数农民工是 30 岁以下的青少年。目前，FSK 招工的年龄限制是 17～45 岁。在 FSK 内从事的是高精密度的电子工作，要求技能娴熟和手脚灵活，这种工作自然更加青睐年轻人，因而劳动力充足的情况下，FSK 会收紧用工的年龄限制。目前，之所以放宽年龄限制，很大程度上是因为招工困难。我们在 YGS 内设立的 FSK 面试点观察发现，每天招工的人数不等，也就是 10～30 人，而往年的这个季节正是 FSK 招工的旺季，同一个招募点每天的招工人数都在 100 人及以上。尽管放宽了年龄限制，但是近两年 FSK 在招工上依然非常不理想。目前，FSK 在职的员工中，依然有 60% 以上的人员小于 30 岁，可以说，FSK 是个年轻农民工聚集的场域。年轻人意味着活力和希望。有人告诉我们，FSK 是个卧虎藏龙的地方，其中的农民工可能身怀各种各样的绝技与梦想，而我们的调查也确实见证了这些。也有人告诉我们，在这里挣钱在这里花，庞大的商业街和数不清的饭店与宾馆正是此地休闲娱乐业发达的象征，不过这里的休闲娱乐是按照农民工上下班和发工资的节奏而来的。

其次，从性别结构和婚姻结构来看，FSK 又是一个聚集着大量大龄未婚男青年的地方。调研期间，我们听闻不少人谈过这句话"某某来 FSK 就是来找女朋友的"。确实，这么多年轻人聚集的地方，按说未婚的女性应该不少。不过，我们调研期间遇到最多的却是 25～35 岁的未婚男青年，而未婚女性极少。有人说 FSK 未婚男女比例为 7∶3。这些大龄未婚男青年的存在，使关于 FSK 的一切活动都充满了浓浓的择偶气息。YGS 的不少女职员都曾经遭遇过各种各样的"骚扰"，他们使用电话或者微信、QQ 等社交工具来不断联络和追求女职员。我们曾听闻一个女职员最严重被一人骚扰长达几个月之久，并且其间这个女职员更换了自己所有的联系方式，依然没能摆脱骚扰。YGS 的职员如此，在 FSK 的生产线上，择偶的氛围更加直接和粗暴。一条 180 多人的生产线上，女工五六十人，绝大部分是已婚的。据说一个年轻女工上岗两天，她的婚恋状态就会完全被其他男工掌握。他们会想出各种方法询问，万一询问无果，就直接行动，用各种方式追求。一条生产线上有一个 20 岁的单身姑娘，成为香饽饽，在姑娘生日的时候，送礼物者络绎不绝，据说有几十份，把姑娘工作的小房间都填满了。所以，在这种性别结构和婚姻结构之下，所谓来 FSK 找女朋友更多变成了一种传说，确实有人成功了，但是更多的人没有成功。

FSK 员工的生活所在地有两个，一个是员工宿舍，另一个是聚集了大量农民工的城中村。宿舍是一个有意思的地方。目前，FSK 共有 11 个员工宿舍区，入住率均在 55%～90%。普通员工每个房间 8 人，150 元/（人·月）的住宿费，有暖气、空调和单独的卫生间。住在宿舍的农民工反映有以下几个方面的问题：第一，宿舍流动性太大，不断有人离职又有人入住；第二，因为 FSK 是两班倒的工作制度，即白班和夜班，不同班次的人即便住在同一个宿舍也很少有见面的机会；第三，不少人向我们抱怨说宿舍太脏，特别是公共卫生，很少有人主动打扫。宿舍对于农民工来说，只是一个晚上睡觉的地方。我们所调查到的多数农民工表示，与舍友不算是朋友，没说过什么话。有人告诉我们，自己入住了几个月之后才把同宿舍的几个人认识完了，但是聊天、逛街、吃饭的情况极少，除非是玩得非常好的朋友。还有人告诉我们，与舍友认识并成为朋友的成本太高，因为流动性太大，可能刚刚熟识就离开了，既然如此，又何必花费精力和时间去经营舍友之间的人际关系呢？至于宿舍卫生，因为流动和班次的影响，排班轮流打扫的情况基本不会出现，那么宿舍卫生就变成了"谁愿意谁打扫"。可是，谁都不会总是干这个活儿，于是大家就都脏着。有人这样告诉我们，"我到 FSK 之后，宿舍实在太脏看不下去就自己打扫了下，没有人跟我说话，随后我扫了两个月地才陆续有人跟我说话，之后才将舍友认识完毕"。

宿舍只是睡觉的地方，在不远处的城中村却是生活氛围十足。员工宿舍的入住率约为 65%，剩余 35% 的员工都居住在外，其中一个最大的聚集点就是李村。李村是附近的一个村庄，还未拆迁，原本还有另外的村庄，现在都拆迁了。于是，大量在外居住的农民工都搬往李村。有几种情况，第一种是已婚员工，尤其是夫妻二人都在 FSK 工作的人，一般都居住在外；第二种是线长以上干部级别的人，也多数居住在外；第三种是有女友，方便同居的，就在外面租房；第四种是单身居住，喜欢卫生、清静以及自由的人在外租房。目前（2016 年）李村一个单间的月租金为 300 元左右。与宿舍里的流动和冷漠相比，住在李村生活非常方便，关于吃穿用的各种物资都比较方便，而且拥有私人空间，虽然比宿舍的价钱多了一倍，但是相比于干净舒适、自由方便的生活而言还是划算的，尤其是对于夫妻两个都在 FSK 工作的人来说尤其划算。于是，李村成为除了宿舍区之外农民工聚集生活的最大区域。每逢上下班的时候，李村攒动的人头与滴滴呜呜的轰鸣成为其拥堵生活的见证。李村的人多拥挤、吃穿住用方便、人气旺盛等都成为农民工津津乐道的对象，也构成了其与 FSK 员工宿舍的鲜明对比。

除了宿舍与李村，商业街及其周边成为农民工另一个有着城市幻象与休闲娱乐气息的地方。这是一条集休闲、娱乐、餐饮、购物等于一体的商业街，目前，商场、夜市、花店、KTV、宾馆、饭店、超市等多种形式并存。不过，由于 FSK 员工上下班以及节假日的周期特性，商业街也往往呈现周期性的繁荣。我们工作日的时候看到的商业街冷冷清清，交接班时饭店里人数稍微多些，周末休息时间休闲娱乐购物的情况稍微多些。也有人告诉我们，商业街生意好坏就体现在每月 8 号以后的几天时间里，这是因为 FSK 每月 8 号之前都会发工资，发工资之后农民工才有钱消费，商业街会呈现一时的繁荣，平时也就冷冷清清。商业街的很多店铺多次易主，绝大多数店铺的生意并不景气，而农民工也自嘲说"这里挣钱这里花"。

与李村消费的方便性和经济性相比，商业街显然不具优势。因此，我们看到的情形便是拥挤繁荣却脏乱差的李村与高大上却冷清的商业街并存。农民工的生活区域和重心，既不在只是睡觉的宿舍，也不在高大上的商业街，而是蜗居在拥挤却方便的李村。

工作在 FSK，生活在李村，这是农民工生活工作情景最真实的写照。以上这些就构成了农民工婚恋活动发生的背景。

二 "爱情快餐"的兴起①

我们将通过对 FSK 中若干个农民工的访谈材料来展示自由恋爱的模式、男女两性自由恋爱的行为逻辑与观念哲学，并在农民工面临的爱情基础与恋爱困境中解读"爱情快餐"的快速兴起之势。

（一）自由恋爱

自由恋爱虽然久已有之，但是在农民工群体中被广泛接受并且建立合法性的时间并不长。世纪之交，打工经济兴起，随后，自由恋爱在农村社会日渐形成主导之势，远离父母监控的新生代农民工是实践自由恋爱的主体。与打工经济兴起之前农村社会的自由恋爱不同，新生代农民工的自由恋爱发生在特定的工厂情境，

---

① 本节的主要内容曾以《流水线上的爱情快餐——以在 FSK 集团的调研为例》为题，发表在《中国青年研究》2019 年第 7 期。

浸润在城市的休闲消费文化中，游离在城乡之间。打工经济兴起之后的自由恋爱，具有怎样的特征，其运作机制是什么，又经历了怎样的变化呢？

在我们的调研经验中，自由恋爱与城市文化关联在一起，其中充斥着恋爱技巧、物化的浪漫、付出与回报、爱情骗子、相亲游戏等各式各样的所谓"爱情"。爱情祛魅化，爱情不再是树立在圣坛之上，而不过是世俗社会中的一部分。自由恋爱来得快去得也快，说是自由，既可以是对于感情的自由，也可以是对于物质（房子、车子）的自由。

远离家乡的农民工往往在青涩的年纪（15～17岁）离开农村到城市务工，这时候的他们正是进行社会化的关键时刻，学习能力和接受新事物的能力极强，几年的城市生活可以把年轻人拉入城市人的行为模式和文化体系中。我们在调研的过程中发现，年轻农民工的恋爱往往有一些相对固定的步骤和项目。第一步是相识。男女双方的相识往往需要一定的契机，比如朋友聚会、老乡聚会、公共活动等。这些聚会和活动为陌生男女的相识搭建了很好的平台。通常情况下，男方若对女方有意，便会想办法（通过中间人）要到对方的联系方式。第二步是联系与追求。有了联系方式之后，男方便试图与女方联系，当然他也可能会求助于中间人。当联系到一定程度之后男方便会试图约会女孩，比如请客吃饭、看电影、公共娱乐活动、一起去KTV、一起外出旅游等。第三步是建立恋爱关系。两人相处到一定阶段之后，男女双方建立恋爱关系便水到渠成。通常情况下，男方先主动表白，女方给出回应。建立了恋爱关系的男女之间便各自进入了"男/女朋友"的角色。当然，以上的步骤是理想状态，很多情况下，男女之间并不能如此顺利地建构恋爱关系，而且几个步骤之间的时间间隔也有长有短。

在以上恋爱建构的过程中，有几个特点。第一，建构恋爱关系总是发生于休闲娱乐场合，如共餐的场景、KTV、电影院、公共活动场景、旅游途中等。爱情发生在休闲娱乐场合，而与自身的工作和生活关联不大。第二，建构恋爱关系的过程也总是伴随着礼物的流通。请客吃饭、去休闲娱乐场合，这些都要消费，这是为爱情买单，而且追求的过程中礼物的馈赠也必不可少。第三，自由恋爱更容易在具有以下特征的年轻人中发生：长相较好、会穿衣打扮、能说会道、花钱大方、"有趣"等。男性具有以上特质便更容易吸引女孩子的注意力，也更容易自由恋爱成功。而那些长相不好、老实、木讷的男青年则不容易吸引女孩子。

相比于农村社会传统的相亲模式，自由恋爱的优点是更加讲求男女双方的感情，情投意合是自由恋爱必备的要素。此外，自由恋爱也使得年轻人更具主体性，更少受传统规矩礼仪的束缚。然而，其缺点也显而易见。首先，自由恋爱的发生场景决定着它一定要有金钱基础，休闲消费和礼物馈赠都需要以金钱为基础，而自身相貌的修整、穿衣打扮的改进都需要金钱的投资，这些都可称为自由恋爱的物质成本。其次，自由恋爱可能会有更多不可控的情况出现，比如欺骗、吹牛、始乱终弃、骗取金钱等，这是因为自由恋爱的双方在确立恋爱关系之前往往对彼此的背景缺乏深度了解，感情投入的过程又容易冲动，并且远离农村场景和父母的监控，这些都使得自由恋爱的道德风险急剧增加。

（二）男性的"恋爱技能"与"恋爱套路"

通过传统相亲模式的婚恋男女往往"被要求"注重既有的规矩礼仪，而在自由恋爱中，男女双方各具主体性，双方关系的维系更多依赖于彼此之间的互动质量。自由恋爱中男女双方的互动虽然也具有一些道德上的抽象教条（如社会上对于始乱终弃、第三者、心机女等的负面评价）来监控，不过却并没有像传统相亲模式一样有很具体的规矩礼仪制约，因而自由恋爱的互动更具"自由"特性。不过，在青年男女的自由恋爱实践中却越来越发展出不少恋爱技能和恋爱套路。从男性的视角来看，这些恋爱技能和恋爱套路往往是影响自由恋爱质量的核心要素。

生活世界中的新生代农民工都不同程度触摸到了恋爱技能与

恋爱套路，不同的是，有人深谙这种技能与套路，有人则浅尝辄止；有人有玩套路的充分资本，而有人则玩不起；有人幸运地成功了，更多的人则是拿着青春做赌注。

我们在调研过程中总结出了调研对象提供的"泡妞神器"：溜冰、下载音乐、写文字、QQ空间、图片、动态图、下载电视剧、网游、微信红包、有趣的事、手机、看电影、吃饭、K歌、开房、逛街、旅游、搭讪、小视频等。这些技能都是建构男女关系的常用方法，比如溜冰、下载音乐、QQ空间、下载电视剧等技能在10年前非常流行，是80后打工青年最常见的自由恋爱的载体；而微信红包、摇一摇、看电影、K歌、抖音、旅游等项目则是最近几年非常流行的男女相处的手段。

单就这些电脑技能和文艺技能来说，它们并没有什么特殊的含义，只是代表着科技的进步与人们精神文化生活的日益丰富。可是运用这些技能的人是能动的，当这些技能被运用它们的人赋予了特定的内涵，它们在社会中的转变逻辑就变得异常有趣。第一，从时间线条上看，这些吸引女孩的技能经过了从含蓄到直白、从文艺到物质的转变。10多年来，农民工的自由恋爱日益摆脱羞涩的感情表达，而是更加直接和大胆；自由恋爱也从以往文人墨客的神圣色彩中蜕变出来，越来越成为由物质制造的"浪漫"、由金钱维系的"趣味"。第二，这些技能都发生在休闲娱乐场合，爱情也发生在休闲娱乐场合，这种场合必然伴随着消费。这与以往人们对于爱情建立在共同理想之上的"革命伴侣"和"精神伴侣"的认知很不同，农民工的爱情更多是与世俗生活中的吃喝拉撒睡打交道。第三，这些技能背后的意涵是"会玩"很重要，"会玩"意味着新鲜、时尚、创新、金钱、灵活等元素，这些元素是年轻人特有的，而附属在"会玩"基础之上的条件，如长相帅气、打扮时尚很重要，能说会道、有新玩法/新点子也很重要。随着一代又一代人的成长，"会玩"的内容会不断推陈出新，恋爱技能也会随之不断推陈出新。

恋爱技能是自由恋爱的物质和技术层面，而恋爱套路则更多代表了自由恋爱中的心机与策略。当然，这些心机与策略是以上的技能为基础的。但是，知道这些还不够，我们需要在农民工的恋爱故事中解读：自由恋爱中哪些因素是关键的？

在我们的调研对象中，28岁的小利已结婚4年，妻子是他在天津打工时的工友，当时他们未婚先孕，他家条件差，由于妻子的坚持而走在一起。如今的小利依然感念妻子的坚持，他说自由恋爱中女孩子的态度很关键，往往是女孩子的努力决定着一段感情的走向。小利是幸运的，他在城市中的自由恋爱有了结果，这个结果是他们夫妻俩共同努力，尤其是女方努力的结果。而事实上，更多的农民工兄弟并没有小利这样的好运气，在城市中自由恋爱往往并不能将他们推向婚姻。

28岁的小陈是单身，他曾经也有过女友，小他6岁，分手了，原因是他受不了女朋友的"男闺蜜"，他不明白男女关系的边界到底在哪里，这使他一度很迷惑，因为分手之后，前女友很快便与"男闺蜜"在一起了。让小陈有所感慨的不仅仅是自己曾经的这段恋情，还有自己宿舍的一个舍友。这个舍友20岁出头，老家有女友，已订婚。他长相帅气，会打扮，并且能说会道，只要他在宿舍，总是很"热闹"，这个舍友目前的苦恼是有很多女性向他示好，尤其是一个已婚女性一直纠缠他，此女与老公感情不好，就把感情寄托在小陈的舍友身上。舍友经常很晚才回来，他还经常拉上一个宿舍的人一起出去玩，有些时候夜不归宿，据说是被人约出去开房。还有一次，舍友约上几男几女一起出去玩，吃饭、唱歌、开房玩扑克，他们约定"谁输一局脱一件衣服"。这样的一个舍友让小陈感慨不已，他说，长相和说话是男性能否吸引女孩的关键，只有长相和说话过关了，女孩才愿意进一步考察对方是否有前途、是否能挣钱等。

小陈的体验告诉我们，要吸引女孩子以下几个条件很关键：长相帅气、会打扮、能说会道、会办事、会"玩"。这些条件可以很快地吸引女孩子的注意，在男女关系建构的过程中一步领先就步步领先。

以上这些案例无论成功与否，当事人都从中体验到了一些所谓自由恋爱的"真相"，比如自由恋爱中女孩的态度很关键，自由恋爱中金钱的重要性，自由恋爱中男孩个人条件（长相、穿衣打扮、是否能说会道等）的重要性，自由恋爱中"胆量"的重要性，等等。这些当事人在自身的感情经历中体验到的道理都是自由恋爱中套路的片段，当然个人的体验远远不是其全部，不同的人体验到了不同的片段。

（三）自由恋爱中的女性

自由恋爱中的女性农民工并不像男性那样注重恋爱技能和恋爱套路，毕竟传统文化和社会大众所鼓励的女性特质为"矜持""本分"等，因而，自由恋爱中的女性农民工最主要的能力就是要对男性的恋爱技能和恋爱套路加以正确的反馈，这种反馈正体现了女性农民工在亲密关系中的主体性。

第三章中提到的在 FSK 工作的女孩小雪，她在确立了恋爱关系后还是一直外出打工，与男友互动并不多。了解小雪的朋友告诉我们，小雪的男友很少给她打电话，似乎对小雪不好，还总爱"吃醋"。现在的小雪，什么活动都参加，武术、吉他、打鼓等，可是仍旧无聊，经常泡在微信群上，口头禅就是"无聊"。这种表现让朋友感叹，"这根本不像一个恋爱中的女孩子的表现"。在小雪的经历中，婚恋的安稳与感情似乎是非此即彼的对立关系，选择了安稳，感情也许会大打折扣；选择了感情，婚恋稳定性也许会受到严重挑战。

小肖，女，24 岁，长相一般，FSK 员工，已婚。小肖是个内向的女孩子，不太说话，我们找她访谈的时候她有些拘谨。她曾在广东等地打工，却并没有在外恋爱，而是 2014 年底在漯河老家认识了一个男孩，两人恋爱了一段时间，在 2015 年 5 月结婚了，目前她还不想要孩子，想趁着年轻多挣些钱，而生了孩子之后至少得几年时间在家照看孩子。小肖告诉我们，她宿舍 8 个人，只有 2 个未婚，其余都已婚。两个未婚的女孩，一个 28 岁，一个 23

岁。28 岁的女孩相亲多次，却仍没有订婚；23 岁的女孩是个性格外向的女孩，在 FSK 里正谈着一个男朋友。小肖还认识另外几个年纪稍大（27~28 岁）而未婚的女孩，她说这些女孩也相亲，但是总定不下来，甚至有女孩宣称自己"不想结婚"，不想"为了结婚而结婚"，女孩们很独立，不想这样生活。小肖认为，这些女孩活得更加明白，是因为看见了太多"不靠谱"的男人，看得多了心理受影响，就会对恋爱和婚姻充满怀疑。

有女孩称，"不在厂里找男朋友"。理由有两个方面，一个是虽然她们自己也是打工者，但是女孩们往往心气高，不愿意找一个跟自己一样的打工者，因为这意味着家庭条件差，以后的生活会很艰难；另一个是相当一部分女孩认为在外自由恋爱的男朋友"不靠谱"，不知根知底，害怕受到欺骗和伤害，"吃亏"。相比于男孩，来自农村的女孩们似乎更加不信任自由恋爱，不少女孩宁可退回家乡相亲也不愿意做一场自由恋爱的"赌注"。面对自由恋爱的风险，女孩们的选择似乎也"实属无奈"。

在我们的调研经验中，女孩们对于自由恋爱的态度更加悲观，她们的爱情观更加保守和现实，大多数女孩宁可回家相亲也不太愿意相信打工地的感情。这或许是因为在恋爱关系中女孩们更加脆弱，更不愿意承担感情的风险与伤害，于是她们表现得更加理性和保守。

"爱情快餐"以自由恋爱为基础，在工厂的场景中男性很快便学会了恋爱技能和恋爱套路，由此兴起了新生代农民工的"爱情快餐"。然而，这种"爱情快餐"却有着不稳定的根基和扑朔迷离的感情风险，工厂中的女性也很快便认识到它的"不靠谱"。

（四）感情、金钱与性的博弈

"爱情快餐"的兴起伴随着一系列复杂的社会过程，也产生了一定的社会后果。在感情与物质、真情与假意、生理与心理、家人与爱人的较量中，在爱情、性与婚姻的错位实践中，"爱情快餐"正在重塑新生代农民工的婚恋模式与婚恋观念。我们将在

FSK 农民工的恋爱经验中，进一步分析"爱情快餐"的社会运作机制。

恋爱互动中会牵涉到感情、金钱和性三个要素，理想的意义上，三者高度统一，不过现实经验中它们往往错位实践，这给我们理解自由恋爱的逻辑提供了绝佳的切入点。

小李，29 岁，巩义人，目前单身。小李尽管长相一般，但是个能说会道、懂幽默，并且讲义气的人，他给我们历数了这么多年自己遇到的女孩，我们依照前后顺序分别用 A、B、C、D、E、F、G、H 来代表。

A 是小李在读中专时的同学，那时候小李追求 A，请客吃饭，给她无微不至的关怀。有一次，小李在公园里的长椅上躺着，偶然发现 A 居然与一个哥们儿抱在一起。小李很伤心，放弃了。可是 A 所找的男友是一个惯于"花言巧语"的人，特别"会说"，家里从商，据说有好几个女朋友，不久便听说 A 被甩。毕业之后，小李和 A 都去了广东打工，听说 A 在广东谈过好几个男朋友。后来，在无锡的时候，小李又遇到了 A，这时候 A 孑然一身，念起小李的好，又反过来追求他。小李却说，当时对 A 已经没有感觉了。A 是个有"心机"的女生，经常来小李的出租屋打扫卫生，甚至试图留宿，小李却说自己当时不懂男女之事，把 A 送了回去。后来发现没戏，A 就离开了。

而事实上，在无锡期间小李之所以对 A "不感冒"，是因为小李又遇见了 B。B 是个柔弱的女孩，当时的小李年轻气盛给 B "说下了大话"，即他能如何帮助 B，后来没能实现，B 走时小李也没脸去送她，两人就此结束。

小李 23 岁时，当时工厂的经理助理 C 看上了他，没事总是关心他，试图追求小李。小李发现，他们不属于同一个圈子，因为 C 的人际圈子在公司上层，而自己的朋友都是打工者，于是小李在心理上并不情愿。有一次 C 过生日，邀请小李，结果他到场送了一个不合时宜的礼物。后来小李表明了拒绝之意，C 手下的工作人员便"总是找我麻烦"。

还有两个女孩曾经追求过小李，一个个子较高，是"国字脸"，小李不喜欢就拒绝了。另一个是四川的，独生女，被感情所伤，与他人同居后被骗，就经常来找小李寻求"安慰"。后来她表明了想让小李做男友的愿望，并且说她家里有房子，不需要买房。小李认为这个女孩太瘦了，不喜欢就拒绝了。

在无锡时，小李还追求过一个女孩 D，南阳人，没追上，但是因此花了不少钱。

后来，小李又遇见了一个很符合自己择偶标准的女孩 E，就开始疯狂地追求她，死皮赖脸，每天都到女孩的楼下去等，下暴雨时也一样。当时的小李很有名，因为大家都听说了一个人天天在楼下等某个女孩。结果后来 E 还是告诉他，自己想要在家乡找男友，小李就此放弃。

在烟台打工时，小李又追求了一个驻马店的女孩 F，F 表面很纯洁，他们约会的时候 F 会喊几个朋友一起，都是小李请客，F 给小李的印象一直很好。有一次，F 发给小李一条信息，大意是有一个男人骚扰她，老说要跟她开房之类的话。小李看后，直接去找那个男人"收拾"他，结果这个男人却告诉小李，"F 花了我很多钱，利用我，她有男朋友的，已经订婚了，我想着这钱就白花了？开房算是补偿一点吧"。小李一想可不是呢，自己也已经为 F 花费了很多，原来 F 只是利用自己。后来小李就去质问 F，F 承认了，小李以后就没再理会 F 了。

在 FSK 期间，小李追求过女孩 G。G 是开封人，结过婚，有 2 个小孩，但是 G 胖乎乎的模样太可爱，把小李迷住了，他又开始了疯狂的追求，天天楼下等她。交往有 3 个月了，小李提出想带 G 回家，意思是商量一下结婚的事，可是 G 说要再"考察"一年，小李生气了，后来分手。其间，小李为 G 买过一个手机，过了一段时间，G 将手机钱还给了小李。

2015 年，小李在做兼职的时候又认识了一个女孩 H，H 看起来很天真，H 的性格吸引了小李。在 H 的嘴里，自己是个孝顺女儿，为家人考虑很多。H 是平顶山人，家在农村，有一个弟弟，弟弟打工却花钱如流水，H家庭条件很不好。H困难的时候就找小李借钱，共有3000元。H说话很好听，说小李人好，一辈子都会记得他。小李"飘飘欲仙"，天天等她乐此不疲。中秋节的时候，小李等了她很久，却发现H与领导在KTV。H回家了一趟之后，便对小李冷淡了。追求了近4个月，花了不少钱，有一次试图拉手却被拒，H一直不表态激怒了小李。后来H说"你是不是开玩笑？我对你没有那个意思。放心，欠你的钱我会还的"。小李懵了，原来如此！那段时间小李手头很紧，一天甚至只吃一顿饭，就要求H还钱，三番五次要钱都不得，拖了好久H才陆续把钱还了。

小李遇见很多女孩，他跟我们谈到的女孩至少有10位，他本人也很豪爽讲义气，不过如今仍旧孑然一身。在小李的叙述中，关于男人的"大话"（欺骗），男人在男女关系中对于金钱、性与感情之间的心理平衡，男人对于付出与收获的认知，女人的"欺骗"，特别是女人在男女关系中对于金钱的态度，女人关于金钱和性的认知，男女关系在金钱、生理与感情关系中的均衡状态，职级等级体系中的男女关系，所谓甜言蜜语，所谓礼物，所谓帮忙与付出，等等，都有所涉及。

恋爱中的男女关系，其中会贯穿着金钱、性和感情几个因素。首先，彼此间的感情是最重要的，可是感情的交换是抽象存在的，要以礼物交换或者性来表达彼此之间的感情。通常的模式是，男人付出金钱为代表的代价来表达感情，而女人付出身体为表征的回应来表达感情。其次，恋爱关系中的真情实意就是最大的道德，并且男女之间要明确彼此的恋爱关系，在男女关系建构的阶段，通行的模式是男人追求，女人被追，男人追求的过程中必然要付出一些金钱的代价，而女人若拒绝了男人就不应该收受男人的任何付出，若女人接受了男人，男女之间则可以在礼物和金钱上做深度交换。这是讲究道德的男女的恋爱伦理，而不讲究道德的男女可能会有多种情况，比如，男人虚假付出，说"大话"，欺骗女人；女人图男人的金钱与礼物，却不愿意给个"交代"；至于那些只图性和美色的男人，即便愿意花钱，也被社会认知为"玩玩"

"流氓"。

去除了父母、家庭、地域等方面的影响，单纯的自由恋爱男女便面临着以上恋爱规则和道德的考验。男人最主要的担心是付出能不能得到回应，不能花了钱却一无所获；女人最主要的担忧是男人是否虚情假意、朝三暮四。尽管自由恋爱中以感情为重，可事实上，在现实生活中感情存在以下特点：一是比较抽象；二是要以礼物、金钱、话语、性等手段来表达。所以，自由恋爱的男女面临的最大风险是女人图钱，男人虚情假意。这些风险在自由恋爱的条件下是不可避免的，只能靠男女双方各自的道德和为人。因此，对于陌生的男女来说，要自由建构恋爱关系，那么他们就是在"下赌注"，能够在自由恋爱中规避风险的是"幸运儿"。

这样讨论自由恋爱，我们就能够理解，为什么自由恋爱中男人的经济实力很重要，为什么男人害怕做恋爱关系中的"冤大头"，为什么女人害怕自由恋爱"不牢靠"。农民工阶层的经济实力普遍有限，在城市中男性农民工自由恋爱有着先天不足的条件；因而，很少有人能够玩得起这套自由恋爱的游戏。即便玩了，好的结果对于他们来说也是可遇不可求的。相反，女人在城市中见惯了朝三暮四的男人，就会对在城市中寻找恋爱对象充满恐惧，她们会愈发退回到乡村安稳的恋爱环境中寻求安慰。

（五）性别互动与婚恋困境

恋爱关系中感情、金钱与性之间的均衡是基础的婚恋秩序，其错位实践往往会产生一些问题。男女之间对于爱情的感知不同，恋爱中的行为方式也不同，性别互动彰显了男女不同的行为模式建构以及他们各自面临的婚恋困境。

25岁的小张是开封人，单身，曾经在家相亲未果，在打工的城市中他也在不断努力寻找女朋友，只是自己的努力有些力不从心。2014年，有同事给小张介绍了一个女孩，同在 FSK 中，他两人上对班（一个白班，一个夜班），平时见面机会很少，只有周末才能见到。女孩长相尚可，很安静的样子。小张经常请客送礼物给她，有时一起出去玩，一直保持较为紧密的联系，女孩也没有拒绝。小张就以这种方式默默地追求着，但是他从来没有表白过，持续了半年，小张才发现她不喜欢自己，因为女孩从来没有主动联系过自己，都是小张主动。后来，女孩告诉他自己的父母不同意，因为两人的家离得太远，女孩又说对小张"没有感觉"。经历过这般折腾之后，小张放弃了，他一度很伤心，后来就想开了。他告诉我们，那时候自己太傻太老实，只想着对她好追求她，什么都不敢说不敢做，拖了自己那么长时间。如果是现在，小张说追求最多持续一两个月就会放弃，不想无谓地付出，现在的他只要看上了，"三天都敢表白"。

小张对于恋爱看法的转变并非个案，打工的男孩们有相当一部分已经对经营感情失去信心。"外面的女孩儿都现实"，这是不少打工男孩的心声。男孩们发现，女孩们对于感情的态度越来越暧昧，也越来越现实和物质。恋爱关系的建构是相互的，男孩们的行为也会因此变得更具短期性和策略性。而事实上，女孩们的行为和观念也深具行为策略。

云，26岁。18岁的时候通过网络认识了一个男孩，周边县市的，见面之后确立了恋爱关系。与初恋男友断断续续谈了两三年，此人能说会道，"嘴很甜"。很长时间之后云才知道男友在做传销，后来因为男友不务正业，并且未有买房结婚的打算而分手。云说："恋爱没底线，手机上谈恋爱，大部分的异地时光，两人经常抱着电话睡着。恋爱可以玩，可以没底线，婚姻却要理性与现实。"

在FSK的生产线上，云有两个坚定的追求者：M和N。M很懂女孩子的心，女孩一个眼神，马上就能领悟到需要什么。兄弟两个，家庭条件差些。N比M帅点，不过是个"闷葫芦"，有车上下班，家距FSK半小时车程，有一个妹妹。父母在家种田，经济作物，收入尚可。M与N同时追求云，云说，"你们俩谁坚持到最后我就跟谁！"N在追求云期间，云上夜班，他晚上12点过来陪云吃饭，下班早的话会过来接云。云的恋情经过了姐姐的认可，姐姐是女强人，自己开饭店。姐姐见了后认为N实在，但是云与

N 还是没有确定恋爱关系，后来，N 开车带云一起参加了朋友的婚礼，回来后正式确立了恋爱关系。2015 年春节，N 想要到云家提亲，云的父亲因为独生女不想嫁外面而不让 N 来，云只好把姐姐搬来说服父亲。五一前后准备定亲，因为彩礼的问题，云与 N 闹了一点矛盾。云家里要求 6 万元彩礼，而 N 家人认为太多，这是他们村里的最高价，认为不妥。后来，依从女方，给了彩礼又带回来了。9 月结婚，这是他家"看好"① 定的日子。

云是个大大咧咧很开朗的女孩，有过几次恋爱经历，在女孩中算是观念开放的。云说："不知道为啥最终会找了现在的老公，他又黑又不会说话，一点不符合我原来的要求！"我们也在思考，为什么云最终选择的老公会是 N？姐姐在云的恋情中发挥了重要的作用，姐姐的标准是什么？云原本的择偶条件是基于自身想象的（比如要求长相、会说话等），而姐姐的建议则更多代表了对现实条件的考量（比如认为 N 实在，而且家庭条件不错，属于郑州市郊县等），最终云选择了 N，也就意味着想象败给了现实。而事实上，以往云所遇见的男孩们，虽然他们恋爱可能谈得热火朝天，但是一到谈婚论嫁的现实问题跟前便没有了下文。这也从侧面证明了云的姐姐是更加现实的婚恋指引者。而云的姐姐的建议所给的理由其实也正是能够帮助女孩子规避"虚情假意""朝三暮四"风险的最有利条件。

相貌对女孩的爱情影响很大，女孩是美还是丑，这甚至决定了她们爱情的品质。

小刘，24 岁。郑州中原区人，中专，自考大专。独生女，父亲是厨师，目前在国外企业打工；母亲以往开服装店，现在不干了，也打工。因为任性，想要离父母远一些，故自己坚持到 FSK 工作。母亲管得严，每月固定给母亲寄工资。身材偏胖，皮肤黑，长相稍丑，并且不爱打扮不爱逛街，喜欢唱歌。小刘以往追过两

---

① "看好"，一种民间习俗，指的是请风水先生依据生辰八字选择适合两人结婚的日子。

个人，目前正在交往一个男友。追求的第一个人大她十岁，是洛阳农村的。他们是在 2014 年底一次唱歌比赛中相识的，此男会唱歌，但是个子矮，家庭条件差，母亲甚至有精神问题。小刘因为欣赏他的才华而追求他，后来两人名义上在一起了半年，小刘觉得对方对自己很不上心，就像是一般朋友相处，根本不亲密。小刘因为此男还与父母吵架，父母认为此男要什么没什么。而此男也要面子，认为找个比自家条件好太多的女孩会把自己压下去，而且女孩是独生女要求上门，此男不能接受。最终两人分手。

因为前面的恋爱经历受伤，小刘想要填补伤痛，就追求了另外一个男孩。此男 29 岁，身高 1.8 米，长相还不错，大专文化。家是巩义的，兄弟三个，他是最小的。此男事业心强，一直想要超出一般人，正在考消防工程师。两人处了一段时间，因为小刘的长相问题而分开，很长时间后又联系小刘，意思是希望复合。此男之前曾说过要 10 月份买车，首付他自己付，希望小刘能够帮他月供。小刘当时答应复合了，后来想了想又拒绝了。她认为，3个月不联系，突然提出要复合，她认为不靠谱，于是拒绝。

与此同时，小刘现在与另一个男孩正处对象。此男 26 岁，个子比小刘稍高，长相可以，家在中牟农村，条件一般，农村建了住房，有一个哥哥已婚。这是朋友介绍的，5 月份到现在相处 2 个月了，其间对小刘不错，小刘也因此不想再答应上一个男友的复合要求了。小刘列举对方对自己好的例子，第一次搬宿舍的时候，一个电话，对方二话没说就过来帮忙。情人节那天也送了礼物，每天电话不断，并且带小刘参加他的同事聚会。有段时间小刘经济困难，对方很快资助她几百元钱。这些让小刘感觉到了恋爱的幸福。

丑女孩不怎么在乎物质条件，小刘郑州人的背景在打工群体中是非常优越的条件，可是她总困扰于男方对自己是否有感情，与第一个男友的相处让她感觉不到男人的用心，感受不到恋爱的甜蜜，而第二个男友分手后又提出复合要求，让她明白了这个男人的功利性，目前她正在享受现任男友的温柔，男友对自己好，并且似乎也没有什么功利的表现。可是小刘与男友刚刚相处了 2 个多月，这种状况会持续多久，又会持续到什么程度，都不可预知。

与丑女孩小刘的困扰不同，漂亮女孩并不困扰于有没有感情的问题，而总为男人的"花言巧语"、"虚情假意"和"朝三暮四"所烦恼。

娇娇，21 岁，身高 1.7 米，漂亮有气质，又会跳古典舞和民族舞，身边的追求者很多。不过娇娇家庭条件不好，家在漯河农村，母亲生病需要钱，父亲外出务工，还有一个年幼的弟弟。妈妈希望娇娇嫁得好，起码找个漯河有房子的。其中一位追求者与小刘相识，在见了娇娇之后，立即托小刘为其介绍，此男有点黑，条件一般。两人认识了半个月，一直在寻求小刘的帮助。他太心急，刚刚认识就想处朋友。娇娇曾说过自己想要养条狗，此男花了 1000 元买了一条金毛送给娇娇，认为自己已经表达了足够的诚意，付出够多。买条狗送给女孩就算付出吗？这是困扰像娇娇一样的女孩子的问题。

尽管追求者不少，身边不乏甜言蜜语之人，但是遇到事情的时候，娇娇还是无助。小刘说自己亲眼见过娇娇一个人大晚上在马路边上哭。原来娇娇那次去上海回来，在公交车上钱包被偷，身份证、银行卡都没了，而妈妈看病需要钱，没人能够帮忙。后来小刘托朋友借给她几百元钱才渡过难关。男孩看见女孩漂亮就追，不管结果，也不懂经营感情，买礼物，请客吃饭，这就是感情吗？漂亮女孩依然困扰于这些虚情假意。

目前的娇娇已经从 FSK 辞工，专心在家照顾母亲，尽管有不少男孩还是给她献殷勤，但这些男孩惯用的手段就是送礼物、花言巧语，娇娇并不愿意理会，因为他们很少有人愿意真实付出，并且担负起娇娇的家庭责任。在这种条件下，也许对于娇娇来说，找一个家庭条件殷实的男友才是更加现实的选择。

在我们接触到的打工女孩中，面对婚恋，她们无一例外都倾向于殷实的经济基础和牢靠的男人。"恋爱可以玩，婚姻却要现实"，这是女孩们的心声，也是她们适应社会环境和经历婚恋困境之后的选择。

　　在流动性极强的打工场域中，好好经营感情的条件丧失了。因为流动性强，并且每个人都来自不同的地方，恋爱关系会变得非常脆弱，恋爱变成了以金钱和各种礼物堆积起来的"追求"，也变为了请客吃饭、唱歌看电影、旅游开房的固定套路。恋爱关系的"短、平、快"把爱情快餐化，所谓追求，原来就只是吃饭唱歌，所谓付出，原来就只是礼物和金钱。不论男女，都日渐失去了经营爱情的耐心和条件。这时候不论男女，他们都在困惑。男人在困惑"为什么我的付出得不到回报""我为何要付出"；女人在困惑"外面的世界太乱，男人太花""送我个金毛就算是付出吗"。男人女人的困惑都让他们对付出真情实意有所保留，从而在恋爱关系中自觉地把眼光投向多样的形式、丰盛的物质。男人的爱情越来越成为金钱和恋爱技巧的较量，女人的爱情也越来越成为甄别"虚情假意"和"个人实力"的较量。男人的幸福来自找到一个不贪图物质、愿意与自己同甘共苦的女人，而女人的幸福则来自男人对自己一往情深、始终如一。

　　"爱情快餐"之下，男女之间的婚恋困境成为一个不可解的生活难题。

三　婚恋技术主义[①]

　　城市的工厂中生产出了"爱情快餐"，而其影响却通过打工青年蔓延到了农村社会。我们在农村社会调研中发现，90 后的农村青年生活在一个完全不同于以往任何时代的婚恋情境中，他们的人生经验，农村与城市想象，对于爱情、性和婚姻的看法和实践都与 80 后有了明显的区分。我们称之为"婚恋技术主义"。

　　本节的经验基础来自 2016 年 4 月 13～23 日笔者与同伴一起在

---

① 本节的主要内容以《婚恋技术主义：农村 90 后青年的婚恋实践》为题，发表在《中国青年研究》2016 年第 9 期。

广西龙州县的 C 村所做的社会学调研。C 村现有人口 1907 人，有
8 个自然村，11 个村民组，473 户。与全国范围内的打工潮类似，
2000 年之后 C 村一带也迎来了大规模的外出务工潮。我们重点调
研的自然村是 C 村村支书居住地，现有 64 户，260 人。其中，约
10 户人家举家外出务工，其余各户基本都有外出务工人员。

我们在 C 村调研期间，遇见多名 90 后返乡青年，他们具有打
工经历与城市生活经验，而农村又是他们的故乡，于是，城市中
的自由恋爱和回乡相亲结婚就成为他们感情生活中的常态。生活
在 80 后的一代大胆追求自由恋爱的轨迹之后，90 后的青年农民工
在感情生活中似乎出现更多的分化，不断的婚恋实践塑造了 90 后
农民工一些特殊的行为模式和观念态度。以 90 后农村青年为新的
婚恋实践主体，我们将这种新的变化趋势称为婚恋技术主义。婚
恋技术主义意味着婚恋祛魅化，男女关系的技艺成为是否能够获
得婚恋的基础，婚恋选择也多秉持理性主义的态度，如此婚恋实
践的结果便是造成了社会中性、爱情、婚姻之间的分离。当婚恋
行为与严肃、责任、规范、禁忌和道德关联在一起的时候，婚恋
不是自由的，是神圣之物；而当婚恋行为日益挣脱道德的束缚，
越来越具有权益性和策略性的时候，婚恋是自由的，一方面技艺
化了，另一方面也被物质殖民了。我们必须正视这种婚恋逻辑的
转变，将农村青年的婚恋行为放在打工经济不断深化的背景下做
情境化的理解，厘清婚恋行为呈现的新变化，解释其社会后果，
讨论婚恋的社会意义。

（一）男女相处的"套路"

恋爱套路是最近几年兴起并被热烈讨论的大众话题，在新生
代农民工群体中影响很大。恋爱套路与恋爱技能紧密相关，也就
是人们所总结出来的表达爱情的方式和各式各样的恋爱技巧，所
谓"撩妹""撩汉"就是典型体现。恋爱套路注重形式和程序，表
现方式多种多样，并且形式不断创新，程序也不断优化。恋爱套
路一旦传播开来便失去了其本身追求新奇、惊喜、时尚、刺激的

感觉，所以它只有不断推陈出新才能无往不胜，这更加剧了它形式化和程序化的特性。在恋爱套路吸引人眼球的同时，男女之间的真情实意被忽略了。产生爱情才能表达爱情，内容和形式最好能够匹配，可是人与人之间口才有高低、表达有深浅、条件有好坏，于是恋爱的成功与否并不一定与爱情的发生同步，现实中有太多"有缘无分""相爱却没有在一起"的情况，由此，恋爱套路便成为不少人提高恋爱成功率的"法宝"。

恋爱婚姻问题关涉男女之间的感情、关系相处、性生活、伦理责任等多个方面。传统上对于婚恋问题的看法多是从道德和规范的层面展开的。例如，在道德上，婚恋男女讲求忠诚，排斥"水性杨花""朝三暮四""第三者""婚外情"等婚恋问题；在规范上，婚恋男女要男女平等、互相尊重、相敬如宾、为对方负责等。我国的文化传统并不鼓励男女之间的婚恋技术，而更加讲求婚恋伦理道德。不过，现今农村90后青年的婚恋行为中越来越凸显了婚恋技术的重要性，甚至形成了一种婚恋套路。

在我们的认知中，男女之间确定恋爱关系是一件非常庄重的事情，而经营一段感情也需要付出很多物质的和精神的代价。而我们在对一些90后青年的访谈中，却分明感受到了他们对于与恋人相处的不严肃和对于男女关系的把玩，能否恋爱成功成为套路的较量。在90后青年男女的相处逻辑中，男青年扣妹子需要技巧，女青年找男友也需要技巧。

小黄，男，24岁，C村人，未婚，他跟我们详细聊了自己找女友与扣妹子的经验，并且叮嘱我们，这个方面还有很多技巧，得会"悟"。小黄曾在广东一家酒店工作3年，其间自己谈过不少女友。小黄说自己在广东酒店的时候女友很多，肯定多于10个，记不清具体几个。他告诉我们，搞得了女孩也是本事。不过，自己与女友一般在一起2~3个月就分手了。谈过这么多女朋友，从来没有交往超过4个月的。问他都通过何种方式和途径谈女友，小黄说方式很多，有的是同事，有的是朋友的同学，成了男女朋友之后就会认识对方身边的女孩子，分手之后转追闺蜜，这些情境都会有。

　　小黄是如何追求女孩子的？他告诉我们，靠两个技能，一个是"哄"，另一个是以金钱为基础的"浪漫"，这两个技能在小黄的恋爱生涯中屡试不爽。通过各种关系和场合，认识并看上一个女孩子之后，首要的任务是打听到女孩子的联系方式，如电话、QQ、微信等，先电话联系，等时机成熟再约出来。小黄说，有的女孩子一分钱不需要花就能"搞定"，有的则需要花钱较多，有的女孩交往一两天就不再联系，也有继续交往成为女友的。而且，小黄告诉我们他追女孩子的一个原则，即如果电话追求一个月还追不到手的话他就会放弃。到现在，小黄已经能够在刚刚认识的时候对女孩做个预判，即这个女孩能否"搞定"。小黄坦言，现在他手里有三个女孩，一个是备胎，另外两个正在追求。备胎是广西某大学的大学生，发生过男女关系。这个备胎是 C 村所在镇其他村的人，与小黄是初中同学，很早之前就曾给小黄写过信，不过后来就没了联系。2015 年又联系上了，备胎曾经暗示过对小黄的好感。联系 1~2 个月之后，小黄告诉她要去她大学所在城市里出差，没地方住，让她帮忙找地方。后来，俩人就一起住了两天，然后他就回来了。小黄说，后面这几个月他们没怎么联系了，小黄似乎对此女并不上心，只是认定："这女孩好哄，随叫随到，可以作为备胎。"除了这个"备胎"之外，小黄目前正在追求另外两个女孩，都是县城的，他在外通过朋友聚会认识，并且要到联系方式，正在进行电话追求，还没约出来。小黄说，等时机成熟了再约出来，他认为只要女孩子愿意出来，"基本都能搞定"。约出来，一起吃饭、唱歌、看电影、游玩，根据女孩子的意愿想怎么玩都行，晚上就会自然地住在一起。小黄所总结的恋爱技巧是，能约出来就约，不约就聊天，看没机会就立即放弃，寻找新的目标。与女孩子相处，一靠哄，二靠浪漫，不过所有的浪漫都建立在金钱基础之上。

　　小黄坦言，自己还认识几个县城里的高中女生，打电话叫她们出来一起玩，她们立即过来。和她们过夜也不花钱，有时请吃个消夜就行，有时也会给她们买些东西，手机、衣服什么的。高中女生爱攀比，一件礼物就能"哄住"。这些女孩子基本都是留守儿童，父母不在身边，没人管。甚至在 C 村所在镇的初中，听说一个 14 岁的初中生经常被轿车接送出去玩，也是留守儿童。

在 90 后青年农民工的生活圈子中，扣妹子并不是什么稀奇的事情。只不过，有的人技能更加娴熟，可以非常容易地得逞，而有的人则在这方面比较迟钝，无从下手。C 村另外一个 26 岁的小伙子小哲告诉我们，他在全镇范围内有几十个熟识的同学和朋友，如果在镇上遇见一个女孩，想要联系方式，他可以很快找到。有一次，他找到一个女孩的联系方式，转交给了另外一个本村对其有意思的男青年，不过这个男青年居然不敢联系，这让小哲觉得好笑，"不知道他怎么想的，不联系当然不会有女朋友了"。后来这个男青年根据父母的意愿在家相亲结婚，小哲则嗤之以鼻，"别人介绍的女孩，自己就要啊？买衣服还要试穿一下，女孩要对胃口才行"。

相亲、介绍是传统的婚姻结合方式，如今在 90 后的青年人看来，它已经日渐缺失合理性了。90 后青年寻找对象的方式和男女关系相处的方式已经高度技艺化了，而且也只有以自身为主体的恋爱实践在他们那里才具有合法性。只是，这种恋爱的"技巧"并不是所有的人都能轻易掌握，而且，技巧有高低，效果有好坏。男女相处的技巧在恋爱关系中凸显，男女青年凭借技巧的高低来彰显自身在恋爱关系中的位置，爱情被技术化。由此造成的结果也显而易见，那些懂得恋爱技巧的人更容易获得恋爱对象，而那些不懂得恋爱技巧的人则成为恋爱市场上的溢出者。

而且，技巧对于男孩来说似乎更为重要，这是因为，一方面，在男女关系相处中，通常男孩更具主导性，恋爱技巧的高低成为关键因素；另一方面，受文化传统影响，现今社会仍旧不鼓励女孩在男女关系中过于主动，女性在恋爱关系中的主动和不断尝试很容易被标签化。总结起来，在男女双向选择恋爱对象的过程中，更为主动的男性在恋爱技巧上的高低就成为能否获得恋爱对象青昧的关键。农民在向我们介绍某大龄未婚青年的时候，经常用到的话语是"他老实，不会说话，不会讨女孩子欢心"。这种理由自21世纪以来成为农村社会光棍产生的最重要的理由之一，这其实是恋爱技巧缺失导致的恋爱困境，也从侧面说明了男女相处的技巧在恋爱关系中越来越重要的趋势。

（二）婚恋选择中的理性

尽管技巧在前期的男女关系相处中越来越重要，不过，当90后面临现实的选择时，他们又更多秉持着理性主义的观念，这种状况尤其是在与80后青年婚恋选择的对比中明显地体现出来。

在我们所调研的C村，村庄中90后女性关于婚恋问题的看法与80后女性的婚恋行为及其产生的社会后果密切相关。C村的一个自然村，80后女孩较多，50多户家庭中基本上每户都有女孩，30多个女孩嫁到本县之外。80后女孩们的外嫁显然与打工潮密切相关，她们这代女孩是村庄中自由恋爱的示范者，是在打工经济的背景下。目前，80后女孩们的婚恋后果已经非常明显，分为三种情况。第一种情况是婚后正常生活，没有传出什么不好的事情。有几个女孩嫁入城市，婆家条件优越，婚后生活幸福，这是村民们羡慕的对象；当然，也有一些外嫁姑娘过得并不好，但是仍旧努力维持正常的婚姻家庭生活，目前还比较和睦。第一种情况在本自然村外嫁的女孩中占据一半的比例。第二种情况是嫁得不好的，婆家距离较远、条件差、生活没有保障，甚至有家庭暴力等各种情况，本自然村约有5个80后女孩外嫁情况不好，其中有3个女孩经过一段时间的婚姻生活又逃回娘家。第三种情况有些特殊，本自然村有3个30多岁仍旧未嫁的姑娘，据说是给别人当情人，都有了孩子，并且落户在C村。

80后青年是打工经济背景下实践自由恋爱的一代人，他们是婚恋革命的主体。不过，在村民看来，自由恋爱的后果却并不总是好的。只有少数幸运的嫁到城市里的姑娘生活尚可，其他外嫁的姑娘在村民看来生活都不理想。远嫁后难得回娘家，娘家的亲属关系几乎中断，而女儿在外过得好不好娘家也很少知道，女孩受委屈了也没人讲没人替她出气。于是，更加年轻的父母很快便看到了女孩嫁到外地后的不良后果，90 后女孩再进行婚恋选择的时候，除了能够嫁给条件优越的城市人之外，年轻的父母基本都会要求女孩选择本地人。

自然村中 20 ~ 26 岁的 90 后女性青年有 11 人，其中有 3 人是大学生未嫁，剩余 8 个中，2 个嫁本村，1 个嫁邻县（打工时候自由恋爱），2 个嫁南宁，1 个嫁外镇，2 个嫁同镇外村。

要么嫁到城市，享受高品质的生活，如果未能如愿，就嫁到本地，尚能享受娘家对自己的照顾和庇护，这是 90 后女孩们普遍的婚恋选择。对比于自由恋爱的冲动与开放，这种婚恋选择更具理性主义成分。而我们对一些 90 后女性的访谈也证实了她们的婚恋理性主义精神。

黄麻是本村媳妇，今年 26 岁。她告诉我们，自己以往在广东打工时谈过一个广东本地的男朋友，她跟父母汇报了，并征求父母的意见，父母认为距离太远，并且男方条件也不够优越，要求她回家相亲结婚，黄麻照做了，如今她已经是两个孩子的母亲了。谈起此事，她竟没有什么遗憾，说嫁在本地挺好的。

与黄麻的经历有些类似，如今 20 岁的小叶正在做一个艰难的抉择。小叶初中毕业后开始在南宁、广东等地打工，2015 年 3 月她在广东认识一个男孩，他们是一个工厂的工人，很快开始恋爱并同居，3 个月后，小叶发现自己得了肾结石，于是辞工回家治病，而男友则继续上班。在家医疗条件差，没有治好病，并且她家条件并不好，也已经没有足够的金钱供她治病了。于是，小叶 8 月又返回广东治病，男友分担了医疗费用，5000 多元。住院期间，一直都是男友照顾，做手术很痛苦，男友一直陪着。男友家在当地的农村，有两层半的楼房，但是没有田地了，是普通家庭，父母也靠打工生活。小叶病情恢复了之后就到一个服装店卖衣服。之后，2016 年春节时小叶回家谈及此事，父母反对她与男友交往。理由是，小叶父母只有两个女儿，姐姐已经出嫁，他们希望小叶

159

能够找个上门女婿，不希望她外嫁。小叶经过考虑，便遂了父母的愿留在家中没有外出了。2016 年 4 月我们找小叶访谈的时候，她仍旧对此事耿耿于怀，她告诉我们，男友对自己很好，住院期间都是男友照顾，不然自己孤身一人在外真不知道如何是好，她本来并没有打算与男友分手，甚至她的一些衣物仍旧在男友那里。不过，过年之后她仍旧决定听从父母的意见，不再去找男友了。她现在的考虑是，如果找到城市里有房有车的对象，就嫁出去；要是对象是农村的，就听从父母的意见找个上门女婿。

很明显，小叶在自己的婚恋问题上是相当理性的，她对婚恋对象的选择除了感情的因素外，自己付出的成本、收益和风险都是她考虑的重点，在诸多因素的博弈中综合决定。

另一个女孩的婚恋情况也很典型。李惠，19 岁，C 村人。2014 年开始到广东打工，至今 2 年，其间李惠开始与男友恋爱。男友是本镇另外一个村的人，以前也认识，他在初中时高李惠两个年级，但是在广东时才开始恋爱，两人同居有 1 年了。2015 年 8 月，李惠与男友一起回乡，在家订婚了。李惠的家境不好，父亲早年出轨一直未归，家中一切事务全靠母亲种田维持。李惠告诉我们，男友家庭条件挺好，已经修了两栋楼房，并且有轿车。2015 年 8 月，男友听从父母对自己的安排回乡发展，李惠也一同回来。回乡之后，双方父母对于彼此都很满意，于是很快订婚。在村民看来，李惠的归宿是最理想的，对方家在本地，并且家庭条件较好，甚至李惠的婚事被一度认为是长期艰难生活境遇的翻转。

婚恋中的理性主义，就是在感情和道德的因素之外，更多考虑了成本与收益的对等、保障与风险的均衡、物质与感情的匹配。这是 90 后女孩与她们的父母在总结 80 后女孩生活境遇之后的理性选择。当然，面对婚姻时的理性选择在女孩子身上体现得更加明显，这是因为，第一，90 后女孩们和她们的父母明白，感情的深浅程度与婚后家庭生活的幸福程度并不必然正向相关，一些远嫁却生活不幸福的女孩就是活生生的例子；第二，相对于男孩，女孩嫁得好坏对自己未来的家庭生活影响更大。因而，面对婚姻，女孩的选择往往更加理性，更加现实。我们也已经在现实中发现这样的情况，男孩恋爱技巧极高，多次恋爱，最终却无缘婚姻。24 岁的小黄就曾经这样反思自己，"谈过这么多女朋友，都因为各种各样的原因无法继续，我们这边经济条件差，外面的女孩子都不愿意嫁来，我几个女朋友都要求我做上门女婿，也真是奇怪"。小黄的困境其实就是面对婚姻时，男女双方的理性主义无法调和而产生的必然结果。

（三）性、爱情与婚姻的分离

婚恋选择时的理性主义，恋爱关系中的套路，这些趋势所产生的最重要的社会后果便是，在男女的婚恋结合中，性、爱情、婚姻三者之间出现了分离。

在婚恋技术主义盛行之前，性、爱情和婚姻是高度统一的，虽然社会中时常会出现一些几者之间相互分离的情况，如婚前同居、婚内出轨等，不过，整个社会主导的婚恋取向还是追求几者的融合统一。然而，这种情况在婚恋技术主义盛行之后很快被打破了。男女之间"一夜情"、"玩玩"、恋人、结婚对象这几者是被严格区分的，它们有自己的标准。甚至，社会上还专门创造了一个词——"炮友"来指代性伙伴。

24 岁的小黄认为扣妹子分两种情况，一种是认真恋爱的女朋友，另一种是寂寞时"玩玩"的玩伴。在小黄看来，"能够一起居住、一同吃喝、认真相处的才叫女朋友"。小黄谈过多个女友，基本都是相处几个月之后因为各种情况而分开。其中一个女友叫小燕，是小黄在广东打工时所在酒店老板的侄女，小燕是湖北人，趁着暑假来叔叔的酒店里帮忙。刚来的时候，小燕无聊，小黄就带她上网玩，两天之后俩人就住一起了，两个月后发现小燕怀孕了。小黄问小燕想怎么办，小燕不知道，后来小燕的父母来了。小燕父母找小黄谈，他们希望小黄做上门女婿，与他们一起回到湖北，因为小燕是独生女，父母在湖北做钢铁生意。小黄说自己不可能同意，因为父亲也只有他一个儿子。小黄说，"小燕人很好，怎样她都不会闹。但是她爸太凶，要杀人似的"。结果是他们谈崩了，两人分手，小燕流产，其中没有任何经济赔偿，以后也没联系了。这是小黄对于自己以往所有"女朋友"中印象较深的一个，原因是他第一次遭遇如此吓人的"逼婚"，而自己居然赤手空拳打了回去。当初因为无聊而在一起，意外怀孕，什么都没有准备，什么也不愿意付出，生活只好将两人打回原点，各自回归自己的生活轨道。

年轻的男女成为恋人，其中伴随着感情的付出与伦理上的责任，并且要为两人感情的结果买单。而在小黄的案例中，我们发现，男女朋友之间变成了一起居住、一起吃喝、一起玩乐，因为无聊而在一起，又因为彼此不妥协、不愿意承担后果而分手。在一起的时候不够谨慎，分手的时候不承担责任，甚至女方父母的参与都不能有效处理怀孕的后果。这个过程，小黄的父母甚至一点都不知情。这是一个悖论，能够轻松地运用恋爱套路找到女朋友，却不能友善、幸福地走下去，每次恋爱都不超过4个月，小黄的这种恋爱困境也代表了相当一部分90后年轻人所面临的情况。

"女朋友"尚且如此，那些"玩玩""一夜情"的女伴就更不会负任何责任了。

小黄在酒店工作的时候也有过"一夜情"。有一次酒店招聘员工，小黄参与招聘工作，其间一个女孩看小黄的眼神总"怪怪的"，招聘结束后彼此留了联系方式，当晚女孩便主动约小黄。酒店的七楼是客房，女孩约小黄到七楼住了一夜，随后小黄付了房费，第二天各干各的工作，见面也不说话，像陌生人一样。后来小黄听说女孩已经定亲，有未婚夫。于是他确定，"是她玩我！"后来女孩又电话联系小黄，小黄没有理会，说"她又想玩我！"

"玩玩"与谈恋爱，这两种状态90后的年轻人分得很清楚。对于一起生活居住的女友，尚能享受彼此之间的陪伴和关照；而对于"一夜情"的玩伴，临时起意，随时结束。爱情与责任分离，性与责任也分离。

如果说爱情和性分离，在谈到结婚的时候，一些现实的考虑又摆在眼前。结婚的时候要考虑房子、彩礼、未来的事业发展和生活预期，当这些现实的因素不能满足90后年轻人的预期时，他们不会轻易走进婚姻。而当他们走进婚姻之后，结婚也不能成为"不玩"的理由。已婚的男人找初高中女生出来"玩"并不是什么稀奇的事情，已婚在外打工的男人与另一个已婚女人临时"搭伙过日子"也较常见。

如此，性、爱情与婚姻之间出现了性质上的分离，性满足青年人生理上的乐趣，爱情是他们精神上的享受，而婚姻则是他们面对现实时的理性选择。生理层面、精神层面和现实层面可以统一为一个完整的人，而三者的分裂则将人的行为多面化，在社会层面则表现为婚恋模式的多样化，婚恋关系在这种分裂中丧失了神圣性和正当性，而蜕变为一种套路。

四　工厂恋情

FSK中的新生代农民工在工厂的情境中实践着"爱情快餐"，这是一种既不同于农村的婚恋规范，也与城市中的自由恋爱有所区别的特定模式；而广西农村中的90后却在享用着"婚恋技术主义"，这是"爱情快餐"在农村社会的进一步延展。如何理解工厂恋情兴起带来的"爱情快餐"及"婚恋技术主义"呢？

（一）"爱情快餐"

在新生代农民工所在的工厂情境中，所谓自由恋爱、爱情、亲密关系，都有了特定的运作轨迹，我们将其特质归结为"四化"，即短期化、物质化、套路化、祛魅化，由此，"爱情快餐"在新生代农民工群体中已经快速兴起。

短期化是指男女之间建构恋爱关系的过程越来越短、越来越直接。"认识三天就敢表白"，"追求一个月不回应就放弃"，这些言论已经成为相当一部分新生代农民工对待建构恋爱关系的共识，并且，已经建构恋爱关系的男女也不再那么谨慎，我们曾在前文中论述了一个农民工小黄的故事（宋丽娜，2016），小黄说自己谈过 10 多个女朋友，每次恋爱都不超过 4 个月，每次都由于志趣、生活方式、性情、经济压力等各种原因分手。建构恋爱关系很简单，分开也很简单，短期化成为年轻农民工自由恋爱越来越明显的趋势。短期化的背后是新生代农民工恋爱预期的变化，他们越来越不愿意为了爱情而等待与付出，理由是他们害怕付出精力与时间之后仍旧一无所获。受制于客观的工作环境与家庭背景，新生代农民工越来越承受不起恋爱风险，其背后的理由是农民工群体在整个社会中的底层位置与他们整体上的自卑感，于是他们的恋爱选择和恋爱行为越来越直接、短期。

物质化是指自由恋爱中越来越凸显金钱和物质的重要性。自由恋爱讲究自由，既是对于感情的自由，也是对于物质的自由。问题在于，通过物质的方式来表达感情是最显而易见的，追求爱情的过程很大程度上被物质所包裹。自由恋爱发生在休闲娱乐场所，必然伴随着消费；自由恋爱中的"小惊喜""小浪漫"往往也由物质堆砌；日渐流行的"情人节""纪念日"等也总少不了礼物的流动。这些都是自由恋爱要付出的物质成本。要想谈恋爱，首先要有经济基础，这已经成为不少新生代农民工的共识。

在短期化、物质化、套路化的条件之下，自由恋爱的祛魅化成为必然。自由恋爱增加了时间成本和精力成本的算计，就很难维系爱情的天长地久；用物质堆砌起来的"小惊喜""小浪漫"变成了消费的游戏，就缺失了爱情中该有的心心相印与彼此爱恋；过于注重形式和技巧的恋爱套路，提高了恋爱成功率，却日益失去爱情的神圣与光芒。爱情祛魅化意味着爱情不再位于神坛之上，不再与谨慎、忠贞、责任、禁忌和道德关联在一起，而只成为俗世中的一段生活形态而已。

在流水线上，新生代农民工群体正在制造并经历着"爱情快餐"。他们的爱情"短、平、快"，有着标准化生产的路径与套路，也有着特定的物质标准。这种"爱情快餐"迅速兴起，日益成为新生代农民工亲密关系的主要形态之一。

（二）婚恋套路

　　婚恋套路意味着，技术因素成为影响婚恋关系和婚恋行为的最主要因素，婚恋关系中的技巧成为区分恋爱市场上得意者与失意者的鸿沟，婚恋选择时的理性主义是婚恋套路的重要体现，婚恋套路最直观的后果便是性、爱情与婚姻之间的分离。这几方面在90后的婚恋实践中高度融合，共同组织成为婚恋技术主义。婚恋技术主义的盛行不禁让我们重新思考婚恋的意义。

　　爱情和婚姻给予人们丰富的人生体验，自古都是文人墨客谈论的焦点，也是社会科学家们常谈常新的话题之一。其中，爱情、物质、相处方式、性关系、伦理道德等几个方面的元素是人们话题的焦点。90后农村青年的婚恋观很大程度上已经不同于以往社会对于农村青年的建构，男女相处建立在一定的物质水平之上，懂得花钱，又懂得哄女孩的男人一定会在恋爱市场上风生水起。结婚了也可以出来"玩"，性与婚姻也分离了。爱情失去了神圣性，变成了"玩"与"相处"的混合，以物质利益为基础的"浪漫"的比拼。"玩"得多了，就不懂什么是爱情了，没有了爱情的朦胧之美，只剩下趣味是否相投、条件是否相配的算计。爱情中缺少了付出，缺少了期待，缺少了彼此之间的关系调适与未来预期。这样的90后，恋爱时的懵懂与纯洁，苦心经营婚姻的心情，对一个人深入谷底的思念与付出，都是他们所不可理解的。爱情有时候会成为一个人的精神寄托，一个人会成为另外一个人的全部世界，一个人活着也许就是要为另一个人付出，这样的爱情在性滥觞之后便不会存在。爱情成为游戏，也成为相处的技艺，成为逢场作戏，更成为相互之间利益算计的场域。于是，"一夜情"变成了普遍，扣妹子变得流行，他们才会说"玩玩"而已，才会说被别人"玩"，才会将"玩"与"相处"截然分开，才会知道所有的浪漫都建立在物质基础之上，才会要我们"悟"扣妹子的技巧。原来，爱情只是一种建立在物质上的套路，套路有高低，结果有好坏。

这样的婚恋实践产生了至少四个方面的社会后果。第一，婚恋实践的后果分化。在远离了父母监控的异地，男女之间的恋爱没有责任，没有规矩，男女之间的相处逻辑变了。开放、缺少禁忌和不断尝试的恋爱价值观，浪漫化和物质化并存的相处逻辑，性与爱的分离，将恋爱行为本身从弥散分布状态转变为日趋集中分布，即恋爱更可能发生在那些掌握恋爱技巧的人群中，而恋爱技巧缺失者很快会在恋爱的场域中边缘化。第二，责任意识淡化。不管是在恋爱时期的关系相处中，还是在婚姻生活中，责任意识都在淡化。不是一经发生性关系、确认恋爱关系或者婚姻关系就要承担责任，在 90 后的婚恋实践中，责任似乎是理性的，是双方博弈并且共同接受的结果；再加上，责任意识与道德评价脱钩了，没有道德层面的监督，承担责任与否就完全成为理性的选择。第三，婚恋经营弱化。男女关系相处本是一个长期经营的过程，其中要相互沟通、协调，也要彼此宽容、妥协，更要相互尊重、相互坚守的决心；而在婚恋技术主义之下，男女关系相处变得"短、平、快"，确定恋爱关系和分手都很容易，少有道德和责任的牵绊，也失去了长期经营的条件与耐心，婚恋变成了趣味是否相投的选择、条件是否合适的算计。第四，婚恋价值观个体化。在我国的文化传统中，婚恋不仅仅是男女双方个人的事情，也是两个家庭甚至两个家族的事情，而且婚恋的价值和道德要受到社会舆论的监督。与婚恋技术主义同时兴起的，是婚恋价值观个体化趋势。婚恋越来越成为年轻人自己的事情，他们自己选择恋爱对象，自己决定婚恋模式。在 90 后的意识里，婚恋只关涉自身的生理、心理体验，与他人无关。

以婚恋套路为基础的婚恋技术主义是婚恋实践逻辑转变的本质，以 90 后青年为实践主体。婚恋技术主义日益盛行，这提醒我们，必须拓宽对农村青年（特别是农村 90 后青年）婚恋行为的认识路径，深入分析其实践机理，建构一些有经验基础的理论框架，从而为理论回应现实提供基本的智力支持。

（三）婚恋变革

如果说 21 世纪的前十年，由打工引发的自由恋爱成为潮流，那么在 2010 年之后，已经进入了"后自由恋爱"时代。打工背景下的自由恋爱引发了农村社会的婚恋革命，其直接的社会后果就是造成了跨省婚姻的大量存在。最近几年，由打工经济兴起引发的自由恋爱的负面后果越来越多地呈现，新生代农民工和他们的父母都在适时调整自家的婚恋策略，"后自由恋爱"时代已经初见雏形，其中"爱情快餐"和"婚恋技术主义"就是其婚恋形态的典型表达。延续了"自由恋爱"时代和"相亲"时代的特征，今日新生代农民工的婚恋已经不能简单说是传统还是现代了。自由恋爱的甜蜜很快过去，缔结婚姻的男女总要面对生活的琐碎和房子与金钱的考量。感情当然很重要，有质量的生活却是基础。如果因为婚恋，自己的生活质量提升一个层次，这自然是好，可是若因为婚恋，自己的生活质量需要降一个层次，这多少需要一些勇气和力量才能承受。在"后自由恋爱"时代，感情已经成为一个理所当然的基本因素，而金钱所代表的一切才是重点，并且社会流动的加剧和理性化的增长，都将恋爱男女置于一个充满风险的恋爱环境中，婚姻都不必然是一个靠谱的保障，更别说恋爱了。新生代农民工就是在这样一个不安全的环境中小心翼翼地谈着一场说不定又说不清的恋爱，他们享受"爱情快餐"和婚恋套路的同时，一方面要保卫自我，另一方面也在追求确定性，可是结果总是不尽如人意。

打工经济兴起前期的"自由恋爱"时代是 80 后年轻人的天下，而"后自由恋爱"时代则是 90 后的天下。80 后打工青年是婚恋变革的第一代，他们远离了父母和家乡，在打工的异地建构了自由恋爱的合法性，这是一种"浪漫革命"，他们生活在关于爱情的幻想与神话中，他们的恋爱多多少少都带有一些文艺的成分，也带有一些理想化的信念。可是很快，"自由恋爱"时代带给这代年轻人的后果日渐呈现，少数幸运者享受到了自由恋爱的甜蜜和幸福，而不少人却承担了自由恋爱带来的负面后果（如跨省婚姻后遗症、离婚、逃婚、光棍等问题），并且仍旧有不少 80 后打工青年需要在父母的安排下按照传统的礼俗缔结婚姻。多数 80 后打工青年，要么在现实境况中逐渐被婚姻市场抛弃，要么妥协于传统礼俗。

紧随 80 后，90 后打工青年很快便进入了婚恋实践之中。在 90 后的生活经验中，多地辗转打工已经成为他们的常态。这种以流动为常态的生活和工作经验已经渗透进他们的行为模式，成为他们人格的一部分。我们对于 90 后打工青年婚恋行为的调研表明，他们正在享用着无固定时间和无固定情境的"爱情快餐"。备胎，蓝颜知己，女闺蜜，男闺蜜，聚会，暧昧，玩，搭讪，暖男等，这些词语是 90 后的流行语，也从侧面反映了他们婚恋实践的特征。90 后打工青年对于爱情的浪漫想象已经退却，取而代之的是恋爱技能和恋爱套路，发生在休闲娱乐场所的爱情，以物质为基础的浪漫，这些都是 90 后打工青年正在经历的爱情场景，这是一种婚恋技术主义。婚恋变革的第二代，生活在流动的爱情情境中，要么把玩爱情把玩自己，要么被物质殖民。

新生代农民工的城市婚恋生活完全不同于农村。工厂的社会情境让流水线的生产模式延展到了婚恋领域，"爱情快餐"正不断被标准化地制造出来，其中彰显了婚恋技术主义的兴起。显然，在以上的情境中，自由恋爱的逻辑不断向前延展。新生代农民工在处理自由恋爱中的感情问题、距离问题、礼物问题、娱乐问题、物质问题等的过程中进行主体性实践，将自由恋爱的情境不断向前推进。于是，城市中的自由恋爱也呈现了明显的阶段性，以 80 后为主体的婚恋变革的第一代更加看重自由恋爱中的感情，感情就是意义本身；而 90 后则将感情不断推演，恋爱的过程就是意义。

第六章　婚恋价值变革

新生代农民工的婚恋在形态、路径和社会运作机制层面都出现了变革趋势，形态多样、婚恋路径重组、婚姻市场重构、工厂恋情兴起。伴随着这一系列变化的是婚恋价值变革。从个体层面上看，婚恋价值是具体婚恋行为的指引；从社会层面上看，婚恋价值与其周边的社会情境相契合，当婚恋价值出现变革的时候，往往也就意味着其周边社会情境出现了重要的变化。因而，我们可以从两个层面来理解婚恋价值变革，一个是从新生代农民工自身的婚恋行为逻辑上看，另一个则是从婚恋情境所营造的价值联动上看。婚恋风险的发生与变化趋势是观察婚恋价值变革的窗口，而婚姻失败的逻辑就是婚恋价值的极端化。

本章中，我们将从婚恋风险的呈现方式入手，分析婚姻失败的逻辑，在婚恋风险和婚姻失败的解读中获得婚恋价值变革的具体意涵；进而，我们将婚恋价值变革放在农民人生任务的框架中来理解，将婚恋价值变革的逻辑用于解释体验式婚恋的兴起。

一　婚恋风险及其呈现方式

新生代农民工的婚恋风险最为大众关注的是其婚姻风险，如闪婚闪离、临时夫妻、光棍等。婚姻风险以能否获得婚姻和能否维系婚姻为主要表现形式。而事实上，新生代农民工的婚恋风险不应该只是从婚姻的获取层面来考察，婚恋是一体的，前期的恋爱与后期的婚姻生活相互关联，不可分割。新生代农民工的婚恋有三要素，感情是基础，婚姻是契约，物质是保障。本书根据现实经验的呈现将新生代农民工的婚恋风险操作为三个层面：感情风险、婚姻风险、物质风险。

（一） 感情风险

西方现代性对于婚恋生活的改造就是确立了感情在婚恋生活中的合法性，即婚恋中的感情才是最大的道德，这也是西方社会"浪漫革命"的实质内涵。自从 20 世纪末期打工经济兴起以来，感情在农民婚恋生活中的合法性也日益建构起来。如今，"没有感情的婚姻是不道德的"，已经成为社会大众的共识。感情是婚姻的基础，感情风险是婚恋生活中的基础性风险。新生代农民工的感情风险贯穿于他们婚恋生活的始终。婚前的恋爱期以感情的获取和维系为主要线索，感情风险多集中于此时；婚姻是对于感情的正式契约，由于有了契约的作用，婚后的感情问题往往以婚姻风险的形式表现出来。

就经验现象而言，感情风险往往以以下几种方式呈现。

第一，有无感情的困惑。

打工经济兴起之后，新生代农民工更多地接触并实践了自由恋爱，一定程度上挣脱了父母对于自身婚姻大事的干预，这个过程伴随着新生代农民工对于自由恋爱的合法性建构，这便是感情的问题。自由恋爱是自己选择恋爱对象，彼此之间的感情更好；而相亲则多受到父母长辈的干预，感情不一定很好。打工的过程其实也就是对新生代农民工进行婚恋教育的过程，其核心是强调感情在婚恋关系中的核心地位。

在打工过程中受到了婚恋教育的浸染，新生代农民工在自身的行为中多会产生"有无感情的困惑"，特别是在农村进行的相亲中，他们的表现多不积极。在不少新生代农民工看来，通过父母的安排来相亲，彼此之间没有相处，也就没有感情基础，只是进行家庭条件的算计和物质上的交换，这种没有感情基础的婚姻结合是被相当一部分新生代农民工所唾弃的。例如，"别人介绍的就要啊？买衣服还要自己试穿一下呢！"有一位新生代农民工曾经向笔者叙述了自己的观点，"我的一位朋友被父母安排相亲结婚，自己没有一点意见，婚后天天吵架、闹矛盾，这样的婚姻我宁可单身也不要！"

新生代农民工在选择婚恋对象的时候对于有无感情异常在乎，在婚恋维系的过程中对于感情的表达也很在乎。感情的表达在自由恋爱中需要通过彼此相处、休闲娱乐活动等表达出来，需要通过"小惊喜""小浪漫"来获取，需要男人的"甜言蜜语"和女人的"有趣"。婚恋关系中的感情具有两重属性：表达性和责任感。在以感情为主要诉求对象的婚恋逻辑中，感情的表达性凸显，对于责任感的强调反而不足，甚至有时候表达性与责任感是相互冲突的。感情表达的方式被城市文化塑造，有一定的经济基础。进入城市务工的新生代农民工很快被城市中的感情表达方式吸引，并且试图模仿城市中的方式。这与传统农村婚恋关系更加强调责任感很不同，因为强调责任感很可能会在一定程度上忽略感情的表达性。于是，我们在经验中发现，一些新生代农民工在农村已经定亲，但是在城市的务工生活中又自由恋爱，他们往往将两者对立起来，对于自由恋爱的对象有"情投意合"的感情基础，而对于在家的相亲对象则又不想违背责任感。因而，新生代农民工很可能会产生感情"表达性"和"责任感"对立的困惑。

在城市文化中，自由恋爱以感情为基础，有感情才有责任，这个系统是统一的。在农村文化中，婚姻是"父母之命，媒妁之言"，一旦缔结婚姻，便是"合两家之好"，便具有了责任感，这个系统也是统一的。问题在于，新生代农民工接受了城市文化中对于感情的强调，他们便将农村社会的婚恋统一性打破了，农村社会对于婚恋关系的一系列社会设置便成为"形式"，具有了压迫性。于是，有无感情便成为不少新生代农民工在婚恋关系中面临的真问题。

第二，真情假意的迷惑。

尽管多数新生代农民工在理念上接受了城市中以感情为基础的自由恋爱模式，然而他们囿于自身的经济基础，并不能完全实践一套统一的自由恋爱模式。上文提到，城市文化中，有感情才有责任，这条婚恋路径也是统一的。新生代农民工可以认同感情，但在自身的生活情境中承担起感情的后果和责任并不容易。正是因为承担责任不易，这种情况反过来又会影响新生代农民工对于感情的判断，即感情到底重要吗？女人都是物质的吗？当他们无力承担自由恋爱的后果时，就很容易在这种感情与责任的不统一中，将感情和物质对立起来而产生真情假意的困惑。

一位男性新生代农民工告诉我们，"打工 10 多年的时间让我明白了，外面的女孩儿都现实，没有钱什么都不要谈！"而有些女性新生代农民工却告诉我们，"外面的男孩都不靠谱！"在打工的场域中，男性感叹女性的现实，女性则对男性的真情假意感到困惑。虽然有不少新生代农民工在城市中自由恋爱成功，但是也有不少新生代农民工在这条自由恋爱之路上伤痕累累。很显然，新生代农民工的城市自由恋爱，掺杂着太多的负担，比如经济条件、浪漫的表达等，使得这种自由恋爱常常受伤；而这种负担也让感情本身不够纯粹，其中的真情假意更加难以辨认。

第三，朝三暮四的不安全感。

朝三暮四是对感情的极大伤害，而在远离乡村社会的流动生活中，朝三暮四的情况却屡见不鲜。我们在新生代农民工的访谈中听到过多个关于朝三暮四的例子，有人在打工地频繁更换男/女朋友，或者同时谈了不止一个男/女朋友，有人家里有相亲对象（或者妻子/丈夫），在外也有男/女朋友，等等。这些对于感情不忠的案例虽然是少数，但是在新生代农民工中产生的影响是极坏的。

新生代农民工远离家乡和父母，也就是远离了乡村社会的规范和父母的监控，在陌生的城市中，一些个人条件较好的人（能说会道、会关心人、会制造浪漫等）更容易谈恋爱，并且由于缺少监控和惩罚措施，他们很可能谈了不止一个男/女朋友。因而，这种婚恋的乱象是与打工生活的流动情境密切相关的。然而，它一旦产生便对整个新生代农民工群体产生极坏的影响：这种自由恋爱只讲究婚恋技巧，不讲究责任和道德，其产生的后果很不好，这对于多数对感情和婚姻尚存有一定道德和责任期待的人来说是巨大的冲击，他们会担忧自身的婚恋关系是否将会面临同样的困境，由此，不安全感在新生代农民工群体中滋生出来。

新生代农民工群体由于经济基础有限，对于婚恋关系的确定性追求更加明显，对于婚恋确定性也更加敏感。因而，当他们面对朝三暮四的婚恋乱象时，他们在现实中可以接受，但是在观念上无法认可。新生代农民工周边的社会系统并没有给予这种婚恋乱象以合理的解释，或者做出道德判断，这使得新生代农民工的婚恋观念产生一定的紊乱。这是因为，一方面，他们自己渴望爱情而不得，但是一些人通过婚恋套路轻易获得爱情却不加珍惜；另一方面，这些人对于感情的不负责与不道德并没有受到任何指责和惩罚，他们的结局往往并不差，这更加使得相当部分的新生代农民工的认知困境加深。

以上这些就是新生代农民工面临的感情风险：有无感情的困惑，真情假意的迷惑，朝三暮四的不安全感。这些感情风险的典型存在于城市打工的自由恋爱中，农村由于有各种婚恋规范并且父母强干预，所以农村社会的感情风险并不凸显。总结起来，在新生代农民工的生命历程中，城市流动生活给予他们感情体验的同时也赋予了他们相应的感情风险，这种感情风险与新生代农民工的经济基础有关，与自由恋爱的特性有关，也与社会规范的强度和父母的监控有关。尽管这些感情风险在新生代农民工群体中并不普遍，但是由于感情的核心作用已经得到确认，其所引发的社会认知和观念态度不断扩散，从而形成了群体性的感情困惑。

（二）婚姻风险

相比于感情风险，由于婚姻有着正式且固定的契约形式，所以婚姻风险更为大众所关注和讨论，较为常见的有光棍、跨省婚姻、闪婚、早婚、离婚、逃婚、临时夫妻、婚外情等。通常意义上，婚姻风险是指能够威胁到婚姻稳定和存续的一系列事件或者生活形式。婚姻风险是婚姻生活中的非常态，对于婚恋秩序是极大的挑战。然而，尽管如此，婚姻风险却是常见的，只要有婚姻的地方就会有婚姻风险，所不同的是，在特定的社会转型期和打工经济背景下，新生代农民工的婚姻风险一方面以前所未有的速度爆发，另一方面则呈现了异常复杂且特定的表现形式。

光棍是婚姻风险的最主要形式，即长时间丧失婚姻生活。在打工经济兴起之前，乡村社会的边缘人口——如身体和精神上有问题或者性格上有严重缺陷等，会成为光棍。在打工经济兴起之后，全国婚姻市场形成，婚姻流动加速。第三章中我们已经论述，在婚姻市场的运作下，一些贫困边远地区的条件较差的新生代农民工就有较大概率成为光棍，从而在特定地区形成一个规模庞大的光棍群体。这个光棍群体一旦形成，便会日益构造出属于自身群体特征的行为模式和意识形态，不仅会对既有的婚恋秩序提出挑战，也会对整个社会的稳定团结产生重要的影响。因而，光棍的风险不仅是对个人失婚的焦虑，也是乡村社会甚至整个国家的社会问题的体现。

跨省婚姻、闪婚、早婚、离婚、逃婚、临时夫妻等，是在打工经济的背景下产生的特殊婚恋现象。这些现象本身并无道德意涵，它们都是在特定的社会条件下产生并运作的，对乡村社会和新生代农民工群体本身产生了或好或坏的影响。

跨省婚姻是在打工地自由恋爱并缔结婚姻，由于夫妻双方来自不同的省份（或者地区），他们原本不在同一个婚姻圈中。跨省婚姻是一种婚姻结合的形式，然而，这种形式可能会产生一些特定的社会效应。比如，跨省婚姻的夫妻双方来自不同的地域，他们在语言、生活习惯、文化风俗等各个层面都不一样，因而他们在共同生活中有着更多需要相互协调和相互适应的情况，并且很可能因为无法协调和无法适应而产生矛盾，矛盾升级而引发婚姻危机。跨省婚姻也往往意味着女方要远嫁他乡，因为距离遥远，女方娘家的亲属关系很可能在日常生活中的作用不大。而在传统农村社会中，"结一门亲家"也是婚姻结合非常重要的功能，亲家能够在日常生活体系中发挥重要的作用。如此，一方面，远嫁的女方需要独自一人面对婆家和适应婆家；另一方面，婆家也并不能指望通过亲家获得自身所需的资源和帮助。我们在调查经验中发现，不少跨省婚姻的结局并不好，这是因为自由恋爱的时候只讲究感情，可是婚姻生活中面对的是日常性的生活琐事和诸多的不适应、不协调，于是不少农村地区都有"外地媳妇逃跑"的案例，即外地媳妇在男方家生活一段时间后不适应，因为生活琐事引发矛盾升级，从而导致女方逃离的情况。在我们调研过的河南驻马店农村，当地农民有着非常牢固的"外地媳妇不牢靠"的观念，即来自农民对于外来女性逃离婚姻的认知。

闪婚是新生代农民工在过年前后很短的时间里即完成婚姻大事，早婚则是在父母的推动下 20 岁以前便结婚生子。闪婚的主要问题在于男女之间在婚前的相处不足，感情基础不牢，彼此的婚恋磨合很成问题；而早婚的主要问题在于年轻人还未成熟便已结婚生子，他们很难担负起婚姻生活中要面临的问题与挑战。闪婚和早婚并不必然出现问题，然而它们增加了婚姻出现问题的概率。在经验调查中，我们也发现了农村社会中存在不少由闪婚和早婚引发的婚姻问题，如婚后夫妻闹矛盾、年轻的夫妻不承担家庭责任，甚而引发婚外情、逃婚或者离婚。

临时夫妻是在打工地发生的特殊婚恋现象。在外打工的男女临时结成夫妻共同生活，降低生活成本、共同面临社会风险，但是又不必为彼此负责任，也很少会影响自身的婚恋状况。临时夫妻满足了男女双方一时的功能性需求，如生理需求、情感慰藉、生活扶助等，但是临时夫妻的形式威胁了男女之间的情感秩序，也威胁了社会婚恋道德。

跨省婚姻、闪婚、早婚、临时夫妻，都是在打工经济的背景下，由于新生代农民工的流动生活而做出的特殊婚恋安排。这些婚恋安排有对于婚恋结合方式的描述，也有对于婚恋结合的时间限制、对流动生活的描述等。它们都不同于农村传统的婚姻模式，都在不同层面对于既有的婚姻秩序形成挑战，对于婚姻道德形成冲击。这些不同正是影响新生代农民工婚姻风险的主要因素，而逃婚和离婚则是婚姻风险的直接体现，即跨省婚姻、闪婚、早婚、临时夫妻等，其特殊的婚姻形式而容易引发婚姻生活的不协调与不适应，以及对婚姻责任和婚姻道德构成挑战，从而导致逃婚或者离婚。这种特殊的婚恋安排也正是近年来引发农村离婚率不断上升的重要因素。

（三）物质风险

由于物质要素而引发婚恋危机也是常见的婚恋风险之一。对于新生代农民工来说，他们多数依赖于打工收入，通常情况下经济水平有限，这构成了他们婚恋生活中物质风险的基本底色。新生代农民工的婚恋主要面临三个层面的物质风险：物质匮乏、物质淹没感情、物质界限不明。

物质匮乏引发的婚恋风险是指由于经济条件有限，很难支付得起恋爱的成本与缔结婚姻的成本，或者由于物质匮乏而破坏了男女之间的感情体验，婚恋生活无法维系。在 FSK 调研期间，我们听到不少新生代农民工强调物质重要性的言论，"外面的女孩儿现实！""在外打工，没钱没房，没有女孩儿会愿意与你恋爱的！"有位 25 岁的男性为自己设立了这样的目标，"我要先挣到 100 万元，这样才开始找女朋友，这是我为自己设定的目标！打工 10 来年了，我很清楚，没有钱没有人愿意跟你！"在寻找恋爱对象的时候物质基础很重要，在谈婚论嫁的时候物质就更重要了。我们在农村调研期间也有多个案例，因为家庭条件差，婚姻生活出现各种各样的问题，最后以逃婚或者离婚收场。这在下节关于婚姻失败的案例中将有具体分析。

物质淹没感情的情况多体现在婚姻生活中。由于经济条件和物质基础的诸多问题而引发了争执、矛盾，进而破坏感情，造成婚姻破裂。物质界限不明则多体现在夫妻之间、代际，以及其他家庭成员之间的物质交集上。新生代农民工由于流动生活而形成了远比传统家庭更为复杂的经济收入管理模式。年轻人常年外出务工，通常情况下，夫妻的经济收入归夫妻支配，父母在家务农带孩子，这样，整个家庭往往形成两个经济核算单位。然而，问题在于，两个经济核算单位往往对于财务的管理理念和消费观念很不同，由此会引发一些矛盾冲突。比如，在谁管家的问题上可能会产生问题，年轻的夫妻在挣钱的意愿和努力上与父辈的认识不同，在选择工作的诸多问题上的认识不同，抚育子女的成本由年轻人还是父辈支付依然是模糊不清的，在大件消费上家庭成员之间容易产生分歧，等等。家庭生活中的物质安排需要一定的秩序，然而，秩序如何达成却是问题，是按照父辈当家的模式还是年轻人当家、妇女当家？一方面秩序的达成并不容易，另一方面是遵从秩序还是进行合理化算计，抑或民主决策，这都是问题。因而，在这些问题不断出现和解决的过程中，婚姻生活也许建构了良好的秩序，但是也许会让问题累积并扩大以至于无法收拾。由此，物质可能会淹没感情，物质界限不明在婚姻家庭生活中就成为现实问题。

新生代农民工的婚恋风险既有普遍性的一面，也有特殊性的一面。普遍性在于婚姻生活中共同面对的感情问题、物质问题等，特殊性则在于新生代农民工的流动生活导致了一些特殊的婚恋问题，婚恋风险以一些特殊的形式得以呈现。

二　婚姻失败的案例分析

婚姻失败是婚恋风险的一个极端形式，是婚恋关系破裂的标志。婚姻关系在法律层面是一种契约，在社会层面是一种秩序建构，在文化层面是一种道德观念。婚姻失败则意味着男女的夫妻关系解约、婚姻秩序无法建构、婚姻道德解体。新生代农民工由于特殊的情境性因素，其婚姻失败的案例也呈现独特的社会意涵和价值意涵。

我们将以在河南省上蔡县 D 村的调研为例来讨论婚姻失败。据不完全统计，2000 年以来，D 村 40 岁以下的新生代农民工中有 24 户家庭发生了离婚或者逃婚，有些家庭还不止一次。这些婚姻失败的案例都发生在 2000 年以后，除了 3 例特殊情况之外（1 例女人精神有问题被男人退婚，1 例四川媳妇被其父母带走，还有 1 例骗婚），其他 21 例都是在本地婚姻市场和外出打工的背景下发生的，呈现以下三种类型。

（一）家庭贫困引发的逃婚和离婚

贫困的家庭在女人逃婚上高发，也时常伴有女人出轨的案例；处于贫困边缘的家庭一旦遇到重大变故，如大病、男人坐牢等情况，很可能会引发女人逃婚。这样的家庭一旦婚姻破裂，男人就很难再婚（见表 6-1）。

表 6-1 D 村家庭贫困的婚姻失败案例

序号	姓名	年龄	家庭条件	婚姻状况	备注
1	小刘	30 岁	贫困，父亲患病去世，儿子患白血病	离婚	1 个 8 岁儿子患病
2	小王	30 岁	贫困，公公坐牢，丈夫也坐牢	在丈夫坐牢 1 年后逃婚	
3	小高	20 多岁	贫困户，父亲因为白血病去世，与奶奶一起生活	第一任妻子因为穷逃婚，现与一广西女人生活	
4	小山	40 岁	贫困，身体不好，不能劳动	妻子因为贫困出轨，离婚	儿子 12 岁
5	小潘	38 岁	贫困，坐过牢	两任妻子都因为贫困逃婚	
6	小四	31 岁	贫困，女儿生病花费大	因为患病花费闹矛盾离婚	女儿被女方带走

贫困往往与家庭成员患病、劳动力不足等联系在一起，也可能与消费不足联系在一起，这些具体的困难都可能对婚姻造成冲击和创伤而引发离婚，婚姻失败也往往是家庭条件差、家庭环境复杂的体现。案例 1 中，小刘母亲，50 岁，女，丈夫因病去世，花费不少。两个儿子，大儿子 30 岁，育有一子，8 岁，患有白血病，住院几次，大儿媳（本地人）不堪忍受困苦的家庭条件而离婚，如今大儿子单身；小儿子外出打工，媳妇及儿子身体都不好，

有病在家。如今一大家人住在一个院里。其他家庭也有着与案例 1 类似的困难家庭条件和复杂家庭环境，这种家庭中的婚姻关系往往要承担更多的家庭责任，也很可能会因为家庭困难而难以维系婚姻。案例 3 中，小高前妻因为家穷逃婚。小高的爷爷因为心肌梗死去世 10 多年，贫困户。小高爷爷有两个儿子，大儿子是泥工，已婚分家；二儿子因为白血病去世几年了，留下一个孤儿，与小高奶奶生活在一起。小高 20 多岁，原本找了个本地媳妇，但是由于穷，女人跑了，留下个女儿也因为无力抚养而送人。2016 年，小高外出打工领回了一个广西媳妇，通过借债给了女方 4 万元的彩礼，现在还未生育，小两口一起外出打工。

案例 4 则体现了另外一种家庭困难的形态，即家庭消费不足而使得女人难以忍受，从而使得婚姻关系出现问题。案例 4 中，小山本人身体不好，患有高血压，只能在天气合适的时候打些零工维持生计。2004 年结婚，女人离过婚，当时给了女方父母 3000 元的彩礼，女方带了些家具过来。2005 年生下儿子，如今已经 12 岁。2009 年由于女方出轨而离婚。女方爱打扮，一次买化妆品都上千元，让小山不能接受。当时小山夫妇在北京打工，女人有时夜不归宿，并且时常有人为女方花钱买东西，后来小山发现女人出轨，并且不止一人。小山暴打女人，有人报警后协议离婚，女人不要财产，但是也不抚养孩子。后来女人再嫁了，而小山单身至今。刚刚离婚时，女人的娘家人曾过来找小山，劝其复婚，但是小山认为，"再过也没意思了，咱养活不住人家"。案例 6 则在一定程度上说明家庭消费能力不足易引发婚姻危机。小四家庭条件较差，夫妻生育了一儿一女。2013 年，女儿 1 岁多，因为女儿生病要到郑州住院，花费较多，公婆要求儿媳妇拿钱为女儿看病，儿媳妇不愿意，由此家庭矛盾升级，随后，儿媳妇带着女儿逃婚。婆婆为此"眼睛都快哭瞎了"。

（二）网聊导致婚姻失败

近十年的时间，凸显了一种类型的离婚，即因为网聊认识了新的对象而导致婚姻破裂，这种情况在新生代农民工中相当普遍和典型。外出打工，尤其是夫妻之间异地打工，增加了双方通过现代手段（网络、智能手机）结识新对象的概率，出轨导致夫妻感情破裂。这种类型的离婚可以发生在经济条件差、中、好各个层次的家庭中（见表6-2）。

表6-2　网聊导致婚姻失败案例

序号	姓名	年龄	家庭条件	婚姻状况	备注
7	小白	37岁	一般，夫妻外出务工	妻子3年前由于网聊逃婚	一儿一女由爷爷奶奶照看
8	小军	27岁	条件中等偏上	前妻婚后1年便逃婚，留下1个儿子。现在通过网聊与一女人一起生活	
9	小峰	34岁	条件中等，夫妻常年外出打工	2013年开始妻子网聊出轨，2017年离婚	两个儿子留给男方
10	小树	30岁	贫困，负担重，夫妻外出务工	2010年妻子在儿子2岁时网聊出轨，离婚	儿子留给男方
11	小田	26岁	条件中等，夫妻外出务工	夫妻均网聊出轨，2015年离婚	一儿一女都留给男方
12	田二	33岁	条件较好，夫妻在外办厂	妻子由于打牌出轨，2015年离婚	一个儿子留给男方
13	田三	32岁	条件较好，夫妻在外做生意	第一任妻子2013年网聊出轨而离婚，后来又与一女人生活一段时间，女人又逃离	17岁便结婚，3个女儿留给男方
14	刘一	30多岁	条件好，夫妻外出打工	与妻子（湖北人）自由恋爱结婚，2014年由于女方网聊离婚后又再婚	前妻留下一儿一女，第二任妻子带来一个女儿

因为网聊而引发离婚，这是近些年对农村社会婚姻观念冲击非常大的事件。这是因为，与其他异性聊天之后"抛家弃子"，这在农民原有的观念体系中是不可想象的，然而，这些案例却又真真实实地发生在身边，于是，农村社会一方面对于网络的神奇效应啧啧称奇，另一方面又对于婚姻的脆弱保持怀疑和好奇。这些

案例中，都有外出务工的事实，并且孩子几乎都不在身边，新生代农民工虽然结婚了，并且生儿育女，但是他们多数在外打工生活却并不用负担太多的婚姻和家庭责任，责任的弱化使得维系他们婚姻的纽带也变得异常脆弱。

案例9中，小峰因为妻子网聊出轨而离婚。他们结婚13年，妻子是本乡人，育有2个儿子，大儿子10岁，小儿子6岁，夫妻俩常年外出务工，从2013年起，俩人在唐山打工期间，小峰发现妻子网聊并出轨，发现后，小峰打了妻子一顿，随后夫妻关系恶化。从2013年至今，妻子很少回家。2015年时，小峰又因为此事殴打妻子，并且伤势较重，以至于住院多日，住院期间小峰没有看望过妻子，之后，俩人一直闹离婚。2013年，俩人关系好的时候，他们拥有共同存款13万元，准备在家为儿子建房，小峰交付妻子让其代为保管。关系恶化之后，双方经济各自独立，但是13万元的存款妻子一直不愿归还。妻子要求离婚，小峰不同意。2017年4月，妻子逼着小峰签订了一个离婚协议，其中约定妻子归还小峰10万元用于建房，但是必须离婚，否则不愿意还钱。小峰害怕人财两空，于是签订协议离婚。如今，两个儿子跟随男方生活，女方很少回来看孩子，甚至孩子打电话也不接。案例13中，田三，32岁，离婚两次。第一任妻子相亲认识，17岁结婚。夫妻俩到北京打工，做收购旧家具的生意，男人送货，女人看摊儿，但是夫妻俩不好好干，经常生气打架。他们生了3个女儿，大女儿今年已经14岁。4年前，女人网聊出轨，抛夫弃子，至今未回。后来，田三又找了一个女人，结婚后他们到北京打工，结果很快这个女人又走了，如今单身。

在因为网聊而离婚的案例中，有女方网聊，也有男方网聊，还有夫妻双方共同网聊。梳理这些案例，有几个特点：第一，多数夫妻外出务工，孩子放家里，老人帮忙照看家，如此夫妻的家庭责任较少；第二，离婚后很少有女人将孩子带走，孩子基本上都被留给男方抚养；第三，离婚后，女人因为不带孩子较容易再婚，而男方则较难再婚；第四，这些案例中，有早婚，不足20岁便结婚生子，很快网聊离婚的，也有结婚几年之后才发生的。在新生代农民工群体中发生的这种类型的离婚案例具有特殊的典型意义。

（三）特殊缘由的婚姻失败

乡村社会中还存在一些特殊缘由造成的婚姻失败案例（见表6-3）。经济条件中等及以上的家庭中，个别家庭会因为不能生育男孩而离婚，也有因为家庭矛盾、夫妻感情不和而离婚的。家庭条件较好，男人离婚后尚具备再婚的经济条件。对于那些男人不正经过日子的家庭来说，往往婚姻关系比较复杂。男人是混混，或者有着抽烟喝酒赌博的恶习，抑或是从事非法营生，再或者风流成性，这样的家庭中婚姻不稳定，多次离婚现象凸显，并且通常伴随有家暴。在新生代农民工群体中，一些特殊的人，如曾经做过混混、坐牢、"聪明"甚至做过非法营生的人，他们的婚姻生活往往也较为特殊和混乱。这些人在乡村社会中本就是边缘群体，他们特殊的婚姻生活是少数，在乡村社会也并不被主流认可。

表6-3　特殊缘由的婚姻失败案例

序号	姓名	年龄	家庭条件	婚姻状况	备注
15	小华	35岁	贫困，曾做过混混	第一任妻子因为网聊而逃婚，第二任妻子因为重婚被夫家带回	第一任妻子生下一女儿，第二任妻子生下一儿子
16	小吕	40岁	条件一般，曾坐牢10年	先后找过4个女人，都是离过婚或者丈夫出轨家庭不和睦的	
17	小业	40岁	条件好	第一任妻子未能生儿子离婚，第二任妻子生下一儿一女	
18	刘三	26岁	条件一般	第一任妻子不能生育离婚，后来再婚生下一女儿	
19	小金	27岁	条件好，打工、做生意	婚后两年未生育离婚，现有女朋友	

序号	姓名	年龄	家庭条件	婚姻状况	备注
20	田一	25 岁	条件好	婚后性格不合，也未生育离婚	
21	田四	21 岁	条件好，父母打工，本人大学生	上大学期间结婚，由于婆媳矛盾离婚，现大学毕业单身	

首先，有过"混混"经历的人往往婚姻生活复杂。案例 15 中，小华早年曾经做过混混，不正经干活劳动。家穷，未能在本地娶妻，10 年前到云南拿钱"买回"一个媳妇，回来后生了一个女儿，如今 9 岁；2 年后，此女出逃，据说是因为网聊认识了新的对象。随后，小华就试图联系女人云南老家的人追寻妻子下落，由于语言不通，只有前妻的嫂子还能说些普通话，于是，他与前妻的嫂子熟识了。后来，小华去了一趟云南，将前妻的嫂子带回家做媳妇，原来前妻的嫂子在夫家生活不好，丈夫经常打她，因而，被小华打动跟他回家了。第二个妻子在小华家生活了 3 年，俩人感情很好，其间生下一个儿子，现已 4 岁。后来，第二任妻子的夫家要寻她回去，并且以孩子和父母为要挟，无奈，第二任妻子只好答应回去，不过却一去不复返。小华也曾经考虑去云南寻回，不过最终碍于自身实力有限而作罢。

案例 16 中，小吕 40 岁，他 1997～2007 年坐牢 10 年，出来时已经 30 岁了，如今在北京打工——拉货，他先后找过 4 个媳妇。第一个女人是离婚的，本乡人，并且带着个女儿。女人的前婆家是洛阳山区的，前夫"胡混"，不好好干活，抽烟喝酒打牌。前夫威胁女人说，如果不跟他回去，就用炸药炸她娘家，女人害怕，与小吕商量着要走。女人在小吕家里过了 1 个月就走了。第二个女人也是本乡人，因为前夫出轨并且与情人生了个女儿而离婚，但是女人总是想自己的孩子，总想着回去，她与小吕在北京打工 3 个月，其间小吕为她花费了 9000 多元钱，最终她还是出走新疆看孩子去了。第三个女人是个"母老虎"，本地人，带来了 2 个女儿。

他们结婚时，小吕给了 1 万多元的彩礼，后来又挣了 2 万多元，都让女人管账。但是女人太厉害了，坐在房顶上骂婆婆一家，说婆婆对自己的女儿不好，不疼孙女。"不给钱就找事"，打过婆婆，也打过丈夫，甚至拿刀砍人。如此生活了 2 年，后来小吕一家实在无法忍受这样的儿媳妇，于是他们试图送走女人，他们宁肯不要女人手中拿着的 3 万多元钱，只要女人走就好，但是女人并不想走，赖着，后来终于走了。第四个女人 34 岁，前夫大她 10 多岁，2013 年与小吕结成家庭，带来了一个女儿，10 岁，生活至今。女人的前夫在婚姻存续期间出轨过 2 个大学生，并且还打女人，前夫哄骗女人娘家共计 10 万元钱做生意，如今赖账不还。女人来到小吕家之后，有一次对婆婆说，"不知道跟你说这个事好不好，反正跟你说吧。几天前一个女的给我打电话，说是跟我前夫好的大学生，正怀孕 7 个月，在医院做引产手术呢，她说她也受骗了，父母捡垃圾给她存下了 1 万多元，全都给了我前夫，可这个男人又给了另一个女人，也是个大学生，有次一人打电话给她说'我老公在你那儿？我俩已经生活 1 年多了'，她才知道受骗，这孩子不能要，正做引产呢"。

其次，乡村社会中也存在其他一些特殊缘由的婚姻失败，比如由于未能生育儿子、婆媳矛盾等导致离婚。案例 19 中，小金的家庭条件较好，本人打工，在本地还做生意。2011 年小金与一个本地女孩自由恋爱，时间很短便结婚了，婚后 2 年没有孩子，2013 年感情不和离婚。据说现在有女朋友，但是还未结婚。

在河南省 D 村，新生代农民工的婚姻失败案例频发。其中，因家庭贫困导致的婚姻失败是最主要的类型之一，这种情况的出现与打工经济相伴而生，在当地已经持续存在二十年左右。因为网聊而导致的婚姻失败，则是最近十年左右异常突出的现象，它与现代网络传媒技术在新生代农民工群体中的普及有极大关系。特殊缘由的婚姻失败在乡村社会属于少数，具有一定的特殊性。对于婚姻失败案例的总结和分析，为我们提供了一个认识新生代农民工婚恋价值变革的窗口。

三　婚恋价值的四个转变

婚恋风险的增多意味着传统婚恋模式的解体，婚恋行为在更加多元的价值指引下拓展；婚姻失败的案例分析，为我们提供了婚恋价值变革的具体经验形态。前文中对于多样婚恋形态的描述，对于婚恋路径的总结，以及城乡之间不同的婚恋运作逻辑，都已经在经验层面上呈现了较为完整的婚恋价值变革的意涵。综合起来，我们将新生代农民工所遭遇的婚恋价值变革归结为从固态模式到多元化、流动性，从道德导向转向感情导向、利益导向，从公共性道德趋向私人性的体验，从结构性的干预到自主婚恋选择能力。

（一）从固态模式到多元化、流动性

乡村社会传统的婚恋模式是一种固态模式，有相对固定的婚恋程序和仪式，有特殊的婚恋规矩与规范，有稳定的婚恋道德作为实践的指引。婚恋的固态模式在较为稳定的村庄社会结构条件下一直延续，并适时做出一些功能上的调整。在打工经济兴起之后，婚恋的固态模式所依附的小农生产方式和固态社会结构发生了根本性的变化。新生代农民工在城乡之间的流动，一方面，打破了家庭生计的农业生产模式，使得"半工半耕"生计方式普遍化，打破了传统婚恋模式的经济基础，进而使得婚恋的生产意义式微而消费意义加强；另一方面，也割裂了原有婚恋生活的统一性，使得异地婚恋成为常态，也使得婚与恋之间出现分离。由此，婚恋的固态模式被彻底打破。

首先，打工经济和城市生活所带来的不同的婚恋程序、仪式、礼物的流动等，作为外来事物深刻地影响了正处于社会化关键时期和婚恋适龄期的新生代农民工，造成的一个直接后果就是他们的婚恋行为和婚恋观念日渐多元化。在婚恋行为层面，传统的婚恋程序和仪式被打破，新生代农民工根据打工周期来重新安排，甚而加入了不少特殊的因素，如由于打工后自由恋爱而出现的退婚、跨省婚姻造成的婚恋程序和仪式变异、早婚早育、闪婚闪离、未婚同居等。这些多元的婚恋行为，一方面，打破了传统的婚恋时间序列，使得婚恋时间序列由于打工的时间安排而重新组织；另一方面，也吸纳了城市婚恋文化的一些元素，新生代农民工模仿城市人而出现了一些异于农村传统的婚恋行为。在婚恋观念层面，传统婚恋伦理道德中对于忠贞、婚恋责任感、"父母之命，媒妁之言"以及夫妻关系伦理的强调日渐被打破；新生代农民工越来越多地接受了婚恋自主权的意识，即婚恋自由，强调感情的重要性。同时，新生代农民工对于婚恋责任感的体验降低，对于"父母之命，媒妁之言"的认同也在降低。婚恋观念的多元化为新生代农民工婚恋行为的多元化提供了合法性依据，它们总体上使得婚恋模式具有了多个维度的拓展。

其次，打工经济中流动是常态，城市生活的快节奏也加速了生活周期的循环，由此，新生代农民工被带入一种流动性的婚恋状态中。流动性，一方面意味着多变与新奇，另一方面也意味着不确定性增加。对于新生代农民工来说，打工生活是一种多变而不固定的生活，打工生活中的感情也会随之变得多变且令人期待。新生代农民工在这种完全不同于农村社会的场景中会对感情生活充满向往和期待，也会尽情享受爱情的甜蜜。同时，打工的流动生活也使得男女之间的感情缺失地方社会的保护，也缺失了强有力的道德伦理的规范，如此，不确定性成为常态，婚恋风险剧增。新生代农民工的婚恋愈加具有流动特性，爱情本身有诸多不确定因素，爱情受到外界因素影响的可能性也增加。由此，新生代农民工常常会被感情所伤，也会难以把握自身的婚恋状况。

新生代农民工婚恋的多元化和流动性，意味着婚恋行为的统一模式被打破，婚恋观念的传统价值体系式微。然而，新的、主导性的婚恋模式尚未完全形成。因而，在经验中呈现婚恋行为多元化和婚恋价值流动性的特征。

（二）从道德导向转向感情导向、利益导向

婚恋的传统模式受到道德伦理的强力规约。在打工经济兴起之后，传统婚恋道德和婚恋伦理赖以存在的社会基础发生了改变，传统的婚恋道德和婚恋伦理对于新生代农民工婚恋行为的指导作用减弱。与此同时，新生代农民工群体在婚恋中表现出更多的感情导向和利益导向。

首先，强调"父母之命，媒妁之言"、忠贞、"男主外，女主内"的传统婚恋伦理日渐失去效用，婚恋道德由感情导向重新建构。在传统的婚恋模式中，婚恋责任很强，对父母的责任，对媒人的责任，对于男女彼此的责任，对于家庭的责任，对于家族的责任等，这些责任的建构有赖于强有力的道德规约。而新生代农民工由于常年的流动生活，他们在一定程度上脱离了传统道德能够施加强影响的社会情境——村庄；随之，新生代农民工慢慢挣脱了父母对于自身婚恋大事的干预，慢慢消解了自身对于传统媒人的依赖，也慢慢淡化了男女之间的忠贞意识，以及慢慢减弱了自身对于家庭和家族的责任。与此同时，新生代农民工群体试图重构一种新的婚恋道德，这便是以感情为核心的婚恋责任体系。新的婚恋道德并未形成，或者说并未成为一个社会大众普遍接受的道德体系。对于感情的强调从新生代农民工对于婚恋对象的选择开始，慢慢地成为多数农村社会如今已经被普遍接受的基本原则；感情不仅是男女双方婚恋关系的合法性基础，也是新的婚恋道德赖以依托的基础。感情导向意味着，婚恋责任依附于感情而定；而这种婚恋责任在遭遇到强有力的传统婚恋道德的时候也会不牢靠。于是，在感情导向的作用下，传统婚恋道德更具"形式"意义。

其次，传统婚恋伦理的作用弱化，不仅意味着感情导向，也往往与利益导向相伴而生。婚恋生活要以一定的经济基础来保障。在传统婚恋模式之下，婚恋的经济基础依附于道德伦理的配置作用，如婚恋关系中婚房的配置、彩礼的流动等都具有一定的地方

性规范作为指引。而在传统婚恋模式日渐式微的条件下，关于婚房及彩礼的地方性规范，一方面，较少受到道德伦理的制约，而更多受制于"市场行情"。比如，在住房标准不断提升且农村"面子"竞争日益激烈的条件下，农民对于婚房的要求越来越高；当适婚男女比例失衡时，女性对于彩礼的要价能力不断提升，以至于一些农村地区出现了高额彩礼和天价彩礼的现象。另一方面，男女双方在传统婚恋模式式微之后很快便建构了自身的"婚恋主体权"，即男女双方根据自身意愿自愿选择、自由结合。婚恋主体权的凸显也将男女双方对于利益的诉求一定程度上激发出来，即女人可能会借助于婚恋主体权的彰显，将自身通过婚恋获取利益优势的可能性进一步扩展；而男人也可能会借助于婚恋主体权做出一些满足自身物质利益诉求的选择。如此，婚恋中的利益导向便愈加明显。上文对于离婚案例的描述和分析也印证了以上的判断，因为经济条件而离婚成为当下婚姻失败的最重要缘由之一。

感情导向和利益导向是当下新生代农民工婚恋模式的两个典型特征，它们共存于婚恋实践中，有的时候相互依存，也有的时候相互对峙博弈。感情导向和利益导向对于婚恋转型的意义需要进一步探究。

（三）从公共性道德趋向私人性的体验

传统婚恋模式下的道德伦理具有公共性，包括规则的公共性和道德的公共性。规则的公共性意味着传统婚恋规则适用于地方社会的所有人；道德的公共性意味着传统婚恋道德超脱于具体的婚恋事务，具有超越性。公共性的婚恋伦理道德有助于婚恋整体秩序和地方社会的稳定和谐，婚恋道德将婚恋事务扩展，拥有超脱于个人之外的家庭、家族、社区等层面的伦理道德。如此，婚恋的稳定性能够得到强有力的保证。

传统婚恋模式式微，婚恋中的个人主体性凸显，婚恋主体权回归到个体身上。由此，公共性道德逐渐让位于私人性的体验。例如，新生代农民工普遍认同了"以感情为核心"的婚恋原则，感情是一种私人性的体验；新生代农民工自身拥有婚恋主体权，他们具有建构自身婚恋生活的主体意识，其中也暗含着强烈的私人性的体验。这些私人性的体验不断去除原本附加在婚恋之上的对于父母、家庭、家族、社区等层面的伦理责任，让婚恋事务完全成为个体性的事务。与此同时，私人性的体验也在一定程度上排斥了针对个体之外的伦理道德，如个体婚恋对于家庭、家族、社区等层面的价值意义，使得婚恋越来越挣脱了家庭、家族和社区等层面的影响与干预。当然，私人性的体验具有极大的不确定性，这也使得婚恋本身的稳定性降低，婚恋风险剧增。

从公共性道德趋向私人性的体验，这种价值基础的转变深刻地影响了新生代农民工婚恋行为的选择和婚恋风险的发生。

（四）从结构性的干预到自主婚恋选择能力

传统婚恋以公共性道德为指引，具有较为统一的实践模式，婚恋被建构为一种公共性的事件。由此，地方社会存在一些对于个体婚恋行为进行社会约束的产生，比如长辈、媒人、亲属、社区等对于个体婚恋行为都有一定程度的干预，这种干预压力是结构性的。而新生代农民工则在长期的流动生活中逐渐逃离了地方社会的强力规范，他们的自主婚恋选择能力在不断生长。

突破结构性的干预与自主婚恋选择能力的生长，这两者同时存在于新生代农民工的身上，有时候它们之间是此消彼长的关系，也有的时候它们各自单线发展。新生代农民工远离村庄远离家人，这使得长辈的干预在新生代农民工身上很大程度上失去了意义，也使得他们远离村庄内的社会规范。由于物理距离的分离而不断挣脱结构性的干预，新生代农民工在打工地学习自由恋爱的技能，模仿城市人的婚恋方式。有些人很快在城市的婚恋环境中获得了自主婚恋选择能力，他们以不同于父辈的方式"谈恋爱"，结婚自主，婚恋生活也按照自己的意志进行。可是另外一些人尽管也已经一定程度上挣脱了结构性的干预，他们的自主婚恋选择能力却得不到生长。这可能是因为自由恋爱需要具备一定的基础，比如经济能力、个人禀赋等，而这些基础并不是所有的新生代农民工都具备的，于是那些并不具备这些基础的人就无法获得自主婚恋选择的机会。

然而，一个总体的趋势是结构性的干预越来越少，而自主婚恋选择能力则越来越强。自主婚恋选择能力以个体的体验为基础，尊重人的感情，尊重个人主体权利，尊重个人自由。这种能力的获得是婚恋价值变革的重要体现之一。

婚恋价值变革是社会转型在婚恋领域的投射，一方面，社会转型全方位影响了新生代农民工的婚恋选择和婚恋行为，进而在婚恋价值层面引发变革；另一方面，婚恋领域作为私人生活的内核，在价值变革的层面上具有根本性的意义，因而，婚恋价值变革是社会转型最深刻的领域之一。

四　婚恋价值变革与农民的人生任务

婚恋价值变革正在发生，我们可以从不同的维度来理解这种变革。

在农村的场景（尤其是以河南、陕西等为代表的华北地区的农村）中，农民的人生任务是理解新生代农民工婚恋价值变革的动力机制。在多数农村地区，为儿娶妻是身为父母的核心人生任务之一。人生任务的完成不仅关涉到农民的面子和社会性价值的获得，也关涉到农民安身立命的根本。本节我们将从农民人生任务的视角来解释新生代农民工的婚恋价值变革。

本节的经验材料来自 2017 年 7 月 13～21 日，笔者在河南省上蔡县 D 村的调研。在打工经济深度发展的时代，农民的人生任务经历了不断负重的转变。为了完成人生任务，父辈与子辈之间都展开了全方位的策略动员。

（一）"为儿娶妻"的人生任务日渐负重

上蔡县农民的人生任务主要由为儿娶妻的压力构成。当一个男人结婚生子，经过多年的努力奋斗，积累了为儿娶妻所需的各种资源，并且运用这些资源成功地为儿娶妻，使得儿子成家立业，并且抱上孙子，到此人生任务完成，一个人的心理才能安宁并放下。

在 2000 年之前，农民要完成人生任务很不容易，这是因为，第一，农村家庭多是多子家庭，多个儿子的建房娶妻任务繁重，父母往往要在最小的儿子已婚生子之后才能松口气。第二，因为有多个儿子要娶妻，并且经济条件有限，所以，每个儿子结婚时所需准备的资源并不多，比如，20 世纪 80 ~ 90 年代，儿子结婚只需要为其准备住的地方，可以是一间房，也可以是一座单独的院子，和能够生火做饭的基本物品；当孙子孙女出生之后，爷爷奶奶可以帮忙带孩子，但是因为孩子众多，所以精力有限，一般情况下爷爷奶奶只起辅助性的作用，主要还是靠父母抚养。第三，儿子结婚所需的资源并不仅仅靠货币来衡量，比如建造房屋的材料（木材、门窗等）是自己种的树，需要依靠帮工来建房，依靠熟人来铺设电路等，村庄中的互助体系是在人情关系的"欠 – 还"之间维系的。因而，为儿结婚所积聚的资源是在生活中日积月累形成的，是"过日子"体系中的有机安排，有很多成本并没有被货币化。

综上，尽管看上去父母的人生任务很重，但是往往都能有效完成，原因在于，第一，当时很少农民外出务工，村庄内部互助体系完善，很多结婚资源的获得靠的是人情成本和互帮互助，直接需要货币的环节并不多。第二，多子家庭的人生任务往往被限定在结婚之后，结婚之后分家，小家庭便要独立、承担责任、陷入"过日子"的循环，并且完全从大家庭中脱离出来；而且小家庭的成立往往意味着要对父母进行养老的回馈，这使得分家成为一种仪式，意味着小家庭完全脱离父母的庇护并且开始回馈父母。第三，综合来看，父母的人生任务被多子的结构分割，对于每个儿子都是一种有限责任，儿子必须在分家之后独立承担生活的各种挑战，包括实现自己的人生任务。

2000 年以来，随着打工经济的深入发展，社会流动加剧，社会形势发生了很大的变化，农民实现人生任务的目标不变，实现目标的条件却发生了根本性的变化。自计划生育实施以来，农村家庭少子化的趋势非常明显，一个家庭中往往只有一个儿子，少数有两个及以上数量的儿子。少子化使得父母可以专注于完成一个儿子的婚姻大事，表面上看父母的人生任务似乎变少了，但社会形势又随即发生了很大的变化。

第一，由于男孩偏好与性别选择，农村社会男多女少的结构性矛盾突出，又由于打工经济将本地婚姻圈打破，女孩们有更多嫁出去的机会，这使得女性变得稀缺，男孩们越来越难以找到适龄的女孩结婚，这种娶妻难的焦虑对父母人生任务的完成施加了巨大的压力，父母们会想出各种方法来应对这种压力，包括调动所有能够调动的资源来完成人生任务。

第二，伴随着打工经济，乡村社会共同体日渐解体，人情互助系统式微，建房、办酒等人生任务都已完全市场化，所有的成本都用货币的方式来表现，货币成为唯一的评价标准。在人生任务货币化的情况下，由于受到物价上涨和市场行情的影响，日常生活中对于婚姻资源的积累变得不再可靠。

第三，前两者综合起来，农民的人生任务就变得有了"价钱"，并且这个价钱会不断水涨船高。女性稀缺，会形成本地婚姻市场中的男性竞争，以婚房和彩礼为主要的竞争标的物，这些标的物就是农民完成人生任务所要付出的成本。目前，为一个孩子结婚需要准备一栋房子，20万~30万元，彩礼共计10万~15万元。一个儿子的结婚成本在30万~50万元，若有两个儿子，这个成本会翻倍，而且女方在选择配偶的时候对于多子家庭会有歧视，认为多子家庭的父母不能全身心辅助一个儿子，她们会要价更高。

第四，家庭形式和家庭结构在打工经济的背景下发生了根本的改变，这对于农民人生任务的实现也影响巨大。年轻人婚后外出务工，不仅所生子女要老人全权代管，而且很少有年轻人会承担家用开支和种田的责任，于是50~70岁的老人依旧要打工挣钱，从而维持家用和养育孙儿，这也成为老人们重要的人生任务。

第五，年轻的夫妻外出打工，受到外界诱惑，有不少年轻人因为各种原因离婚，离婚越来越多地发生使得父母重新回到人生任务的焦虑中，因而，父母又会想出各种办法和调动各种资源来帮助儿子维系婚姻，包括对于儿媳妇的妥协忍让、让渡资源等。父母会本能地为儿子的小家庭付出所有能够付出的一切，来保证小家庭的和谐稳定。

综合看来，农民的人生任务发生了三个层次的变化：第一，人生任务货币化，实现人生任务的"面子"竞争愈加激烈；第二，伴随打工周期和孙儿养育，老人的人生任务无限延长；第三，人生任务从多子的有限责任转变为少子的无限责任。这些变化带给农民极大的经济压力和心理负担，并且产生了广泛的社会影响，这种社会影响集中体现在父辈与子辈在人生任务循环中的行为模式上。

（二）父辈的应对策略

随着婚姻成本逐年增加，父辈要完成人生任务的压力越来越大，为了达成目标，父辈的行为模式及其资源动员都做了一定的调整，这种调整产生了一系列的社会效应。

第一，用人生任务规训子辈。结婚压力越来越大，父母首先要动员起来的就是子女。上蔡县农村的孩子们通常在初中毕业之后便放弃学业，甚至有相当一部分人初中辍学。13～16岁便不再上学，这个时期是青少年期，性格叛逆、追求时尚刺激、感情懵懂、容易受消费主义影响。一般的家庭中，这个时期的孩子辍学之后便会外出打工，直到17～19岁便要相亲结婚。如若家长能力较强，存下了孩子结婚的成本，他们便不倾向于让自家孩子外出务工。一方面，因为青少年并不能挣到多少钱；另一方面，家长们也担心外出的孩子找个外地的男/女朋友，这样便会耽误父母对于他们婚姻的安排。不管家庭条件好坏，父母对于自家孩子外出务工总有一定的期待，那就是在外面挣钱，并且挣到的钱要交给父母，父母积累资本以保证子女的婚姻大事。尤其是女儿，父母要其挣钱为儿子积累结婚成本的愿望会更强。

用人生任务来规训子女，意味着子女要参与到资本积累的过程中，以挣钱存钱为首要目标；也意味着子女要按照父母的节奏来安排打工生活，父母需要的时候外出挣钱，到了一定的年龄（通常是 18～20 岁），便要放弃在外的工作，回家相亲结婚。我们在村庄中调研时发现，男孩女孩打工初期体验活动较多，很少能够存到钱，而当他们熟悉了务工生活之后，父母会催促他们存钱交给自己，并且灌输给他们要筹钱结婚的思想。子女每年年底交给父母的钱越多，越受到舆论的赞赏。当然，让子女多挣钱并不是父母的目标，完成人生任务才是。D 村的小峰告诉我们，他 16 岁外出务工，18 岁时在唐山的事业已经颇有起色，当时他承包了唐山市几栋大厦的垃圾回收工作，并且得到大老板的赏识，前途光明。但是 19 岁时，父母要求其回家相亲结婚，于是他便回乡，在以后的几年里完成了婚姻大事，唐山的工作机会和人脉关系却失效了，谈及此事他还有遗憾，认为如若自己坚持待在唐山，事业上定会有所不同。小峰认为，父母要求回乡就一定要回，本地的孩子通常都会听父母的话，接受父母的安排，不然很可能会错过婚姻大事。D 村的田四今年 36 岁，当初坚决不愿意按照父母的要求相亲结婚，常年外出打工，工作没起色，人生大事也被耽误，如今已经很难再成家了。由于劳动力素质的限制，农村的年轻人在外奋斗成就一番事业的可能性较小，父母也往往并不对此期望过高，在父母看来，年轻人的首要选择是尽快解决人生大事。

第二，推动婚姻愈加提前。为了尽快解决人生大事，父母往往会要求孩子在未成熟的年龄（17～19 岁）订婚。按照传统的婚姻仪礼，要经过小见面、大见面、送好等多个程序之后才能结婚，这个程序在 2000 年之前通常要用 2～3 年的时间。随着父母解决孩子人生大事的欲望越来越强烈，他们不断缩减婚姻礼仪的时间，现在往往订婚之后半年便会结婚。男方父母担心"夜长梦多"，害怕年轻人感情不稳定发生变数。我们调研中发现，目前正常的结婚年龄是 17～20 岁，这个年龄比 10 年前提前了 1～2 岁。村庄中，

16 岁结婚，17 岁生孩子的现象并不稀奇。

可以说，早婚是在父母的强烈推动、子女的半推半就中完成的。父母对于结婚时机的干预构成了他们要完成人生任务的一部分。

第三，加强本地婚姻市场的流通，预防跨省婚姻的发生。父母还要求儿子找本地媳妇，认为"外地媳妇不牢靠，一点不如意便会跑了"。尽管我们调查中得知，离婚和逃婚的案例中既有本地婚姻也有跨省婚姻，但是农民认为本地婚姻知根知底更加牢靠。这是因为，一旦出现离婚和逃婚的情况，身为父母便再次面临完成人生任务的重负。为了规避这种风险，当地的父母都不愿意自家儿子找个外地媳妇。而找外地媳妇的主要途径便是外出打工，因而，父母们对于孩子外出打工有着诸多的安排。比如，有条件的父母并不希望孩子初中毕业之后便外出打工，而是让孩子"混两年"，订婚或者结婚之后再出去。即便在家庭条件不好，需要子女挣钱来减轻父母建房压力的情况下，父母在孩子 18～20 岁时一定会要求孩子回家相亲结婚，温和的情况是给子女讲各种异地婚姻的坏处，激烈时会以各种手段威胁子女放弃在外自由恋爱的对象，比如有的父母以断绝父子或母女关系为要挟，也有的父母以自杀为要挟。总之，父母不允许儿子找外地媳妇，也不允许女儿嫁到外地。当然，如若孩子自由恋爱的对象是本地人，那么父母会考察对方的家庭背景，比如家庭条件、父母健康情况、兄弟情况等，然后会做出决定，若条件合适就支持子女的选择，若条件不合适，也会坚决反对。

第四，调动各种能够调动的资源来保证子女的婚姻大事。自从儿子一出生，父母就已经开始了为完成自己人生任务做准备。河南汝南县的农民"生两个儿子哭一场"（贺雪峰，2008a），这是因为农民真切地感受到了儿子的婚姻大事所形成的巨大压力。于是，身为父母，辛苦劳作、勤俭节约就成为必然。我们在 D 村调研时发现，当地农民很早便有外出"拾破烂儿"的打工传统，他们为了挣钱忍受城市中最脏的职业，并且尽力压缩自己的衣食需求，"从牙缝里挤钱"，把所有能够存下的钱都存下。一位 50 多岁在家照看孙儿的妇女告诉我们，她这一生捡了大半个中国的破烂儿，所有的辛苦劳作换来的成果就是为两个儿子分别建了一栋楼房，并且为他们娶妻看孩儿。可是，两个儿子都成婚之后任务还没有完成，自从大孙子出生之后她又承担起了照看孙子的任务，至今已有 10 年，丈夫至今依然在外打工。10 年间，大儿子和儿媳妇基本没有承担任何家用和孩子的教育经费，还是以丈夫的打工收入来维系家用。

在巨大的人生任务压力面前，不仅自身的劳动力价值被运用到极致，而且一定要借助于亲朋好友的资助才能完成。儿子结婚成本很高，高达几十万元，但是只要能够结婚，父母宁可欠下巨额债务，也要满足未来儿媳妇对于婚房和彩礼的要求，并且因为结婚欠下的债务子女不负担，全部由父母来还债。在儿媳妇面前，父母彻底丧失了谈判能力。D 村曾经发生过这样一件事情，一户人家家庭条件一般，一个儿子已婚，夫妻俩外出务工，公婆在家种田照看孩子。孙女身体不好，住院多次，需要筹集更多的金钱到大城市做手术。家中所有的资本已经用光，于是公婆要求儿媳妇将手中的钱拿出来为孩子看病，但是儿媳妇不同意，于是闹矛盾，并且矛盾不断升级，后来夫妻俩因此离婚。离婚后，孩子的奶奶悔恨不已，天天以泪洗面。此事在村庄中产生了巨大的震动，父母们都从中吸取教训，为了保证儿子的婚姻稳固，他们主动承担起养育孩子的重任，主动给儿子儿媳妇不断输入资源，尽量不与儿媳妇发生任何形式的金钱争执。可以说，父母不仅主动给子辈输入资源，而且全身心为儿子和儿媳妇的家庭事务劳作，其目的当然是保证子辈的婚姻稳固。

父辈对于人生任务的应对策略有两个方面，一方面是在打工安排、结婚时机、结婚对象选择等方面干预儿子的选择，目标是通过调整子辈的行为模式来保证其人生任务的完成；另一方面是父母为了保证子女的婚姻稳固，而主动给子辈不断地输入资源，并且主动承担起很多子辈自己的家庭责任。

（三）子辈的顺从与逃离

在为完成人生任务而进行的"战争"中，子辈被裹挟其中，改变了他们的人生轨迹，也产生了一系列的社会效应。

第一，从结婚年龄到结婚对象，从婚后的打工安排到子女抚育，子女的婚姻被父母干预。受父母的安排和影响，子女在初中毕业的年龄（15～16 岁）便正式开始了相亲结婚的历程，他们或者被父母圈养起来提供充分的条件恋爱结婚，或者外出务工挣钱回馈家庭。这时候的青少年心智很不成熟，他们的文化素质不高，对于社会的认知也不成熟，对于婚姻和家庭的概念还比较模糊，只是处于感情的懵懂时期。直到结婚（18～20 岁），他们依旧处于感情悸动时期，对于承担责任和后果并不明晰，只是在半推半就间进入了婚姻。可以说，等不到孩子成长、成熟便已经结婚生子。结婚而未成年，这造成了很多社会后果。

25 岁的小张告诉我们，她的弟弟 17 岁便结婚，弟媳 18 岁便生下了儿子。弟媳生下儿子后什么都不懂，把孩子交给婆婆，说，"我不会弄，你们看着办吧"，她还整日在家休息，玩游戏、逛街，但是从来不愿意照看孩子一下。婆婆除了要照看孩子，还要承担包括弟弟和弟媳在内一家人的家务劳动，老人家身体吃不消，于是叫女儿小张回来帮忙带孩子。当时小张 20 岁，正在深圳打工，并且在深圳谈了个安徽的男朋友，父母坚决反对，正好以照看孩子为名将其叫回家。小张回家后帮助父母照看了侄子一段时间，后来就在本地相亲结婚了。2017 年，弟媳又生了二胎，这时候她的心态已经发生了变化，说自己要照看孩子，因为"让爷爷奶奶带，孩子跟自己不亲"。

在 D 村一带，爷爷奶奶带孩子已经成为一种不言自明的社会风气，如若哪家的媳妇要自己带孩子，周围的邻居都会认为这家的公婆不合格。通常情况下，爷爷奶奶带孩子建立在年轻人外出务工的基础上，正体现了以代际分工为基础的"半工半耕"模式。早婚、爷爷奶奶带孙儿，这种家庭生活模式产生了一些特定的社会后果，比如感情淡漠，不仅孩子普遍与父母的感情淡漠，而且年轻的父母少有养儿育女的体会，他们对于子女的责任感也很难建立起来。我们在 D 村问了数十位年轻的父母，问他们在外打工是否思念孩子，孩子与自己不亲了怎么办，几乎所有年轻的父母都认为打工生活很忙，不会想念孩子，"回家之后，上超市给孩子买些东西"。此外，留守儿童的教育也是很大的问题。D 村小学的刘老师告诉我们，爷爷奶奶的文化水平有限，他们只顾孩子能够吃饱穿暖，不能有效配合老师抓学生的学业，而且相当一部分老人家有"护犊子"的心理，不能正确看待孩子成长中的诸多问题，甚至与孩子合谋欺骗老师。当地农村的孩子在初中毕业时的人数往往还不足入学人数的一半，其中大部分孩子初中未毕业便辍学，小部分的孩子迁往他处读书。

可以说，父母对子女婚姻的干预与一系列的社会后果相伴而生，如早婚、读书无用论、留守儿童的教育、年轻父母的抚育责任等。

第二，子女享受着被父母付出的人生，这导致了他们婚后很长时间依旧无法独立、家庭责任意识淡漠、事业无起色等情况。

父母帮助孩子成家之后，在相当长的一段时间内还需要继续扶持子女。18～20 岁结婚的年轻人，没有任何资本积累，也几乎没有工作经验和事业基础，父母不仅需要帮助他们结婚，还要帮助他们经营家庭。我们在 D 村的调查显示，儿子婚后的 5～10 年还需要父母全方位的付出。50 多岁的张姐告诉我们，她的大孙子已经 10 岁，之前全都是他们老两口挣钱维持家用和照管孙子。儿子和儿媳妇只在最近两年稍有起色，去年和今年共寄回了 5000 元钱用于生活费用。张姐的小儿子夫妻俩勤劳能干，婚后 3 年便开始陆续往家里寄钱，用于日常开支和孩子的教育经费。D 村的媳妇小丽今年 26 岁，她 7 年前结婚，如今大女儿 6 岁，小女儿刚 8 个月。小丽告诉我们，尽管自己也是本乡人，但是自己与丈夫是在外打工自由恋爱，因为小丽认为丈夫"很帅"，后来他们按照本地习俗结婚。婚后小丽发现丈夫"总像个孩子，长不大，从来没有为家庭负责任"。小丽在怀二胎期间,丈夫出轨一个本地女孩,小丽愤而回了娘家。后来经过多方做工作,丈夫与公婆一家亲自上门将小丽请回家,丈夫做了保证不再犯。可是此后,夫妻俩产生了很深的隔阂,相互之间不信任,丈夫总是惦记着小丽手中还拿着他们结婚时父母给的彩礼钱,而小丽也总是在犹豫自己要不要离婚。小丽说,自己若是离婚了,就不会要这两个孩子了。小丽的公婆害怕小丽出走,于是他们以孩子小为由不让小丽外出打工,将小丽"圈养在家",并且逼着自己的儿子做一些讨好小丽的事情,如给小丽买戒指和项链作为礼物,并且要求儿子给小丽寄钱回来,小丽今年先后 3 次收到了丈夫共计 2500 元钱。尽管公婆想各种办法维系儿子的家庭完整,但是两个年轻人似乎并没有太大的主动性,他们相互指责,不能有效沟通,也不能完全为自己的婚姻负责,处于婚姻失败的边缘,而小丽的公婆则为儿子的小家庭"操碎了心"。

年轻人在婚后相当长的一段时期内依然无法经济独立,他们在外打工能力不足,又受到外界的诱惑,不能承担生儿育女的责任,不能为自己的婚姻和孩子负责,更谈不上为父母负责了。这种情况在 D 村一带的年轻人中非常普遍,他们通常结婚 10 年之后才能陆续断了父母的资助而完全独立。

第三,人生任务的压力越来越紧迫,作为主体的年轻人也在不断逃离人生任务的循环,他们或主动或被动,开始反抗被人生任务规训。

为了逃离人生任务的压力,不少年轻人常年不回家。38 岁的田伟在 29 岁时才结婚,这在 D 村一带是非常特殊的。年少的时候,田伟不想按照父母的要求回乡相亲结婚,被逼太紧,就连续 6 年不回家。他一直试图在外奋斗出一番事业,但是现在境况并不如意,他目前做小生意,在平顶山居住,并不能在外安家。然而,田伟还算幸运,因为他虽然事业上没有成功,但是后来还是通过自己的努力成家了。40 岁的田杰就没有这么幸运了。田杰家庭条件差,但是自己很有志气,希望外出奋斗"证明自己",可是多年过去了，他依然打着零工，并且也没找到媳妇，现在已经失去奋斗的信心了。

与此同时，一些已经结婚成家的年轻人也不断发生状况。最近几年，D村发生了至少8起因为网聊而离婚的案例，无一例外，他们都是年少时在父母的推动下结婚，并且很快生育孩子，孩子交由父母代管，年轻的夫妻外出打工，结果在打工的过程中，或男或女通过网络或者社交软件发生感情变动，以至于无法收拾而离婚。在这种类型的离婚案例中，女方很少会将孩子带走，由于常年外出务工，她们对于自己的孩子感情淡漠，也不愿意承担抚育成本，于是孩子往往还是被留给了老人照看。离了婚的男人因为很难支付再婚的成本而"重返光棍"（宋丽娜，2015），男人又因为这"丢人"事件而不愿意多待在村庄中，于是养育孩子的责任几乎完全推给了日渐年迈的父母，父母便更加陷入无限的人生任务压力之中。

目前来看，年轻人反抗被人生任务规训，结果似乎并不美好。一方面，由于劳动力素质偏低，他们很难在事业上有起色，也就是说，在全国劳动力市场上处于底端，竞争力有限，很难通过自己在劳动力市场上的竞争而获得安身立命之本，也就很难通过自己的努力成家立业；另一方面，村庄中人生任务的压力很重，而外界的灯红酒绿又极具吸引力，年轻人会受到外界的诱惑而逃离村庄，可是一旦逃离，他们便很难再有机会重新回到解决人生任务的轨道上。

（四）作为人生任务的"婚恋"

在农村，婚姻大事并不仅仅是个人的事情，也不仅仅是两个家庭之间的事情，更可能是一个人人生任务能否完成、能否获得安身立命之本的价值命题。因而，表面上看，婚恋是个人行为层面的事情，但是它的完成对于农民来说具有超越性的意义。然而，农民生产方式的变化与行为模式的调整，使得其人生任务要不断应对新的社会形势，其中发生的最直观的变化就是以婚恋为核心的人生任务负重。伴随着人生任务负重，农村社会的代际关系经历了从平衡到失衡的过程，而代际关系的失衡也影响了农村社会的家庭再生产。由此，作为人生任务的婚恋构成了理解农村婚恋价值变革和婚姻家庭变革的重要一维。

首先，农村经济社会基础发生了根本的变化，这构成了理解农民人生任务变化的逻辑起点。打工经济背景下，农村家庭多是以代际分工为基础的"半工半耕"模式（贺雪峰，2013；夏柱智，2016；杨华，2015；刘升，2015）。这种家计安排是农村经济社会基础发生转变的最重要表征，它至少有以下的社会表征：农村本地婚姻圈被打破，婚姻竞争日渐剧烈，家庭收入由务工和务农两部分组成，农村家庭具有了流动性，产生了"新三代"家庭结构（张雪霖，2015），家庭分工由传统的夫妻分工转变为代际分工（宋丽娜，2016），产生了留守儿童和留守老人问题，等等。

其次，农民的人生任务显然要适应这种经济社会基础的转变，主要体现为三个层面：人生任务以货币化为表征，并且要同打工经验中的各种理念相竞争；传统婚姻圈被打破，农民要想完成人生任务，就必须在本地婚姻市场上积聚同全国婚姻市场竞争的资本；父母在儿子成家之后也必须承担起家庭的责任，以此来维系儿女在整个劳动力市场和婚姻市场中的竞争力。适应的结果便产生了失衡的代际关系：父辈的负重与子辈的被规训。父辈试图裹挟着子辈来更深地卷入已经转变了的人生任务循环中，可是父辈不堪重负、难以为继，子辈却结婚未成年、越来越缺乏独立精神和家庭责任意识。

最后，代际关系的失衡体现着农村社会试图为完成家庭再生产而做出最大限度的努力，然而这种努力似乎并不奏效。我们在乡村社会发现，身为父母勤俭节约、全身心付出却无一丝自己的私人生活，年轻人还没有恋爱、没有培养责任意识便在父母安排下早婚，婚姻生活并不如意，孩子教育很成问题，家庭生活也得依靠父母的扶持勉强维持，甚而出现了不少离婚、逃婚等极端事件。显然，这种以代际失衡为代价的家庭再生产模式难以为继。

　　基于代际交换的人生任务系统能够在稳态的社会中较好地完成家庭再生产的任务，承担起重要的社会使命，然而在经济社会基础已经发生根本变化的地方社会，勉强维持人生任务的循环，却付出了沉重的社会代价（父辈负重、子辈被规训、早婚、婚姻不稳定等）。如若按照既有的人生任务循环延续下去，这套社会体系将会制造出更多的不稳定与更极端的事件。基于这种判断，我们认为应该正视农村经济社会基础的转变，引导农民在自身的人生规划和行为模式上做出相应的调整，为农民构建新的人生任务系统。

　　社会应重构农民人生任务的理念，并且应明确代际关系的边界。农民的人生任务可以为农民获得绵延的社会意义，但是其应该建立在适当的程度上。无论南北，中国农民都具有结婚、建房、生子的人生任务，可是这人生任务的主体不甚明确。在南方的宗族性村庄，农民人生任务的压力也很大，可是南方农村并没有出现严重的代际关系失衡，这是因为，自己才是完成自己人生任务的主体，自己为自己负责，例如，人活一世一定要成家生子，并且依靠自己的能力建一所房子，这样的人生才完满有意义（杨华，2008）。而在河南农村，同样的人生任务却被社会演变为父母的责任，即父母有义务创造条件（修建房子）为儿娶妻，并且带孙儿，在村庄边界被打破的背景下，这种任务就是父母以传统的模式在全国劳动力市场和婚姻市场中竞争，结果可想而知。我们应该明确，父母有辅助孩子完成人生任务的义务，并不意味着父母要作为主体全方位干预子女的婚姻家庭生活，子女应该成为自己婚姻家庭生活的主体，承担主体责任。从这个意义上说，代际关系的边界应以各自主体责任的确立为标识，父母的责任主要是生儿育女，为儿女的成才成家承担辅助义务，而子女需要为自己的婚姻和家庭生活负责。

五　婚恋价值变革与体验式婚恋的兴起

　　在广大中西部地区的农村，人生任务构成了理解新生代农民工婚恋价值变革的重要维度之一。然而，在一些东部发达地区的农村，婚恋价值变革却与体验式婚恋的兴起有极大的关联。本节中，我们将从体验式婚恋兴起的角度来解释新生代农民工的婚恋价值变革。

在打工经济、社会流动的背景下，在新生代农民工群体中逐渐形成了以"体验"为关键词来处理婚恋关系中的物质基础问题、感情问题、"过日子"的问题，体验式婚恋在这个过程中完善了其运作，并日益成为一种颇具影响的婚恋实践形态。我们将以在广东省东莞市 G 镇的调研为例，从物质条件和感情基础两个层面来讨论体验式婚恋的运作及其背后的婚恋价值变革。

（一）物质条件

物质条件是体验式婚恋的基础，婚恋风险以物质条件的破坏为前提。体验式婚恋的物质基础，就是夫妻双方在物质层面上对于婚姻生活的体验，或者说物质基础的状况影响了夫妻双方对于婚姻生活的体验，由此引发了一些婚姻生活的风险。在 G 镇，影响婚恋风险的物质基础因素主要体现在两个方面：家庭经济基础的安稳与否，婚嫁距离以及由此而引起的亲属关系交往质量。在我们调研的广东省东莞市 G 镇，能够体现家庭经济基础安稳的重要事件是赌博；而嫁入的外来媳妇集中体现了婚嫁距离对于婚姻稳定性的影响。

1. 物质基础崩溃引发婚姻风险

近些年，在 G 镇因为赌博倾家荡产而离婚的情况并不少见。G 镇一带的赌博现象自从 20 世纪 90 年代即已经有所抬头。当时，因为开发大潮和大量外资企业进驻当地，一些本地精英很快依靠"地利"优势获得了巨额财富，这些有钱人成为赌博的主力军。直到现在，G 镇一带的"赌场中介人"依然把眼光放在有产业的人和企业老板身上，并且每年都会有个别人"赌死"（当地方言，意思是因为赌博倾家荡产）。赌博动摇了婚姻的物质基础，由此对婚姻生活产生了重要的影响。当然，赌博并不必然意味着离婚，但是如果赌博对婚姻家庭生活的破坏无法修复，婚姻破裂似乎是必然的。

案例1：2015年，一对夫妻因为赌博离婚了。妻子在当地的地下钱庄赌博，小有盈余之后陷入赌局，随后共输了100多万元才罢休，她丈夫把自家的出租屋抵债，又加上娘家兄弟的帮助才共同把这个钱给补上。随后，丈夫加紧看管妻子，不允许其独自外出，怕她又犯赌瘾。几个月后，夫妻两人一同去走亲戚，其间妻子借口买东西外出，两个小时内又输了60多万元。丈夫就此灰心，娘家兄弟也不愿意再帮助她，夫妻两人协议离婚，孩子跟随丈夫生活。由于欠下了高利贷，丈夫和孩子为免受骚扰不敢回自家房子居住。

案例2：2007年G镇一带要修建环城路，涉及几个村庄部分村民的拆迁，拆迁之后，少数人手中突然有了巨额现金，于是兴起一股赌博的小高峰。弓村因此"赌死"的有8户人家。这8户人家中，多数的情况是男人赌博欠下巨额赌资或者高利贷，因为还不起，他们出逃在外，不敢在家乡露面。后面几年，陆续有人开始在家乡一带活动，这往往也意味着他们各自的赌资已经清还完毕。当地农民手头的现金赌掉了，往往还有房子和地皮，他们会通过卖房子、抵押地皮、向亲朋借钱等方式还清赌债。如果能够就此收手，吸取教训，尚能维持基本的生活；如若债务一直还不上，抑或赌瘾又犯，这就极有可能会危及婚姻和家庭生活的完整。弓村的这8户人家，其中有7户在此后若干年的时间中先后还清了赌债，回归了基本的家庭生活，可是有1户人家离婚了。弓军在自家"赌死"之后就携带妻子"外逃"，孩子留在家中由爷爷奶奶照看。其妻子是湖南人，两人辗转多地，在2015年回来办理了离婚手续。据说是外逃8年，他们的赌债仍旧没有还完，家庭经济状况没有得到任何改善，妻子再也不愿意过这种颠沛流离的生活，于是协议离婚。

赌博动摇了婚姻的物质基础，通过变卖固定资产和亲朋资助等方式尚能渡过难关，如果当事人能够吸取教训就此收手，往往尚能保留婚姻和家庭的完整；如若因此之故，经济困难一直持续、婚姻生活体验一直很差，改变无望，那么婚姻破裂就不可避免。经济上的打击和压力能够通过影响婚姻生活体验而影响婚姻稳定性。赌博是一种极端情况，即婚姻的物质基础遭到急促且剧烈的破坏，在补救无望的情况下，婚姻体验变差而造成婚姻破裂。事实上，日常生活中会造成婚姻物质基础动摇的事情很多，比如某个家庭成员好吃懒做、突然遭遇天灾人祸而造成倾家荡产、因病致贫等，这些情况都会给婚姻生活造成巨大的经济压力，进而影响婚姻生活的体验，增加婚姻风险。

2. 婚嫁距离与婚恋风险

婚嫁距离是另一个影响新生代农民工婚姻生活体验的基本物质条件，主要体现在外嫁或者娶外地媳妇。

自从打工经济兴起以来，全国性的婚姻市场逐渐形成。在婚姻市场中，男女之间由于自由恋爱而缔结婚姻，会引起婚姻流动。婚姻流动多表现为女性作为流动的一方嫁入男性的家乡。按照自由恋爱的逻辑，婚姻流动应该无方向性，不过在具体的实践中，婚姻流动具有方向性，通常遵循着女性由资源匮乏地区流向资源丰富地区的规律，即资源的丰富程度往往决定着该地域在婚姻市场中的位置。东莞地区位于珠三角腹地，是我国改革开放的先行地区，开发较早，在20世纪80~90年代已有大量外资企业入驻，当地农民由此获得了改革开放的第一桶金。所以，由于区位优势和资源优势，东莞地区位于全国婚姻市场的上游，也即婚姻流入地区。东莞地区的外来媳妇是伴随着打工经济的兴起而来的，80年代少有，90年代外来媳妇大爆发，2000年以后外来媳妇持续高位，直到2010年前后，外来媳妇才有减少趋势。

通常情况下，外来媳妇有三个问题要面对。第一，经济条件。经济条件好，对外来媳妇的吸引力就大，婚姻稳定性往往较高。第二，生活习惯。生活习惯的融合在跨地区和跨省婚姻中非常重要，地域越远，文化差距越大，生活习惯的融合越困难。外来媳妇如若能够很好地融入本地的生活系统中，逐渐适应本地的生活习惯，这对于婚姻稳定是一大保证。第三，亲属关系。距离遥远往往意味着女方的亲属关系在婆家的生活中很难发挥作用，娘家不能作为出嫁女儿的后盾，也难有频繁的交往与情感交流，更难有实质性的互帮互助。所以，亲属关系的断裂也是影响跨地区和跨省婚姻稳定性的一大要素。

在这三大要素中，经济条件是最基础的要素。如果经济条件好，也能在一定程度上弥补生活习惯和亲属关系带来的跨省婚姻裂痕，因而影响跨省婚姻稳定性的要素中经济条件是核心要素。

案例 3：2016 年，一对夫妻到镇里离婚。男人是本镇人，女人是重庆人，女儿 2 岁。离婚理由是，近两年来女人基本没有在男方家里生活，而是在重庆老家打工。原来，他们家庭条件不好，女人为了改善家庭条件而工作挣钱，长期两地分居，缺少共同家庭生活，于是男人要求离婚。离婚现场，女人哭了，觉得自己委屈，因为自己也是为了改善家庭条件而常年在外工作，不过却因此葬送了自己的婚姻。像这样极端的情况在 G 镇并不常见。

我们在调研中并没有发现如同河南农村一样关于"外地媳妇不牢靠"的说法。在 G 镇，娶外地媳妇的婚姻似乎比本地婚姻稳定性更好，尽管当地人也会抱怨外地媳妇"不拜神"（即祭拜祖先，当地传统文化习俗），也有人认为外地媳妇的娘家亲属关系"用不上"，但是，这些问题都可以解决并适应，很少人会因为娶外地媳妇引发的一些不适应而离婚。

通过对于婚嫁距离的描述，我们发现，婚嫁距离所引发的婚姻生活体验被经济条件规约，处理得好不是问题，处理不好就成为问题。案例 3 中，夫妻双方由于异地婚姻而离婚，这在 G 镇一带并不常见，但是在第三章我们论述过的河南农村就有不少因为外地媳妇而离婚的案例。其中的区别在于，G 镇一带是经济发达地区，属于婚姻市场的上游，即婚姻流入地，由此造成的结果就是夫妻之间很少会产生异地婚姻，因为他们都只需要在家门口务工即可，案例 3 中因为经济条件而产生异地婚姻，这让男方的婚姻体验非常不好，他认为这是严重的婚姻问题，必须通过离婚解决；

而女方所在重庆地区并不位于婚姻市场的上游，有很多夫妻会因为经济收入而常年异地，女方并不认为这是严重的问题，由此，女方在因为异地婚姻而被离婚的过程中会感到委屈。这种对于婚姻生活的体验显然与他们各自的人生经验以及背后的地方社会生活形态有很大关系。同样，在河南农村，人们对于外地媳妇的看法也不好，因为"外地媳妇不牢靠"，即在夫妻双方需要为家庭条件的改善而共同努力，甚至要忍受异地婚姻、忍受骨肉分离的情况下，一部分人能够接受并习惯这种生活，而另一部分人不愿意接受或者习惯这种生活，于是就会有一些人在这种异地婚姻或者异地家庭生活的状态下逃离，而且逃离的一方多数是女方。因而在案例3中，女方愿意为了家庭忍受这种异地婚姻，在她自身的社会认知中这是一种美德，而在男方的文化认知中，常年不在家的媳妇是不可忍受的。由此，在不同的地域，同样的婚嫁距离问题具有不同的性质，在婚姻市场的上游，婚姻体验的基础是完整的婚姻家庭生活，婚姻流入地的人们多接受不了常年的异地婚姻；而在婚姻市场的中下游，常年的异地婚姻很常见，异地婚姻是为共同的婚姻家庭生活服务的，因而有不少人对于这些异地婚姻持接受和理解的态度，婚姻体验的基础是夫妻为共同的婚姻家庭生活努力的程度。

在以上的讨论中，物质条件所引发的婚姻生活体验具有很强的情境性，同样的物质条件问题在不同的文化体系中就具有不同的理解，婚姻体验也不同，由此构成的婚恋风险也具有不同的性质。第一，在以G镇为代表的婚姻市场上游地区，经济条件在难以为继的情况下可能引发婚姻风险；只要经济条件尚可，其他物质基础问题，比如文化适应、生活习惯等可以解决；婚姻体验以物质条件的保证和婚姻家庭生活的完整为基础。第二，在以河南农村为代表的婚姻市场中下游地区，由于经济条件、异地等引发的婚姻风险增多，尽管人们在长期的社会生活中建构了一些意识形态，比如对于经济条件的暂时忍耐、对于异地婚姻的合法性建构等，婚姻体验的物质条件变得更低，然而，这依然抵挡不住新生代农民工婚姻风险愈加增多的趋势。第三，物质条件引发的婚恋风险具体呈现为，一方面，经济基础能否维系日常生活并完成家庭再生产；另一方面，共同生活的完整、和谐能否达成。婚恋风险在于，经济基础的变故使得家庭生活难以为继，共同生活的完整、和谐遭到挑战使得婚姻体验变差。

（二）感情基础

感情基础是引发婚姻体验的核心要素，这是婚恋风险的重要影响因素，我们将从夫妻关系、90 后的婚姻态度、婚外情等事件来讨论此命题。

1. 夫妻关系沟通不畅引发离婚

案例 4：2017 年初，一对年轻的夫妻找到黎主任要求离婚。女方之前曾经打电话咨询过工作人员，声称自己受不了丈夫，要求离婚。原因是，男方对女方父母不敬，并且没有悔改之意，夫妻之间为此闹矛盾，女方愤而离家，由于害怕父母担心并没有回娘家，而是在外租房。分居半年之久，男方居然一直没找她，仍旧僵持不下。于是，两人约定离婚。离婚现场，男方的母亲过来劝阻，可是男方一直沉默不语，终究办了离婚手续。办完手续之后，女方坦白说，两人婚前同居 3 年，感情一直很好，未曾想婚后半年便离了婚，她也曾给过男方机会，可是男方不愿意放下面子做点妥协，夫妻缘分无法再续。

如果说感情是夫妻关系建构的合法性基础，那么夫妻关系的维系仅仅依靠感情是不够的。我们在以上关于离婚的案例中发现，夫妻之间的矛盾多是由生活摩擦、沟通不畅引发的（易卓，2019）。沟通不畅，小矛盾不解决，大矛盾就会出现，矛盾僵持不下就会危及夫妻关系。在这个过程中，如果有第三方帮忙调解夫妻关系，并且成功地将矛盾焦点捋顺，夫妻之间尚能维系婚姻；如若没有第三方的协调，或者第三方未能抓住矛盾焦点所在，协调不成功，夫妻关系很可能就此崩盘。

在以上的过程中，有两点需要讨论。第一，男女双方的地位是平等的，夫妻之间沟通能力的重要性上升。以感情为建构夫妻关系的合法性基础，没有了"夫为妻纲"的文化性规定，少有伦理规范，夫妻之间在地位上是平等的，这也就意味着夫妻双方都有维系夫妻关系和共同生活的义务和责任，并且互相尊重互相谅解。夫妻双方的沟通能力很重要，这是因为感情需要夫妻沟通途径的畅通作为保障，否则地位平等基础上的小矛盾就会产生积聚效应。第二，去除了非正式制度的保障，也简化了离婚制度设置，离婚本身变得成本较低。男女双方父母、家族和社区对于夫妻关系的参与越来越少，婚姻越来越成为男女双方的私人生活。2005年，民政部门将作为婚姻调解机制的"村庄情况证明"和司法所签订离婚协议书的程序去除了，离婚至少在程序上变得简单清晰，即只要是双方自愿协商的结果便被法律接受。由此，离婚完全变成了私人生活的一部分。

2. 90 后的婚姻态度

办理离婚事务 18 年，黎主任印象最深的是近几年 90 后对于离婚的态度。黎主任认为，年纪大些的人其实观念都较为保守，不会轻易离婚，而最近几年接触到的 90 后却超出了黎主任对于当地人的认知。90 后的婚姻似乎更加随意，离婚也不那么沉重，闪婚闪离并不稀奇，这让已经年近 50 岁的黎主任唏嘘不已。

案例 5：2016 年有一对年轻的夫妻过来办理离婚手续，他们都不足 25 岁，结婚还不足 1 年。来的时候，小夫妻有说有笑，"像是来结婚登记一样，高高兴兴地"。这个态度引起了工作人员的注意，因为通常情况下，办理离婚是较为严肃的事情，当事人要么沉默，要么大哭大闹。询问具体离婚理由，两人态度也很随意，他们认为彼此之间"更适合做朋友，做兄妹，不适合做夫妻"，又因为没有孩子，于是商议离婚。办完手续之后，两人依旧有说有笑，互相搂抱着走了。

而事实上，以上的情况在 90 后群体中并不稀奇。黎主任接触到至少 3 对夫妻离婚时都如上文，夫妻之间说和就和，说离就离，离婚的时候没有心理负担，认为"做朋友更好"。

显然，婚姻的意义在变化。对于 90 后来说，也许婚姻只是爱到深处的一种选择。90 后的男女关系不再如以往一样，一选择就要坚持，一结婚就是一辈子。男女关系的界限变得模糊，朋友、兄妹、备胎、恋人之间的切换一直在进行，婚姻的建构或解构也只是这些关系角色切换的一部分而已。

3. 婚外情

在 G 镇，因为婚外情而离婚的情况很少，除非是有着婚外情的男人不顾家，不给家用，否则很少因此离婚。通过婚外情看婚姻的维系与变化，其中的内涵非常丰富。

案例 6：G 镇的莫村给我们讲述了他自己的婚外情故事。莫村 2005 年认识了来本地打工的湖北女人小倩。小倩小他 5 岁，在一个沐足店里做"师傅"，莫村由于来沐足店消费而认识了小倩，当时小倩生活中有很多不方便的地方，莫村帮了几次忙，比如帮忙接送她，帮她安排父母租房等，后来两人就好上了。莫村说，交往 10 年，他前后为小倩花费金钱有几十万元，比如租房、水电费、买礼物等；后来他还拿了 10 万元给小倩开美容院。2015 年，莫村与小倩分手了，导火索是另一个男人。小倩为此找过莫村好多次，都被拒绝了，于是两人彻底分开，小倩关了美容院走了。莫村说，自己因为与小倩分手"哭了好多次，我们感情确实好，夫妻之间都不见得有我们的感情好"。

莫村把这段 10 年的婚外情埋藏于心，自己品味其中的甘甜，他不愿意将它公之于众而破坏了感情本身的美好，所以他选择了好聚好散，感情归感情，家庭归家庭。

婚外情的实践让我们对于婚姻、爱情、家庭的认知更加丰富。感情是婚姻生活中最重要的主体体验，感情体验的好坏对于婚姻形式的建构与维系起着关键性的作用：感情体验好，就缔结婚姻，就会感到婚姻的幸福；感情体验差，就会闹矛盾，就会认为婚姻不幸福。感情体验构成了婚恋风险的关键词之一。然而，这个感情体验来自哪里，又具有怎样的特征呢？

以上的分析中，感情体验与夫妻之间的沟通和婚姻经营有关，与 90 后的婚姻态度有关，感情体验还要处理感情内涵与婚姻形式的问题。感情体验最外显的形式便是夫妻之间的互动关系，互动关系处理得好，一方面可以抹平男女双方的物质基础差异和生活习惯差异，另一方面可以再造夫妻之间的感情体验，达到婚姻经营的效果。在传统伦理道德体系对于夫妻关系的规约愈加式微的情况下，夫妻之间的互动关系发挥了更重要的作用，它对于夫妻关系的维系和婚姻质量的提升有重要的影响。然而，感情体验并不仅仅与双方的互动有关，也与婚姻态度有关。人们的婚姻态度可以粗略地划分为传统和现代两种，传统的婚姻态度以家庭为重，女人和孩子要依附于男人，要讲究妇道和家庭责任；现代的婚姻态度在婚姻的选择性和主体性层面提升，男女地位平等，双方共同为家庭做贡献，相互辅助配合。而 90 后的婚姻态度显然与以上两种有所区分，他们对于婚姻的认识更加开放，对于男女关系的建构更加模糊，选择性和主体性已经不是 90 后婚姻生活要面对的主要问题，彼此的婚姻体验才是重点，而婚姻体验又带有较多的主观成分，少有客观的标准和规律。因此，90 后以"不爱了""不想在一起了"为理由可以解除婚姻关系。这种只注重感情体验而剔除一切婚姻形式羁绊的做法当然还是少数，然而，正是这种处理感情内涵与婚姻形式的做法，彰显了感情体验在婚姻生活中日益重要的位置。如果说 80 后都还会一定程度上顾及婚姻形式、家庭责任、婚恋道德的话，那么 90 后已经在体验式婚恋的道德上大步向前了。可问题是，感情体验很主观且变动不居，既有的婚姻形态已经很难适应这种婚恋趋势，它只转变为其中的一种选择而已。

（三）体验式婚恋、婚恋风险与婚恋价值

以上从夫妻关系、物质基础崩溃、90 后的闪婚闪离、婚外情、外地媳妇等婚姻事件来讨论 G 镇一带农民的婚姻与家庭。我们认为，体验式婚恋模式正在建构成形。

因赌博倾家荡产而离婚，这意味着"日子过不下去了"，丧失了过日子的基本条件。婚姻是需要物质基础的。然而，今天我们

所谈的物质与传统时代的物质有了明显的区别。今天的物质可能是指男方家庭的物质基础，也可能指男方的工作事业情况，还可能指夫妻双方的合作经营情况。男女双方在物质上摆脱了传统时代女依附于男的格局，但是男女双方在物质上的合作与共识依旧是婚姻维系的基础。夫妻之间在物质上的共识或者合作关系被打破，这是造成他们婚姻破裂的基础性因素。

跨省婚姻的离婚案例中，婚嫁距离成为一个重要的影响因素。G镇是经济发达地区，在全国婚姻市场上属于流入地，因而这里的跨省婚姻更多体现为外地媳妇的问题。婚嫁距离与亲密距离是两个概念，不论婚嫁距离的远近，夫妻之间的亲密距离都可以产生。但问题是，因为婚嫁距离较远，亲属关系的功能不能发挥作用，男女双方家庭的经济合作很少能够达成，而且嫁来的媳妇往往是从经济不发达地区来的，于是跨省婚姻在物质合作层面的基础不牢。但跨省婚姻的这个基础并不构成影响婚姻稳定性的核心因素，我们在G镇的调研表明，跨省婚姻和本地婚姻的离婚率并没有显著差别。因而，我们认为，不管是本地婚姻还是跨省婚姻，其亲密距离的建构才是核心。

夫妻之间的亲密关系经营是另外一个影响婚姻稳定性的重要因素。在我们的案例中，因夫妻之间沟通不畅而离婚的案例呈显著增加之势，这也从侧面说明了夫妻之间亲密关系的重要性在婚姻中的作用不断上升，婚姻质量成为影响婚姻稳定性的要素。夫妻之间的亲密关系和婚姻质量代表着婚姻关系的实质，我国传统上并不看重，然而，现今社会中却越来越呈现其重要性。在90后的离婚案例中，他们甚至只看重亲密关系的获得，而对婚姻的形式与社会意涵毫不在乎。在婚外情的案例中，不少人的选择是在既有的婚姻形式中寻找物质合作上的安稳、在婚外情中寻觅亲密关系的体验。这些都意味着亲密关系的经营在今天已经上升为一个足以影响婚姻稳定性的核心命题。

这种以物质合作为基础、注重亲密关系、建构亲密距离的婚姻生活正是体验式婚恋的社会表达，这是一种完全不同于以往婚姻生活的全新形态，其中蕴含着婚恋价值变革。

如果说以往的婚姻是礼仪式的，注重婚姻的非正式制度，注重婚配形式，而今的婚恋关系则更加注重实质内涵。亲密关系上升为婚恋关系的核心，这对于中国人的婚恋生活是革命性的变化。男女之间通往婚姻的道路，原来不仅有"父母之命，媒妁之言"，不仅需要"门当户对"，更重要的是男女之间亲密关系的建构与维系。亲密关系的建构从注重礼仪的相亲转变为注重个人主体性的自由恋爱，亲密距离、感情、物质等要素成为新时期亲密关系建构的核心；亲密关系的再生产也不再受以三纲五常为代表的传统道德伦理的约束，而是以夫妻关系经营、婚姻质量提升等为主要表现形式；亲密关系升华不再是命定的姻缘及附属于其上的道德伦理，而变为围绕着纯粹的爱情而构建的价值体验与伦理建构。

从礼仪式婚姻到体验式婚恋，亲密秩序建构的方式发生了根本性的变化：从婚姻到爱情，从形式到内涵，从社会到个体，从礼仪到体验；亲密秩序的表达方式也发生了根本的变化：从以礼仪为中心的社会性表达到以体验为中心的个体性表达，从外在形式的秩序感到内在体验的圆满感，从重视结构的完整到重视互动的质量；亲密秩序的意义生产机制也发生了根本的变化：从外在的社会性规定到内在的个体性体验，从无从选择到自主选择，从一种人生任务到一种充满魅力的事务。

在体验式婚恋的模式之下，婚恋风险增多，以物质风险和感情风险为主。体验式婚恋以体验的方式处理物质条件，物质条件本身不是重点，重点是物质条件需要转化为好的婚姻生活体验才行，于是当物质条件匮乏或者物质条件不能有效转化为良好的婚恋体验的时候，婚恋风险爆发。感情的选择性和主体性在体验式婚恋中已经成为自然而然，婚恋价值也围绕此拓展；男女之间通过互动关系来进行婚姻经营，不断再生产良好的婚恋体验，如此才能实现婚恋关系的再生产，即使得婚恋价值凝练；当感情互动中沟通不畅、价值观相异时，婚姻体验会变差，婚恋关系的再生产便成为枉然，由此婚恋风险也一触即发。

第七章 婚恋转型

本书对于新生代农民工婚恋问题的讨论建立在社会转型的大背景下。现代因素与传统因素的交织与互动、发展主义与伦理主义视野下的行为方式变革以及新生代农民工婚恋模式的建构与婚恋伦理的重塑，都成为新生代农民工婚恋转型的重要组成部分。

在社会转型的大背景下，农村社会和城市社会都相应地发生了多个层面的社会变迁，其中，打工经济使大量原本长期生活于农村的农民进城务工，全国范围内的打工潮不仅具有生产方式变革的意义，更重要的是它加速了社会流通，并使农民原本赖以生存的村社结构、社会关系、婚姻家庭都面临着新的挑战。打工经济让社会转型的巨变和剧痛切切实实地落在广大农民身上。在这个过程中，新生代农民工是一个独特的社会存在，他们出生并成长在打工经济的潮流中，城乡之间的流动已经成为他们不可或缺的特性之一。在打工的裹挟之下，新生代农民工浩浩荡荡地进入了社会转型的浪潮，他们作为主体来体验城市生活和流动生活，又作为主体来创造实践并建构新的婚恋生活。新生代农民工的婚恋既不同于他们的父辈被固态的乡村社会规约，也不同于城市人有着多元的价值指引。流动的生活加速了乡村社会的衰变，也让新生代农民工成为婚恋转型的实践者。

本书以多个层面的经验现象为基础，讨论了新生代农民工在婚恋形态、婚恋路径、婚姻市场、工厂恋情、婚恋价值等层面所面临的转变，不同维度的分析共同构建了以新生代农民工为主体的婚恋转型。如何理解并应对这种婚恋转型呢？它与社会转型的关联是什么？这是本章要讨论的命题。

　　新生代农民工的婚恋转型以发展主义逻辑为基本线索，以婚恋功能调适来贯穿。发展主义逻辑直接体现为家庭收入增长、家庭关系理性化、家庭伦理世俗化等命题，它是现代性在微观层面的反应之一。与发展主义相对应的是传统主义，具体来说，就是农民婚恋家庭领域以传统规范礼仪为基本的整合机制，其目标在于实现家庭秩序和家庭再生产。当发展主义注入微观社会，个体和家庭成为发展主义的承接者。发展主义为新生代农民工注入了新的目标系统（如家庭发展），也引入了新的系统整合（如合作共济与功能互补），确立了新的伦理规范（如感情为核心），发展主义正在推动着以新生代农民工为主体的婚恋转型，然而这种婚恋转型显然有其特殊的社会意义，构建一个新的婚恋秩序，同时也构建了新的婚恋陷阱。发展主义逻辑下的婚恋转型是中国基层社会对于现代化进程的微观反应之一；同时，发展主义逻辑下的婚恋转型也为我们厘清复杂的经验现象、建构有效的运作机制提供了基本的认识框架。

　　然而，发展主义有其特定的指向，新生代农民工的婚恋又没有完全按照指向的方向转变，其中传统与现代因素的纠缠和互动、城乡元素的破除与重构，这些都使得以新生代农民工为主体的发展主义具有了更多复杂的运作机制。我们要做的，就是在这种高度的复杂性中建构一条较为清晰的理解经验现实的线索，将这条线索对接到既有的理论脉络中，并且能够较为恰当地解释经验现象的复杂性。在此意义上，婚恋转型既能够较好地回应理论线索的转变，又能够对于经验现实的复杂性保持一定的解释力，因而，我们就此以"婚恋转型"为核心，将以新生代农民工为主体的婚恋实践做出经验上的剖析与理论上的提升，并试图将婚恋转型命题塑造成为一个具有丰富时代意涵和空间坐标的研究命题。

　　具体而言，首先，在前文论证的基础上建构出婚恋秩序的一般原理，尤其是重点讨论以新生代农民工为主体的婚恋现代化模式，还有婚恋问题纠偏机制；其次，讨论婚恋现代化过程中的发展主义，以目标系统、系统整合和伦理规范为标识；再次，讨论婚恋转型的具体形态，以婚恋共同体和婚恋伦理的讨论为载体；最后，回应婚恋转型中的逻辑陷阱，即在转型的场域中将婚恋陷阱做逻辑上的推演。由此，将婚恋转型命题在理论和经验上都做进一步的扩展。

一　婚恋秩序构建与婚恋问题纠偏

以新生代农民工为主体，婚恋形态多样、婚恋路径重组、婚姻市场重构、工厂恋情兴起、婚恋价值变革，这些转变从不同的层面涉及了婚恋秩序的问题。整体上看，传统的婚恋秩序遭到了破坏，新的婚恋秩序还未形成，其间出现了高额彩礼、价值异变、婚恋风险增多等典型问题。由此，关于婚恋转型的研究必然要回应以下的问题：在逻辑层面上对婚恋秩序重新建构，在事实层面上建构对于婚恋问题的纠偏机制。

（一）婚恋秩序建构

从社会学的意义上看，建构一套合理且有效的婚恋秩序是应对婚恋风险的基本逻辑。目前在婚恋秩序的层面上呈现的问题有两个方面：一方面，关于新生代农民工婚恋的传统模式已经式微，现代模式正在多重元素的排列组合中进行深度纠缠，如何在这诸多元素的纠缠中找出一个适合于现实情境又具有伦理道德意义的婚恋模式成为一个重要的命题；另一方面，新生代农民工婚恋模式中所呈现的明显的"内涵－形式"冲突，要么是对形式的过度"崇拜"，要么是对内涵的过度强调，两者的缺位与错位如何解决，如何协调"内涵－形式"关系，建构现代化（合理且统一）的婚恋社会系统也是重要的命题。

在以上两个问题的指引下，我们将婚恋秩序的讨论细化为两个层面：一个是对于婚恋元素的讨论，如婚前恋爱模式，婚姻生活中的爱情、性、物质、消费等，家庭发展目标下的夫妻分工、家庭关系、配偶期待与社会性竞争，私人生活的边界，婚恋生活中的伦理实践与道德建构；另一个是对于婚恋协调机制的讨论，如如何处理恋爱与婚姻的统一性、感情与物质、婚恋权力关系、亲密关系与家庭发展目标、婚姻与社会性竞争。

1. 婚恋元素

对于婚恋元素的讨论就是对于构成婚恋秩序诸元素作用机制的讨论，其中，传统－现代、行动－结构、实践－道德，是进行婚恋元素讨论的基本二元结构。传统－现代是理解新生代农民工婚恋的一个基础性的认识框架，传统模式来自农村社会以"父母之命，媒妁之言"为代表的婚恋系统，现代模式以打工经济兴起之后受到城市文化影响的"自由恋爱"模式为主要表现形式。传统－现代的框架虽然能够在一定程度上解释新生代农民工所面临的婚恋形势，但是其对于具体的婚恋实践缺乏情境性的考虑。行动－结构将新生代农民工作为婚恋的行动主体，在城市中有着自由恋爱的文化熏陶和实践，然而在面临婚姻的时候却要面对婚嫁距离、房子、经济收入、文化适应等结构性的规约。行动－结构将新生代农民工的婚恋实践丰富化、情境化，但是这种分析过于注重对于行动策略、实践技术和结构制约的分析，对于其背后的伦理和道德意涵关注不足，也就无法将婚恋行为升华。实践－道德的认识框架将新生代农民工的婚恋实践放置在特定的道德伦理体系中考察，以实践与道德的相互匹配为基本的认识论前提，社会实践上的改换让道德不匹配的问题凸显，如何调适社会实践，并建构适应于社会实践且具有引领作用的伦理道德，这是重要的命题。

解决以上传统－现代、行动－结构、实践－道德上的二元结构困境，超越二元结构并建构新的统一体，就是在抽象层面上建构新生代农民工的婚恋秩序。然而，在社会运作的过程中，新生代农民工需要形成实践性的婚恋现代化模式，这是解决具体运作的社会系统问题。

2. 婚恋现代化模式

新生代农民工的婚恋现代化模式，就是以接受并适应以自由恋爱为代表的婚恋现代观念的基础上，积极调适并建构与其匹配的婚恋规则和社会规范，在实践层面上建构解决各种婚恋问题的机制，以实现婚恋的统一性、延续性，并匹配整个社会转型。一方面，婚恋现代化模式以婚恋秩序的建构为基础；另一方面，婚恋现代化模式以形成有效且合理的婚恋规则、建构社会规范为己任。

具体来说，婚恋现代化模式要解决四个问题：第一，婚恋之间的关系；第二，婚恋中的权力关系；第三，婚姻与既有家庭制度的关系处理；第四，婚恋与社会的关系，也即社会分化与婚恋流动。解决这些问题要注重两个基本前提，一个是多数新生代农民工在城市的打工生活中受到了自由恋爱文化的浸染，对于感情在婚恋关系中的核心作用是认同的；另一个是限于现实条件，多数新生代农民工并不能够在城市中完成婚姻大事，他们仍旧需要面对农村社会对于婚恋秩序的规约和影响。在这两个前提之下，对于上述四个问题的分析和讨论就有了具体的情境。

首先，婚恋之间的关系要实现统一化、一体化。由于新生代农民工的生活在城市与乡村之间流动，其婚恋实践也多需要处理城乡异同的问题。因而，这造成了新生代农民工的婚恋统一性受到挑战，比如，打工时的恋爱生活被融合在城市文化中，需要经常参与各种文娱活动（逛街、唱歌、旅游、花店、吃饭等），这些活动以消费为前提，而这些恋爱活动在农村并不一定有条件实现，而且当恋爱的男女面对婚姻的时候，关于婚房、彩礼、仪式等方面的事项多数要按照农村社会的既有规范进行，如此，城市里的恋爱体验与农村的婚姻事项就分属于两个不同的文化系统，无法实现贯通，就可能会出现问题或者为婚姻埋下隐患。如何在自由恋爱的婚恋文化与新生代农民工现实的婚恋条件之间实现贯通呢？有两个努力的方向，一个是在城市文化系统中实现贯通，另一个是在农村文化系统中实现贯通。然而，限于既有条件，第一个方向难以实现，第二个方向需要做出一定的转化。在农村文化系统中将婚恋贯通，就是在现有的经济基础之上，尊重新生代农民工在婚恋关系中的主体性，注重感情体验，提倡"低成本高福利"的婚恋模式。具体来说，就是要在农村社会逐步营造以感情为核心的婚恋模式，让新生代农民工作为主体，在农村既有条件的基础上做出自己的婚恋选择和婚恋安排，倡导"父母放手，孩子接手"。如此，通过新生代农民工婚恋主体性的塑造来实现婚恋关系的统一化和一体化。

其次，婚恋关系要去除物化成分，尊重婚恋关系本身的感情特性和互助合作属性。既有的婚姻制度多沿袭"随夫居"模式，女人需要嫁入男方家庭及其所在的村庄。新中国成立以来，男女平等、妇女能顶半边天的理念成为当时的婚姻家庭政策导向，经过几十年的实践，男女平等的观念已经深入人心。然而，在打工经济兴起之后，婚恋关系中的男女随着婚姻资源的稀缺程度和物质条件的差距而产生了新的权力依附关系，主要体现在两个层面：一个是某些地区婚姻市场上适龄女性稀缺，这在无形中通过彩礼、婚房的要价提高了女性在婚配关系中的价值，形成了女方市场，女性地位的提高建立在其婚姻市场中的优越位置之上；另一个是男女在婚姻关系中的经济贡献，通常情况下，经济贡献大的一方会在婚姻关系中占据强势地位，依据经济资源的优势地位而形成权力依附关系。两个层面的社会现象意味着婚恋关系中的人被物化，物质资源的关系支配了人与人之间的关系，婚恋本身的意涵受到限制。基于以上的情况，我们认为，要去除婚恋关系中的物化成分，将婚恋关系还原为感情关系和家庭互助合作关系。具体来说，婚恋关系中的男女以感情为关联纽带，他们是感情统一体，夫妻之间的其他关系模式如物质关系、工作关系等要服务于感情统一体的性质，也就是在物质层面上荣辱与共，在工作关系中相互支撑，在家庭关系中相互协商。这样的男女平等并不是形式上的平等，而是在实质内涵层面上的平等，即在感情统一体的基础上进行物质共享、合作互助。

再次，要建立好新生代农民工的流动婚恋与农村既有的婚姻制度的衔接。新生代农民工的流动婚恋具有三方面的特征：一是婚恋场景的分离，二是城乡物质基础的异同，三是伴随着流动而引发的婚嫁距离、文化适应等问题。农村既有的婚姻制度，建立在当地长期的农村生活中逐渐形成的婚恋规范和常见婚恋问题的基础上，即农村的婚姻制度与其社会形态相契合。因而，在流动婚恋的条件下，如何适时调整和建构农村的婚姻制度是一个重要的命题。我们认为，衔接两者的关键在于建构统一的婚恋情境，即尽量调和由于城乡流动而出现的婚恋情境分离的情况。由于多数新生代农民工最终要面临的婚姻情境还是农村，我们建议以农村的物质条件为基础、吸纳城市婚恋元素，并建构开放、多元、包容的婚恋情境。具体来说，就是要在以家乡为中心的地域范围内建构相对稳定的婚姻市场，这个婚姻市场在范围上相似或者大于原本的婚姻圈，然而在运作机制的层面上大有不同。本地婚姻市场建立在统一的农村文化体系中，其中的新生代农民工共享相似的文化认知、地方性知识以及风俗习惯，在此基础上建构婚姻市场中自愿选择、自由恋爱的婚配规则，并且借助于政策手段强力制止高额彩礼等婚恋中的物化成分，逐步在农村社会形成一个由男女平等、婚恋自主为主要原则的本地婚姻市场。在本地婚姻市场的运作过程中，倡导婚恋选择自主、低成本婚姻、婚姻仪式文明并简化、夫妻关系一体且平等、婚居模式自主等。如此，本地婚姻市场便与吸纳了现代婚恋元素并符合农村社会现实的混合型婚姻制度相匹配。

最后，通过政策手段将顺新生代农民工的婚恋与经济分化、地域分化之间的关系。在第三章中我们曾论述过，农村婚姻资源竞争的结果是造成了婚姻分层和"光棍危机"，即农村的贫富分化通过婚恋表现了出来，女性婚姻资源有向上流动的趋势，即经济资源丰裕者在婚姻市场上占据优势地位，他们更容易恋爱结婚，并且不惧怕婚姻失败，而经济资源稀缺者则处于弱势地位，他们有很高的失婚风险，而且成婚之后依然面临着"重返光棍"（宋丽娜，2015）的风险。在贫富分化日益加剧和新生代农民工婚姻流动频繁的情况下，新生代农民工的婚姻流动与经济分化之间建构了密切的关联。我们认为，如果任由这种情况发展下去，"光棍危机"的社会性后果会进一步加剧，将会以各种形式危及农村社会的和谐稳定，因而，我们需要建构一定的社会机制阻断这种婚姻流动被物化的情况。有两个方向值得尝试，一是通过政策手段强制降低结婚成本，对于高额彩礼现象加大治理力度，对于婚房的要求也有明确的从简的社会倡导，由此阻断经济手段在婚姻流动中的作用；二是通过文化宣传和移风易俗的活动，引导人们对于幸福婚姻生活的讨论，逐渐形成一些关于物质与婚姻幸福之间辩证关系的社会认知，由此构建有利于感情发育的婚恋意识形态，最终形成一套以感情为核心的婚姻结合体制机制。

通过以上四个层面的婚恋问题讨论，我们就能在婚恋统一化、去物化、制度衔接等层面建构婚恋现代化模式，即吸纳一些对新生代农民工影响极大的城市文化元素，又尊重他们的经济社会生活现状，建构一套适用性强且社会效用最大化的社会机制。

（二）婚恋问题的纠偏机制

逻辑层面的婚恋秩序建构为事实层面的对策建议提供了基本的理论依据。在事实层面，新生代农民工婚恋问题的爆发往往具有多层面、多元化的特性，对于这些问题的解决应该在整体性、多元化的思路指引下，做出全方位、多层面的纠偏机制构建。

1. 宏观层面的政策纠偏和社会倡导

宏观层面的婚恋纠偏主要解决新生代农民工婚恋领域的重大、宏观、抽象的问题，其目标在于整体维系新生代农民工的婚恋秩序，建构健康、文明、可持续的婚恋环境，为新生代农民工婚恋问题的解决提供基本的政策依据和行事原则。我们建议在以下几个层面形成更加完善和有效的政策框架。

首先，建构并完善关于跨省婚姻的各项政策系统。在社会流动日趋加剧的背景下，新生代农民工的跨省婚姻现象仍将持续下去，因而，如何建构关于跨省婚姻的各项政策框架，如何完善跨省婚姻的社会政策支持系统是一项亟待解决的现实命题，然而，遗憾的是，目前我国并没有专门针对跨省婚姻建构的政策框架。我们认为，合法且合理的跨省婚姻需要一系列的特殊政策支撑才能适应社会的不断变化。我们需要在跨省婚姻的合法性保障上建立恰当的规则，即跨省婚姻的结合建立在男女平等、双方自愿自主的前提下，并且以互相尊重、相互协商为基本的原则。在处理跨省婚姻的夫妻关系、家庭关系、文化适应、亲属距离等问题的时候，保留异地协商联动、部门合作、社会引导为主的基本原则。跨省婚姻牵涉到的行政部门主要是民政、司法、文化等，民政部门主管结婚、离婚登记等正式婚恋行为，司法部门处理由于婚恋关系而产生的各种纠纷矛盾，文化部门往往在社会倡导、移风易俗等层面发挥作用。跨省婚姻的政策保障更需要民政、司法、文化部门的统合协商，让跨省婚姻在正式行政力量的全覆盖和非正式社会力量的辅助下有效运作，有着自身关于"合法性-运作正当性-行为纠偏"的一整套社会运作机制。

其次，建设关于流动婚姻的政策支持系统。流动婚姻是就婚姻形态而言，指的是婚姻生活不再是长期固定一处的模式，而是有着较为频繁的社会流动和家庭成员分离。流动婚姻使得原本适用于固定婚姻状态的婚姻制度和婚姻规范有了与社会现实不相适应的地方，因而，建构适用于流动婚姻的政策支持系统与社会规范体系成为当务之急。我们认为，流动婚姻最重要的特征是其流动性，其中牵涉异地婚姻、流动生活、夫妻关系、家庭成员等方面的问题。流动婚姻的政策支持系统应该在新的社会形势下保护男女双方的婚恋权利，异地享受各种法定婚姻福利，新生代农民工具有婚姻居住地的选择权，并且在婚姻居住地享受民政、司法、文化等部门提供的各种婚姻福利。由于流动婚姻会对相对固定的社会福利体系和子女入学等政策有一定的影响，我们建议建立关于流动婚姻的档案，实现全国联网，以及时快速地捕捉关于流动婚姻的各种政策需求与行为动向。此外，流动婚姻的政策支持系统也应包括流动婚姻的司法保护、社会纠偏和社会服务。

最后，倡导婚恋自主、仪式从简、男女平等的社会风气，建构婚恋价值观的社会预警机制。在现有社会主义男女平等的婚姻法规的条件下，保护当事人的婚恋自主权，确保结婚自愿、离婚自由的原则。在社会层面，建构一套合法婚姻的保护机制，在夫妻义务、婚姻责任、男女分工、婚外情等层面形成正向的价值倾向，如倡导夫妻忠诚、相互尊重、责任共担、平等协商的价值观。在婚恋仪式上，弱化其形式的层面，加强其内涵的层面，在社会舆论上建构仪式从简的话语。男女之间的感情为其建构婚恋关系的唯一合法性基础，然而，婚恋关系一旦建立就具有了正当性，享受行政和司法部门提供的婚恋保护。以上婚恋原则建构的核心要义在于，重建婚恋仪式的神圣性、婚恋关系的正当性、婚恋价值的正向性。

宏观层面的政策纠偏和社会倡导要解决的问题有三：一是宏观层面的婚恋规则，即关于婚恋的法规和社会规范；二是关于婚恋的民俗习惯与社会风气的倡导指引，端正全社会的婚恋价值观，引导社会婚恋风向；三是特殊婚恋问题解决的基本思路，如对于跨省婚姻、流动婚姻的处理对策。

2. 微观层面的工作机制建构

宏观层面的政策纠偏和社会倡导为微观机制的建构提供了基本的框架。然而，落实到具体的工作机制和措施上，我们需要考虑多方的情境性因素。对于新生代农民工来说，其婚恋问题面临着农村社会的文化习俗、家庭环境、当地性别结构、婚恋价值观等情境性因素的影响，也面临着城市社会的打工环境、消费环境等丰富的情境性因素。这些情境性因素是具体对策措施的实践环境，会与实践行动发生互动，在互动的过程中，婚恋风险可能发生。因而，我们需要在与周边环境的互动过程中提出具体的行动方案，并保证行动方案的有效性，而且在现有的婚恋价值观基础上通过建构恰当的社会机制来预防婚恋风险的发生。具体来说，有以下几个方面。

第一，规范农村婚俗礼仪，形成基本的社会风尚。

婚俗礼仪在乡村社会中有着仪式展演、道德教化、社会整合的功能，其中彰显着农村社会特有的集体意识状态。因而，婚俗礼仪看起来是个人选择，但是它承担着重要的社会功能。在此意义上，规范农村婚俗礼仪，将个人行为融合进入社会体系，促发婚俗礼仪充分发挥正向功能，具有重要的意义。

目前，农村婚俗礼仪领域的突出问题有三个：一是物质化明显，高额彩礼现象不断凸显，利益交换和利益算计在婚俗礼仪中成为突出的社会现象；二是仪式庸俗化、排场化并存，即婚俗礼仪的严肃性遭到挑战，被注入了一些庸俗文化的成分，而且刻意追求大场面、讲排场；三是私人性特征明显，婚俗礼仪成为个人彰显经济实力、社会地位的工具，而在社会功能发挥的层面有所弱化，也即公共性降低。

针对以上三方面的典型问题，相关部门（如民政系统）应出台一些举措扭转日益恶化的社会风气。例如，彩礼的流动虽然是个人行为，但是政府可以给出"倡导""建议价格"，即将彩礼的礼金还原到象征性意义，弱化其利益交换的成分。婚俗礼仪的办理也是个人行为，不过社会倡导和社会评价却是使其具有公共属性的工具，如果相关部门提倡婚礼从简办理，并且在社会评价系统中建构对于婚俗礼仪的严肃性认知、文明办理的风气，农村社会就会逐渐形成一个关于婚俗礼仪的社会评价系统，可以发挥调节婚俗礼仪办理方向的作用。相关部门也可以通过倡导公共服务机构（如各村的红白理事会、婚俗文化传播理事会等）来建构其公共属性，引导农村社会对于婚俗礼仪的认知。

第二，规范农村婚介市场，构建良好的婚恋环境。

最近几年，在一些经济不发达的农村地区，由于"失婚的焦虑"，社会上兴起了一个特殊的行业——婚介市场。这种婚介市场与传统意义上的媒人有所不同。传统的媒人往往通过"亲属连亲属"的特殊关系来完成男女介绍，是偶然行为，并且不以经济利益为目标；而今的婚介市场上的媒人是收费的，以利益为目标，是主动寻求需求方与供给方的市场行为。由"失婚的焦虑"催生出的巨大的农村婚介市场产生了诸多层面的乱象，如骗婚、重婚等。农村的婚介市场亟待规范，农村的婚恋环境急需净化。

规范农村婚介市场，需要在两个层面做工作。一是在市场规则上形成共识。比如媒人的报酬目前较为随意，一些有着迫切娶妻愿望的男性可能会将较大的期望投放在媒人身上，甚至为此不计成本，需求太强烈，供给却有限，市场不平衡打破了规则的效度，媒人成为市场中掌握稀缺资源信息的人，为了获取更多的利益，很可能会出现各种形式的欺诈行为，而婚恋关系中的欺诈行为往往会产生非常广泛的社会影响。因而，通过媒人欺诈的后果倒逼他们自动形成婚介的通用规则，如婚介市场价格透明、收费项目合理，并且婚介应该为其产品负责，即能够保证介绍对象的真实情况，去除其欺瞒和诈骗的成分。二是婚介市场规则的有效以婚恋环境的净化为前提，因而建构纯净、健康、文明的婚恋环境是必要的。通过政府行为有效打击各种婚恋欺诈行为，建构婚介的合法经营条件，通过文化宣传的手段（如媒介宣扬、文化作品宣传、公益活动等）营造健康的婚恋关系、文明的婚恋行为，让新生代农民工的婚恋在法治的保护下健康成长。

第三，引导建立农村社会的本地婚姻市场，建构男女平等、自愿结合、父母不干涉的原则。

打工经济将新生代农民工的通婚半径拉大，形成全国性的婚姻市场，由此可能会形成跨省婚姻。跨省婚姻是婚姻自主、双向选择的结果，但是不得不面临亲属关系断裂和文化适应困难等社会性后果。我们认为，既要继承婚姻市场中所形成的男女平等、自愿结合、父母不干涉的原则，又要想办法规避跨省婚姻带来的负面后果，其中，有意识地引导建立农村社会的本地婚姻市场就是一个现实的选择。

本地婚姻市场，就是在一定的通婚半径（10~20公里）内，双方按照平等自愿、自主选择和父母不干预的原则进行婚姻结合，如此结合的男女双方既保留了自由恋爱的属性，又规避了文化异同所带来的适应与磨合问题。本地婚姻市场建构的特殊困难在于，它需要与传统意义上的婚姻圈区分开来。婚姻圈的背后是一系列传统文化安排，而本地婚姻市场的背后则是一套现代的婚配原则，我们认为其中的核心在于树立起新生代农民工在本地婚姻市场中的主体性地位。比如，在建构本地婚姻市场的过程中，如何处理父母的作用、如何处理亲属关系就体现了不同的婚配规则。在本地婚姻市场中，我们希望淡化父母在子女婚姻大事中的影响，形成男女自愿、自主选择的原则；在为婚姻所做的物质准备中，父母的物质赠予变为自愿，而弱化其中包含的权力支配，并且倡导新生代农民工为自己的婚姻负责，即男女双方共同为自己的婚姻结合做物质准备。此外，新生代农民工应该作为主体参与到婚配选择、婚姻礼仪、亲属关系建构、抚育子女等各项婚姻事务中。新生代农民工在本地婚姻市场中的主体性一旦树立起来，其他一系列的婚姻家庭事务运作逻辑将发生相应的变化。

第四，倡导以感情为核心的婚姻结合体系。

自打工经济兴起以来，以感情为核心的自由恋爱已经成为新生代农民工婚恋结合的唯一合法性基础。在本地婚姻市场的建构过程中，感情为核心也是新生代农民工主体性的重要体现之一，必须得以保证。

以感情为核心，就是要维系婚恋关系的纯粹性，将新生代农民工从"物质性"负担和"道德性"负担（如在婚恋中尊重父母的意愿）中解放出来，让婚恋关系回归到男女双方彼此的感情融和与婚姻经营上。以感情为核心，意味着婚恋关系中的物质交换与礼物流动要服务于感情的需要，即物质性的一面要更多呈现其象征性的一面，而弱化其利益算计的成分。对此，社会应倡导低成本的彩礼流动，或者以旅游为代表的文明婚恋。同时，社会也应倡导父母从新生代农民工婚恋操办的责任体系中解放出来，将婚恋塑造为新生代农民工自己的事情，父母具有协助的情分却无必须帮忙的义务。新生代农民工以感情为核心建构自己的婚恋关系，并且通过自身的努力为婚恋关系寻求好的结果，走入婚姻并且靠自身的努力经营婚姻。由此，"感情为核心－父母退出－婚姻经营"就成为新生代农民工一整套有效而健康的婚姻结合体系。这种婚姻结合体系是解决其他婚恋问题的核心。

第五，在农村建立完善民间的婚姻家庭关系调解体系。

即便是规范了本地婚姻市场，建立了以感情为核心的婚恋关系评价系统，并且建构了健康文明的婚恋环境，也并不能保证新生代农民工的婚恋体系的完整有效。对于新生代农民工来说，自身的婚恋行动一方面受到感情的支配，有着自身的人生打算和利益算计，另一方面也受到复杂的周边情境，如家庭环境、社区环境和同辈群体环境的影响。因而，除了上文所论述的四个方面的正向引导之外，在乡村社会建构一套预防系统，如婚姻家庭关系调解体系就显得非常必要。

民间的婚姻家庭关系调解体系旨在以整个社会系统的运作为背景来预防新生代农民工可能的婚恋问题爆发，具体手段是通过疏通社会关系来达到问题化解的目标。具体来说，新生代农民工的婚恋要处理的社会关系包括恋人关系、夫妻关系、亲子关系、代际关系、家庭关系等，这些关系的建构与维系都与农村社会情境相契合。首先，男女之间的恋人关系和夫妻关系是核心，它们影响着其他关系的走向和问题的方向，也是婚姻家庭关系调解体系工作的核心部分。其次，亲子关系、代际关系、家庭关系对于男女之间的恋人关系和夫妻关系有重要的促进作用，因而，对于它们的关系处理要以服务于夫妻关系为本。最后，通过捋顺关系的方法来解决问题，也是与农村社会情境深度融合的一种民间调解机制。

那么，如何建立民间的婚姻家庭关系调解体系呢？有两个总的原则：就地化和自治。就是在农村社会内部寻求合适的人员从事相关工作，并且建构一定的社会机制以达到"自我治理"的效果。具体来说，一方面，可以充分发掘村民自治组织中妇女委员的关键作用，为妇女委员赋予调解婚姻家庭关系的职能，并且为全村的新生代农民工婚恋状况建立调解档案，追踪其进展，让新生代农民工的婚恋状况为村级自治组织及时掌握；另一方面，借助于传统文化体系中的特殊妇女身份，比如在村庄中有着一定影响力的"大嫂""大姐"，为她们赋予"民间调解员"的身份，使她们从事更加细致琐碎的婚姻家庭关系调解任务，以配合妇女委员的工作。在乡村社会内部的社会结构和文化系统中寻求自我治理，即最大限度地降低工作成本，也尽最大可能地细致认真。

第六，在农村中建构婚恋家庭社会工作服务体系。

针对新生代农民工，除了民间的婚姻家庭关系调解体系，还需要社会组织提供专业性婚恋家庭服务，其中婚恋家庭社会工作服务就是典型。这是因为，民间的婚姻家庭关系调解体系可以解决细致的、琐碎的婚恋问题，但是一些较为特殊的婚恋问题则需要专业人员和专业机构的介入，婚恋家庭社会工作服务就是一个合适的切入点。

婚恋家庭社会工作，就是以社会工作的理论和视角，运用科学而专业的工作方法，来处理新生代农民工婚恋生活中所遇到的各种难题。婚恋家庭社会工作建立在两个基础之上，一个是民间的婚姻家庭关系调解体系，另一个是借鉴既有的婚恋家庭工作理论，将两方面结合起来，做出实践性的探索。具体来说，针对新生代农民工的婚恋家庭社会工作要注重五个方面的特殊情况，一是新生代农民工受城市婚恋文化的影响，二是新生代农民工所面临的流动的婚恋生活，三是新生代农民工作为主体在婚恋关系实践中的自我意识，四是农村社会对于新生代农民工婚恋关系的预期，五是新生代农民工在婚恋生活中要面临的周边社会情境。婚恋家庭社会工作就是在以上五个方面的特殊情境中，对新生代农民工的婚恋问题做出准确的判断、科学的分析和专业的干预，以实现新生代农民工婚恋生活的秩序化和正当化。

鉴于全社会目前在婚恋家庭领域出现的问题，我们认为，婚恋家庭社会工作在新生代农民工群体中具有巨大的市场，是正切中他们社会需求的一项工作，可以在婚姻家庭领域发挥重要的作用。社会组织、公益团体等可以有计划、分步骤在一些农村地区逐渐开展这项工作，最终达成工作目标：在乡镇的层面设立婚恋家庭社会工作服务中心，在各村设立服务站。这些站点与中心建构一套社会工作服务的网络，以科学而专业的方式将民间的婚恋问题就地化解决。

第七，在城市中建构婚恋危机干预机制，以流动的社会工作服务站为主要形式，目标是预防和解决婚恋领域的认知偏差。

新生代农民工的婚恋生活有很大的部分是流动的，尤其是在不同城市间的流动。城市社会中本身有一套婚恋危机干预机制，是针对城市居民的，而具有流动性的新生代农民工往往享受不到这种社会服务。因而，我们认为有必要建构一套专门针对新生代农民工开展的社会工作服务，以婚恋危机干预为主要工作目标，以社会工作服务站为主要形式，预防和解决新生代农民工婚恋领域的认知偏差。

我们曾经在 FSK 集团附近调研，周边聚集了大量的新生代农民工。周边的本地居民对此常常嗤之以鼻，因为大量外来的年轻人聚集在一起会产生很多的婚恋事件，甚至多有牵涉到本地人的婚恋家庭，有很多超出人们的传统认知范围。如若这种状态不加以干预的话，必将愈演愈烈，而事实上城市社会中并没有专门针对新生代农民工婚恋的服务机构。因而，我们认为，在新生代农民工聚集的地区，社会组织应注意建立若干个流动的社会工作服务站，专门针对此群体中的各种婚恋事件开展社会工作服务，尤其是在婚恋认知、婚恋观念等层面做出有针对性的工作，并且建构婚恋危机干预机制，在问题的层面上帮助新生代农民工解决其困惑，以正社会风气。

二 发展主义嵌入婚恋

在一定程度上，婚恋秩序和婚恋问题是表层，其背后有着怎样的深层逻辑呢？发展主义嵌入婚恋可以为我们提供一个更深刻的婚恋转型问题的视角。

发展主义更多指以经济收入为核心的现代性理念，通常与理性化、世俗化、物质化等关联在一起。对于一个迟发外生型的现代化国家来说，发展主义逻辑所代表的现代性因素最先进入的是经济领域，随后，政治、社会、文化等领域也会在其逻辑的影响下发生转变。在整个社会转型的过程中，渐进性、互构性、反复性、形式化等是其可能会呈现的特质。在此，转型的序列、转型的方式、转型的内容、转型的逻辑就有了讨论的空间。婚恋是一个特殊的领域，一方面与个人的私密生活关联，另一方面又有较高的道德伦理意涵。而且，新生代农民工的婚恋也是一个特殊的主体实践过程，他们在打工经济中形成，穿梭在以城市为代表的现代性和以农村为代表的传统性之中，是现代婚恋体系进入农村社会的入口，其中发生了诸多有效的互动与形态互构，其婚恋转型具有特殊的意义，其在理论上也是观察转型中国婚恋现代化和家庭现代化的重要窗口。在此背景下，我们首先需要建构的命题是，体现在新生代农民工群体身上的婚恋转变在何种意义上构成了婚恋转型？何以发生，如何发生？其逻辑起点在哪里？这些需要进一步讨论并厘清。

发展主义嵌入婚恋构成了婚恋转型的关键。发展主义所彰显的现代性逻辑使得新生代农民工的婚恋部分地脱离了农村传统的场域，让婚恋成为流动的实践，成为互动的博弈，使得新生代农民工的婚恋真正具有了一定程度的主体实践性，而不仅仅是传统文化笼罩下的伦理演绎。在此意义上，我们应当对发展主义嵌入婚恋领域给予足够的重视和讨论，这正是婚恋转型的逻辑起点。具体来说，发展主义嵌入婚恋领域集中体现在打工经济条件下新生代农民工的婚恋生活上，即在打工这个最重要的生活变量的影响下，新生代农民工的婚恋情境和婚恋行为都发生了相应的转变，这种转变以发展主义为基本线索，从三个层面能够说明此问题。

（一）目标系统：家庭发展能力的凸显

发展主义塑造的家庭收入与家庭间的社会竞争，使得家庭发展能力成为影响婚恋问题的基础命题。

打工是以经济收入的方式进入农民的日常生活中的，即广大农民外出务工的原始动力在于挣钱。挣钱是为了娶上媳妇，为了过好日子。这是多数农民工外出务工的朴素道理，即外出挣钱是为了能够顺利完成在农村的家庭再生产任务。这种"半工半耕"的生产方式正是为"家庭利益最大化"而做出的现实安排，打工能够挣钱，种田能够有基本保障。然而，在这两者之中，打工实现的货币收入具有了明显的现代经济意涵，货币的多寡成为广大农民工最显而易见的比较要素，由此家庭之间的比较就有了具体化的货币标准，由此产生了关于"家庭发展能力"（李永萍，2019）的话语。家庭发展能力，就是由个人特质、工作能力、家庭结构、社会地位等因素综合形成的家庭收入竞争力和家庭生活幸福度。

在农村，家庭发展能力有以下特征：第一，家庭发展能力由打工经济催生，它与农民传统的婚姻家庭生活模式有着明显的区分；第二，家庭发展能力使得家庭收入货币化、家庭生活物质化的意涵大幅增强；第三，家庭发展能力蕴含着明显的社会竞争特质；第四，家庭发展能力将家庭超脱于村社的范围，建构了家庭的社会意义，使得家庭成为一个参与社会竞争的主体。

家庭发展能力一经形成便立即成为一个农村家庭的核心竞争力，在农民的人生大事中起着至关重要的作用。新生代农民工的婚恋问题正好与家庭发展能力的形成同步，两者之间建构了微妙的社会关联。家庭发展能力是农村社会婚备竞赛的逻辑起点，具体在三个层面上影响了新生代农民工的婚恋问题。首先，家庭发展能力赋予新生代农民工以特定的家庭背景意涵，这种家庭背景意涵不仅意味着物质生活水平的高低，也意味着社会关系的层次以及社会机遇的多寡。特定的家庭背景映衬了新生代农民工的个体行为，使得其婚恋行为自觉地被其家庭发展能力所标定。其次，家庭发展能力也直接决定着其能够承受的结婚成本是多少，婚恋呈现的方式如何。如果家庭发展能力许可，新生代农民工婚恋问题的呈现方式可能较为"任性"，比如他们会在感情因素、生活方式、再婚问题等方面纠结；而如果家庭发展能力不许可，新生代农民工的婚恋往往徘徊在能否顺利缔结婚姻的层面上，家庭的经济收入和物质积累是其婚恋问题的核心。最后，家庭发展能力也给予了新生代农民工日后婚姻生活稳定的预期。就算刨除了家庭背景、支付结婚成本等方面的影响，家庭发展能力依然在婚恋生活的长远预期中起着核心的作用。

家庭发展能力的建构是发展主义在农村社会的微观反应，打工经济和"半工半耕"的生产结构是勾连二者的中观变量。以人的主体实践为基础，新生代农民工的婚恋问题与家庭发展能力之间建构了特定的联动机制，发展主义通过家庭发展能力嵌入了家庭背景、结婚成本和婚姻预期等层面。

（二）系统整合：规则理性化与关系的功能调适

在家庭发展能力的指引下，婚恋结合的规则中物化的成分变强，婚恋关系也日益朝着相互合作共济、功能互补的方向转变。家庭发展能力所彰显的发展主义逻辑作用下，婚恋结合的规则和婚恋关系的形态都发生了一定的变化，我们将其概括为规则理性化和关系的功能调适。

规则理性化主要是指婚恋结合的标准以家庭发展能力为核心，以物质上的共赢互补、社会关系上的共享共建、社会地位上的同层匹配为基本规则。一方面，男性的家庭发展能力在婚恋结合上更为关键。男性的家庭发展能力，如经济收入、工作性质、社会关系、社会地位等情况，往往决定着其婚恋选择的空间有多大，例如，经济条件好、工作出色、地位优越的农村男性在婚恋上有着更大的选择空间，他们往往更加倾向于选择与自家条件相符的女性为伴。相反，男性的家庭发展能力弱，经济社会地位条件差，往往意味着他们在婚恋选择上空间较小，很可能被"剩下"成为光棍。另一方面，女性在进行婚恋选择时也往往以家庭发展能力为核心标准。比如，有些地区的农村彩礼行情不断高涨，这是由女方市场推动的。当地女性在面对婚恋对象的时候，往往针对家庭发展能力弱的家庭和兄弟多的家庭索要更多的彩礼，女性的理由是"你家的家庭情况不好，要我嫁过去就要付出更多的代价，这也是为我日后的生活考虑"。于是，家庭发展能力弱的家庭便由于彩礼问题进一步缩减了其在婚恋问题上的选择空间。

发展主义指引下的婚恋规则理性化，以家庭发展能力为核心标准，社会关系、阶层地位等都围绕其中。这与传统社会中所强调的"门当户对"具有不同的社会性质。原因在于，"门当户对"是一个以传统婚恋伦理为指引的综合性评判体系，即婚恋结合的规则有着道德伦理的指引，其讲究家庭经济实力、阶层地位、社会关系、文化背景等所组成的综合实力上的匹配性，也即韦伯意义上的"价值理性"。而如今的婚恋规则，更加强调的是以经济收入为核心的家庭发展能力，婚恋伦理价值的意涵不强，即"工具理性"。规则理性化是一种"工具理性"，即以经济算计和行动合理化为核心的社会过程，其中的主体追求自身利益最大化，行动以"工具理性"为最优策略。在婚恋规则层面，以"工具理性"代替"价值理性"，这正是家庭发展能力所衍生出来的行动策略之一。

与规则理性化相伴而生的是关系的功能调适，即婚恋关系的性质不再以传统道德伦理为核心，而日益转变为以功能调适为表现的亲密关联。婚恋关系在现今的条件下包含四个层面的意涵。首先，婚恋结合以感情为唯一的合法性来源，感情无论在形式上还是在内涵上都维系了婚恋关系的合法性基础。其次，婚恋关系受到外界政治话语和政策话语的深刻影响，如男女平等、婚恋自由等。再次，婚恋关系去除了传统道德伦理的束缚，日益朝着价值多元化、自主选择的方向转变。最后，婚恋关系在以上诸维度的作用下，日益呈现为功能协调的关系主义状态，即婚恋双方是有着个人权利义务边界的主体，主体之间以感情作为关联手段，以彼此之间的有效互动（即婚恋经营）为婚恋维系的手段，所要达成的理想状态便是合作、互补、共享、共赢的局面。当然，以上任何一个条件的缺失或者失调，都有可能造成婚恋关系的破裂。

婚恋关系的功能调适，就是以功能主义视野来组建婚恋关系，婚恋关系要完成的是功能整合，这与李永萍（2018b）所讲的"功能性家庭"具有相通之处。功能调适使得婚恋关系走向了一种完全不同于传统的形态，而更具选择性、变动性、多元化。具体来说，新生代农民工的婚恋关系呈现为以下三方面的特征：首先，以感情体验为核心的婚恋自主权增加，婚恋结合和婚恋关系呈现为以主体体验为核心的状态，这是其情感功能；其次，感情的共享和关系的共同经营成为维系婚恋关系的关键因素，这是其共享功能；最后，婚恋质量的重要性凸显，其决定着婚恋关系的走向，而婚恋质量的关键则在于双方的互动，这是其互动功能。三者之中，情感功能是其合法性基础，共享功能是其目标系统，而互动功能则是其实现目标的具体方法和手段。"合法性－目标－方法"是婚恋关系建构、维系的社会系统。由此，婚恋关系的功能调适将新生代农民工的婚恋命题从伦理性和道德化的话语中解放出来，变为一个可以量化、有规律且需要经营的社会科学命题。

家庭发展能力的凸显助推规则理性化成为现实，而规则的变化引发了关系的变革，功能调适成为婚恋关系整合的关键。由此，以家庭发展能力为目标系统，以规则理性化和婚恋关系的功能调适为具体的整合机制，新生代农民工的婚恋由此成为一套社会体系，它们是物质层面和规则层面的婚恋变革。

（三）伦理规范：感情为重与价值标定

婚恋规则理性化和婚恋关系的功能调适，共同推动着婚恋价值的转变。传统的婚恋伦理和婚恋道德日渐失效，新的婚恋形态和婚恋问题彰显着婚恋价值观的微妙变革。

婚恋价值观的变革典型体现在不断涌现新的婚恋形态和婚恋问题。在新生代农民工群体中，未婚同居、闪婚、跨省婚姻、逃婚、离婚、临时夫妻、婚外情等婚恋事件集中爆发。与农村社会传统相比，80后、90后所代表的新生代农民工群体是这些婚恋事件的主体。在城市流水线的场域中，多次恋爱、频繁更换伴侣、恋爱套路、恋爱技能等婚恋事件对于不少新生代农民工的婚恋价值观产生了强烈的冲击；而在农村社会，高额彩礼、婚姻交换愈演愈烈、父母的强势干预等，也对新生代农民工的婚恋价值观产生了重要的影响。生活在城乡社会夹缝中的新生代农民工，其婚恋价值观汲取了城乡社会环境的异同，也包含着他们对于自身婚恋困境的思索与突围。在这多重元素的交互作用中，新生代农民工的婚恋实践既有对于传统婚恋价值观的坚守与忠诚，也有对于新的婚恋价值观的试探，更有对于理想化婚恋的向往，他们由此形成了独特的婚恋价值体验。

总体来看，新生代农民工的婚恋价值变革主要体现在四个层面。

首先，新生代农民工群体建构了关于自身婚恋主体性的共识，即自身才是婚恋的主体，由此他们衍生出了对于婚恋选择自由的价值认同。婚恋不再是"父母之命，媒妁之言"，而是以新生代农民工为主体的自主选择；婚姻也不再受传统道德桎梏，而是结婚自主、离婚自由。

其次，新生代农民工群体也在婚恋实践中建构了关于婚恋本身的价值体验，比如感情是婚恋关系的基础，以及对于爱人之间的忠诚、责任、移情别恋等有关婚恋伦理的思考。由于感情已经成为婚恋关系的唯一合法性基础，有了感情就会有忠诚和责任，没有感情也就谈不上忠诚和责任。这种价值体验与既有的婚恋实践发生了化学反应，比如，感情是核心，婚姻是形式，那么当失去了感情的内涵之后，这个婚姻的形式该如何处置呢？新生代农民工已经普遍认同了感情的核心地位，然而，当他们在面临农村社会现实的婚恋环境的时候，接受父母的安排可能是他们不得不接受的选择，问题是，这种安排很可能不以感情为核心，还可能只是为了婚姻的形式或者物质上的交换，这让新生代农民工如何抚平内心对此的价值焦虑呢？内容与形式的错位、价值焦虑等，这些问题不解决，就很可能为以后的婚恋之路埋下隐患。

再次，婚恋事件中牵涉到的彩礼、婚房、车子、礼物等物质因素，也需要被建构出恰当的社会和道德意涵，赋予其特定的意义。婚恋关系中的物质因素显然要依附于婚恋关系本身，它们有特定的象征意义，为婚恋关系的特定标志。目前，这些物质因素在婚恋关系中的作用取自传统价值观，但是在新的时代下也被赋予了新的意涵。比如，彩礼的意涵已经发生了明显的变化（桂华、余练，2010；王德福，2014a；李永萍，2018a），婚房和车子也被赋予了新的意义。这些延续自传统价值观的婚恋物质符号是否与现有的婚恋价值观深度融合？比如，以感情为核心，互送礼物可以看作感情交流的一种体现，可以被建构为一种婚恋仪式，被赋予相应的意涵。然而，彩礼、婚房、车子等在现有的以感情为核心的婚恋价值观中如何安放呢？对于其新的社会意涵的建构和讨论正是其价值意涵不够清晰的表征。

最后，婚恋关系中的重要他人，如父母、孩子、其他家庭成员，也要深度融入既有的婚恋价值体系中，被赋予特定的伦理意涵。婚恋关系要融合于既有的社会系统中，这些重要他人就是中介。传统上，婚恋关系、家庭关系都由传统的伦理道德规范，而今，新生代农民工所经历的婚恋关系和家庭关系的性质已经发生了变化。婚恋关系的功能调适与"功能性的家"（李永萍，2018b）是一脉相承的，婚恋关系和家庭关系都要依靠功能整合实现团结。在此过程中，任何的关系组合都需要在彼此的互动中建构适当的关系模式，能够达成功能协调、功能互补、合作共享的状态便是好的。然而在关系的日常实践中，彼此之间的"感情好"才是亲密关系外显的共同元素。因而，对于婚恋关系中的重要他人的伦理意涵的理解就有了两条线索，明线是彼此的感情体验，暗线是关系的功能调适。围绕婚恋关系的重要他人，都需要通过功能调适被建构到亲密关系系统中，被赋予感情的价值，以感情作为关联彼此的中介。

以上这些婚恋价值变革都以婚恋规则理性化和婚恋关系的功能调适为前提，都是农村社会的婚恋体系在家庭发展能力的指引下所引发的一系列社会反应，新生代农民工是这种社会反应的主体。

综上所述，以发展主义作为引领，微观社会首先由于打工行为重塑了新生代农民工为主体的婚恋目标系统，家庭发展能力凸显；随后，通过婚恋关系的理性化演绎和功能调适达成了系统整合；最后，在不断强化感情为核心的基础上进行价值标定，由此形成了新的伦理规范。如此，从目标系统到系统整合，再到伦理规范，发展主义以不同层面的线索衍生开来，产生了多层面长线条的社会反应。发展主义嵌入农村的婚恋领域，这正是大多数新生代农民工进行婚恋实践的最重要的微观社会情境，是整个社会婚恋系统的组成部分。

三　婚恋转型的呈现

从制度婚姻到伴侣婚姻，再到个体化婚姻（Cherlin，2004），这是以美国为代表的西方社会所形成的婚恋逻辑转变，正对应着传统社会、现代社会、后现代社会。然而，中国的情况显然要复杂得多。计迎春（2019b）认为，当下中国正在经历一种"马赛克家庭主义"，即中国现代的家庭关系就像马赛克这种图案一样，传统与现代两种元素在中国的家庭制度中共生、杂糅、交错，又发展出新的东西。传统大家庭所重视的代际关系对现代中国家庭依然重要，同时家庭结构、关系和互动又出现了一些新变化，如传统父权的削弱，父系母系双系并重，更为平等和亲密的代际关系的发展，从而出现了一种双系多核、代际亲密共生的马赛克家庭模式。家庭在转型，婚恋也在转型。

当发展主义裹挟着打工经济、现代文化等要素嵌入婚恋，新生代农民工的婚恋主体性开始养成，而婚姻市场的运作场域则为新生代农民工婚恋自主权的诉求提供了社会空间。然而，乡村社会虽然能够容纳下婚姻市场的社会运作，却需要对其进行一定的调适与改造。于是，在新生代农民工的婚恋实践里，集结了现代性、传统性的各种要素，在博弈与替代的较量中，在思想辩驳与文化碰撞中，在物质基础与理想追寻的矛盾中，婚恋转型正在发生。本书将从婚恋共同体的实践和婚恋伦理的讨论中，获得对于以新生代农民工为主体的婚恋转型的基本认识。

（一）婚恋共同体

以新生代农民工为主体的婚恋实践将婚恋元素重新组织，婚恋规则与婚恋关系重构，日渐形塑了社会转型条件下的婚恋共同体样态。这是一种完全不同于传统社会的婚恋实践形态。传统的婚恋共同体由于道德伦理黏合在一起，其要处理的核心命题是内部的秩序建构。以传统道德伦理为整合工具和价值依托，将婚恋各元素按照道德秩序组织起来，如此便通过婚恋共同体的样态完成了其秩序建构。这也即梁漱溟先生（2005）所言："安排伦理名分以组织社会；设为礼乐揖让以涵养理性。"而发展主义逻辑下的婚恋领域，内部的秩序建构不是重心，重心在于与外部世界的共处。社会转型条件下形成的婚恋共同体要处理的核心命题是主体与外部世界（对外交流、社会竞争、地位获得等）的关系，即如何获得和维系家庭发展能力的问题，婚恋共同体的组织及婚恋元素的排列组合服务于此命题。

首先，婚恋共同体由于合作共济、利益共融、共享共治而黏合在一起，这是婚恋共同体形成的基础。与传统社会"门当户对"不同，今天的新生代农民工群体在婚恋对象的选择上虽然并不一定要在同一领域、同一阶层，但是一定要有合作共济和利益共融的社会基础。我们在现实经验中看到，婚恋男女，一要情投意合，二要做到合作共济、功能互补，三要尽量在同一个阶层中寻找对象，如此，才能建构婚恋关系的稳固基础。需要注意的是，新生代农民工群体的婚恋对象多在同一个社会阶层，这样更容易建构起恰当的合作共济和利益共融机制，从而在婚恋关系中实现功能互补。因此，婚恋共同体是基于功能性的系统整合。然而，相对于基于伦理整合的传统婚恋模式，功能性整合并不稳固。这是因为，合作共济、利益共融、共享共治等整合机制本身就具有强烈的情境性，在社会转型时期，微观情境多变，婚恋共同体相对就不如传统模式稳固。

其次，婚恋共同体要处理的问题分为内外两个层面，内部的问题是通过婚恋经营来维系利益共荣、共享共治的状态，外部的问题是作为一个统一体参与社会竞争、争取社会地位、建构共同的社会关系网络。两个层面的分量在新生代农民工的婚恋生活中并重，并且外部问题的处理越来越起到决定性的作用。外部问题的凸显原因有二，一是由新生代农民工的流动生活及其获得家庭发展能力的目标系统所决定的；二是家庭生活的边界日益开放，家庭内外之间的交流加速，并且相互影响加深。婚恋共同体所面临的核心命题的变化引领婚恋规则的变化和婚恋关系的重构，它是推动婚恋转型的"启动阀"。

再次，婚恋关系的关键词日益变为感情体验、合作共享、共同进步等，这些更能够成为婚恋关系坚定的基石；而传统上的优良婚恋品质——忠贞、责任、担当等，虽然依然被社会所倡导，不过它们在婚恋关系中的重要性却在下降。也可以说，传统的优良婚恋品质是一种外在的束缚，而新的婚恋关键词所体现的是新生代农民工的主体能动性。新生代农民工作为主体对于自身的婚恋问题具有发言权，对于婚恋关系有切身的认识，甚至具有关于婚恋伦理和婚恋道德正当性的定义权。这种主体能动性是婚恋转型的动力机制。

最后，今日的婚恋共同体，其实质是一种以夫妻同构共享为基础的功能共同体，其建构以婚恋情境的内外变化为逻辑起点，以婚恋伦理的正当性论证为终点，将主体性、功能性、社会性、价值性在婚恋实践中融为一体，形成四位一体的统一体。婚恋共同体的主体性是新生代农民工作为实践主体所散发出来的主体动力；功能性在于其要素之间的关联方式和整合方式；社会性是婚恋命题外显的体现，婚恋与周边社会之间建构了更加密切的关联；而价值性则意味着新的婚恋共同体为自身进行了合法性论证。

在新的时代命题下，婚恋共同体不断演绎，由此初步形成了其构建要素，并且在主体性、功能性、社会性和价值性等层面形成了较为完整的运作机制。这是一种从道德共同体向功能共同体转变的社会过程，其中有创新也有阵痛。功能性婚恋共同体虽然初步成形，但是各部分发展并不同步，传统与现代因素相互纠缠，细节处延伸出复杂的微观机制，还不断反复与动摇，这些都是婚恋转型的有机组成部分。

然而，功能共同体并不必然意味着现代性因素。正如上文我们在婚姻市场的逻辑中所讨论的，新生代农民工的婚恋变革尽管在不断脱离传统婚恋制度的框架，可是它又没有线性地发展至现代的状态，而是在具体的社会情境中匍匐前进，在婚恋主体的构建中各取传统与现代的元素。这种功能共同体也正是各主体力量（新生代农民工、父辈、乡村社会、城市社会等）对于婚恋新形势的适应与调整。

（二）婚恋伦理

事实层面的婚恋共同体构建初步成形，还必须有价值层面的论证，并且要形成伦理层面的认同。在发展主义逻辑的作用下，婚恋伦理的转变既有破坏性的力量，也有建设性的关怀；既有论证的逻辑，也有演绎的机制。关于婚恋伦理，在转型的场域中有四个方面的细节需要厘清。

1. 婚恋关系的合法性论证

合法性是关于婚恋伦理的基础性命题，即什么样的婚恋关系和婚恋形态是正当的且被大众所认可的？其命题在经验层面的呈现就是，婚恋关系的合法性来源于传统的"父母之命，媒妁之言"，还是自由恋爱背景下对于男女之间感情的社会认可？本书从理想类型的意义上将此命题操作化为相亲和自由恋爱，其中相亲模式更具传统意义，更加强调父母在子女婚姻大事上的主导权，以及媒人所展现的农村礼仪在婚恋中的作用；而自由恋爱则具有现代意义，男女之间的感情体验和感情互动是其婚恋关系的基础。因而，关于婚恋合法性建构的两种理想类型中，一个注重外在的结构，另一个则注重内在的体验。从外在的结构到内在的体验，这种合法性基础的变革彰显了婚恋伦理变化的基本取向，即关于婚恋伦理的标定有一个从外在形式到内在体验的变化过程。

然而，经验中的转变并非这种截然对立的二分法，情况要更加复杂。比如，在城市中，相亲是传统的形式，却可能被注入现代的成分，相亲只为男女牵线搭桥，是否能够走到一起还取决于双方恋爱的体验；在农村，自由恋爱也可能只是寻找对象的方式，真正要进入婚姻还要父母的认可和村庄社会的认同，还需要经过传统礼仪程序。新生代农民工穿梭于城乡之间，他们的婚恋体验在城乡都很强烈，相亲与自由恋爱所彰显的对立性在他们身上尤其明显，比如，不少新生代农民工都会遇到自由恋爱遭遇双方父母的强力干预的问题。表面上是父母的强力干预，事实上可能是现实条件还不足以支撑新生代农民工的自由恋爱顺利走向婚姻的问题。尽管如此，人们对于感情在婚恋关系中的合法性的认识已经提高到了新的水平，农村社会的父母们也早已经知道了感情的重要性，他们在干预子女婚姻的时候只是在现实条件的层面加以协助。在这个意义上，多年的打工经验也正是接受感情洗涤的过程，它早已使得感情在农村社会完成了其合法性论证。

2. 婚恋责任体系的建构

传统的婚恋讲究女人的忠贞与男人的责任、担当，不鼓励自由选择，一次选择就是一辈子，形式重于内涵。婚恋责任与婚恋形式关联在一起，即只要确立了婚恋关系，建立了婚恋形式，其中便内含着特定的责任系统。这是一种外在的责任体系，以婚恋形式作为制度框架来保证责任体系的运转，不太关心其中的感情。而在感情成为婚恋关系的合法性基础之后，其相应的责任体系也发生了变化。既然感情才是婚恋关系的合法性基础，那么婚恋责任体系便依附于感情而存在，即有感情的婚恋关系也有着责任体系的保护，而无感情的婚恋关系就不受责任体系的保护。

然而，问题是，感情体验是易变且主观的，它不如婚恋形式那么稳定和客观，于是，这就可能造成婚恋责任体系的崩塌与混乱，比如，新生代农民工群体中多次恋爱、频繁更换男女朋友、婚外情、临时夫妻、同时与多人处于婚恋状态等现象并不少见，这些现象也正是男人丧失责任与担当、女人去除忠贞之后的必然结果。也正是因为看到了这样的结果，社会大众将此标定为"婚恋道德的滑坡"。事实上，当我们已经普遍接受了以感情为核心的婚恋模式之后，婚恋责任体系的变异已经成为必然，不同的是，以感情为核心可以构建出另外一种道德体系，如没有感情的婚姻是不道德的，感情－婚姻－责任是相互关联的系统，当感情不在的时候，维系婚姻的形式到底是不是道德的呢？以传统的价值标准看是道德和责任，以感情为核心的标准来看则是不道德的。

目前的情况是，当面临婚恋选择的时候，社会普遍接受感情为核心，而当婚姻生活中出现婚外情的时候，社会大众还是倾向于维系婚姻形式，将其道德化处理，即"第三者是不道德的"。我们认为，这种看似矛盾的处理正是整个社会系统对于婚恋责任体系的标定与调适，用道德化的方式来表达社会大众对于婚恋责任的诉求。其中的社会学意涵是，以感情为核心的婚恋体系塑造了一个完全不同于传统的婚恋主体（新生代农民工），然而传统婚恋制度和婚恋文化的遗产还在，新的婚恋主体要面对既有的婚恋制度和婚恋文化，在这个过程中，婚恋主体就具有了一些无法化解的内在矛盾与适应不良问题，集中体现在感情与现实条件之间的矛盾，现实条件往往还不足以支撑感情走向好的结局，婚恋主体几经徘徊却不得不在现实条件之上追寻感情。如此，感情便被附加了条件，这些条件便是以现有家庭背景为基础的婚恋制度和婚恋文化。这样，原本是物质基础和制度保证构建婚恋责任体系，婚恋责任依附于感情，而今却正好相反。婚恋主体对于"感情－责任－道德"的统一性不曾体会，却不得不在以物质条件、感情建构、责任道德冲突为基础的三维框架中苦苦挣扎。

3. 妇女权利与地位的彰显

与以上婚恋主体的认知冲突相对应的还有妇女权利与地位的彰显。新中国成立以来便在全社会推行了制度层面的男女平等，尤其在婚恋领域，主张"婚恋自由，男女平等"。不过，在农民的日常生活实践中，婚恋制度沿用了诸多传统文化的要素，男女平等的主张只能通过制度性的举措——结婚自愿、离婚自由来保证。然而，在文化实践的场域中，结婚自愿并不能真正凸显婚恋主体的自由选择权，离婚自由也只是破除了封建传统中对于婚姻形式的过度倚重。这并未在实践层面——如家庭关系层面提升妇女的社会地位。不过，在打工经济的背景下，女性地位提升变成了能够被普通农民切切实实感受到的事情，"一妻难求"正成为一些农村地区的现实。在婚姻市场上，女性的稀缺使得其谈判能力极强，具有对于彩礼的要价权、对于男性的选择权等；男方结婚之后害怕离婚，因为"重返光棍"的情况屡见不鲜，如此，在婚姻生活中处处以女方的意见为主，男方及其父母竭尽所能地讨好女方以求得婚姻生活的完整。不少学者对于打工经济之后妇女地位的提升都有关注和研究（陈锋，2010；陈琳、陈讯、蒲琨，2016；蒲琨、陈讯，2018）。

显然，打工经济下妇女地位的提升与婚姻市场的结构性失衡关系密切，因为女性婚姻资源的稀缺使得其地位提升和权利彰显。这与现代性因素中所包含的以女性独立人格为基础的"男女平等"具有根本不同的性质。因为女性稀缺而形成权利彰显，女性的这种支配性以其稀缺性为前提，而且，在权利彰显的同时，很多女性对于男性依然在经济上依附（陈锋，2010）。如此，妇女地位提升所彰显的伦理命题便复杂化了。

那么，如何理解这种妇女权利地位的彰显与婚姻伦理的变革？我们认为这是一种伦理变异现象，体现为三个方面。第一，婚恋物化，即婚恋关系在特定的情境下被化约为物质与物质之间的关系，在择偶时期的条件配比、高额彩礼以及女性的要价权，都是婚恋物化的典型体现，而且，女性的流动作为婚姻资源物化的程度更深。第二，经济伦理覆盖传统的婚恋道德、家庭伦理，甚至传统文化要素也要为经济伦理的核心服务，妇女的社会位置建立在其物化的基础之上，并且随着资源稀缺的程度形成相应的价值；经济伦理的扩散吞噬了女性本身在婚恋关系中的主体性建构，让婚恋关系徘徊在物质关系和感情关系的缝隙，为以后的婚恋生活埋下隐患。第三，女性在这种权利高位中更加容易迷失自我，一方面脱离了传统"过日子"的逻辑，另一方面不能在独立人格的基础上形成对婚恋的敬畏和对感情的尊重，在伦理混沌的场域中，农村社会的女性越来越变为"无公德的个人"（阎云翔，2005），其动力来自稀缺资源的"高价"与经济社会地位无法独立的纠缠。

4. 婚恋权利义务关系、婚恋道德的标定

在新的婚恋合法性已经建构，而婚恋责任体系尚还混沌，女性被物化且被塑造为"无公德的个人"的情况下，乡村社会对于婚恋权利与义务关系的梳理就更加困难，婚恋道德也发生了逻辑上的转变，体现为婚恋共同体中感情与利益的混杂。

传统婚恋模式是一种强调彼此之间的义务，并且通过道德伦理将义务合法化的社会系统。而今，新生代农民工的婚恋中更加凸显的是个体的权利，而非彼此的义务，其中婚恋自由选择权以及女性的要价权、当家权等都可以看作权利觉醒的体现。与个体权利意识相伴随的是婚恋主体性的觉醒，新生代农民工作为实践主体对于外在形式化的道德具有甄别、选择和建构的主动性，道德的话语不再只是来自传统与经典，个人对于道德伦理的定义和解读也很重要，这就体现为有些人对于道德舆论不再重视，他们试图为自身的行为寻找合法性，通过自我解读的道德来对抗传统的道德系统，如此，个人便具有了道德的定义权。

现在的问题是，关于婚恋伦理的评价标准多元，无法形成统一的社会评价体系。以农村社会的中老年群体为代表，他们对于婚恋的评价多以传统的道德伦理为标准，以不能帮助儿女成家立业、离婚、出轨等为问题，对以新生代农民工为代表的年轻人的婚恋现象做出负面的评价和价值上的评判。如果说中老年群体尚还构成一个统一的评价群体的话，那么以新生代农民工为代表的年轻人则呈现为松散与游离的状态，他们对于婚恋问题的评价更为多元，如不少年轻人对于相亲深恶痛绝，对于父母在对象选择上对自己的干预不满，也有一些人对于女孩的物质化深有体会，年轻人普遍对于感情还有追求与想象，可是在谈到房子、车子等

现实问题的时候又多有无奈。显然，以新生代农民工为代表的农村年轻人，既有对于传统婚恋伦理的不屑，也有对于以感情为核心的婚恋自由选择的怀疑与迷茫，他们还未在群体的层面上形成较为完整与明确的价值认定。对于已经处于婚恋状态中的年轻人而言，接受父母对于他们的预期来安心"过日子"是相当一部分人的选择，而逃离父母与村庄，在自我标定的价值系统中追求是少数人的选择。

转型期的婚恋伦理可以被分解为三种要素，即外在的道德评价、自我的价值认定与婚恋行为的合法性建构，三者相互嵌套，也相互博弈与斗争。虽然以感情为核心已经在婚恋选择阶段建构了其合法性基础，然而在婚恋实践的过程中，婚恋责任体系、妇女的社会地位、权利义务的边界等主题并未在逻辑上厘清。婚恋责任体系的混沌将婚恋问题甩给社会，社会对于妇女地位的提升和权利意识的觉醒并未建构社会价值上的解释。婚恋关系中的权利义务关系依附于人们婚恋伦理的标定，因而，权利义务的边界在转型期也甚为模糊。总体而言，在以新生代农民工为代表的婚恋实践中，权利意识在觉醒，而义务观念在衰减；由于婚恋评价系统的断裂，讲权利而不讲义务并不会有太强的价值上的标定和规范上的束缚，如此转型社会便鼓励所谓"无公德的个人"的兴起；又由于权利意识多来自资源稀缺而形成的"高价"，它并不能与以感情为核心的婚恋主体意识形成配套，主体与权利的分离一方面将主体意识的建构变得步履维艰，另一方面也让权利丧失了根基和约制，让身处其中的新生代农民工在价值上无所依循，在行为上自生自灭。

四　婚恋转型中的逻辑陷阱

发展主义嵌入农村婚恋引发了一系列的社会反应，婚恋转型正在发生。以新生代农民工为代表，农村社会的婚恋主体通过打工经济穿梭于城乡之间，一方面在事实层面上构建了婚姻市场，另一方面在价值层面上形成了新的伦理认知。然而，乡村社会的婚恋转型并未完全按照发展主义设定的方向前进，也未能在经济基础－社会运作－价值认定的层面形成统一的系统，多种元素在农村的婚恋转型中发挥作用，甚而形成了一系列在今日的乡村社会依旧无解的逻辑陷阱。

发展主义通过物质化、竞争化、自由选择权、以感情为核心、高额彩礼等机制嵌入既有的婚恋体系，不同体系之间的混杂发生了不同层面的化学反应，婚恋转型正在以前所未有的样态出现，而婚恋转型本身也构建了其固有的逻辑陷阱，这些逻辑陷阱也正是婚恋问题与危机的体现。我们在分析了婚恋转型的运作机制之后，也就对于现实经验中的婚恋危机有了更深的认识。

（一）个体的视角

在个体的视角上，新生代农民工的婚恋遭遇了不少问题与危机，然而，每个问题的背后都有着逻辑上的延展。在发展主义嵌入婚恋并改变了其社会生态之后，个体遭遇诸多层面的婚恋陷阱。

1. 以选择自由为借口的利益陷阱

婚恋选择自由建立在以感情为核心的婚恋逻辑中。打工经济兴起之后，以新生代农民工为主体的婚恋实践在城乡社会都确立了婚恋选择自由的原则，典型体现为结婚自愿、离婚自由。婚恋选择自由以新生代农民工的主体性为基础，以尊重当事人的主体性和婚恋选择权为依据。这对于以往婚恋实践中"父母之命，媒妁之言"的模式是巨大的突破。它在一定程度上打破了父母对子女婚姻大事的干预，也对传统文化中以"父母之命，媒妁之言"为代表的婚姻制度形成巨大的冲击。从这个层面上看，婚恋选择自由有着进步的社会意义。

不过，在实践中，以新生代农民工为代表的婚恋选择自由却越来越陷入了"以选择自由为借口的利益陷阱"。原因有四个方面。首先，以感情为核心的婚恋选择是一种主体意识，主体意识能够感受到爱情的美好，也会感受到物质的重要，还会进行理性

算计。如此，把选择自由完全依托于人的主体意识，这并不比把
选择权依托于文化制度更加可靠，于是我们在实践中发现了不少
不受任何约束的主体意识，甚至呈现为"无公德的个人"。其次，
尊重当事人的自由选择权，尊重人的主体性，但是社会中还缺乏
实践婚恋自由选择权的社会基础，能够恋爱自由，但是新生代农
民工少有物质能力靠着一己之力步入婚姻殿堂；能够婚恋自由，
却也有不少新生代农民工还是未能跨越物理距离的鸿沟和文化习
俗的鸿沟。再次，传统的婚恋模式将物质和感情都隐藏，当事人
靠着对文化制度的信仰步入婚恋生活。而婚恋自由选择权将感情
与物质基础分离，它真正让新生代农民工感受到了物质条件的重
要性，而社会中并未有关于感情与物质关系的良性引导，如何处
理全由自我。如此，以选择自由为借口来寻求自身利益的最大化，
就成为婚恋选择自由的一个自然选择。最后，自由选择权也使婚
恋关系丧失了超越性，而变为个体的选择；同时，统一的婚恋社
会评价系统被打破，婚恋话语多元，婚恋的个体权利没有了超越
性的道德伦理的支撑，个体反而在这种自由选择权下变得无所
适从。

婚恋选择自由使新生代农民工陷入利益陷阱，这是婚恋转型
中的一大陷阱。

2. 以权利为借口的秩序陷阱

婚恋主体性的体现除了自由选择权，还包括自主工作、自主
消费、自主安排生活、自主接受教育等权利，婚恋生活中牵涉到
的所有事项都需要在主体性的映照下做出行动和选择，并且自我
负责。只是这种关于婚恋主体性的理想并未在现实中出现。

婚恋自由选择权在新生代农民工群体中实现了，不过这也只
是由于打工经济引发的社会流动使得自由恋爱变得普遍了。与婚
恋自由选择权相伴生的其他权利却要面对更加复杂的社会情境。
然而，在这复杂的社会情境中，权利的话语不断形成并凸显，社
会基础却难以有实质性的改变，既有的婚恋秩序遭遇着前所未有
的挑战。

经验中有三种权利意识明显增强，形成了不同层面的典型现象。首先，女性要价权的增强扰乱了婚恋选择的秩序。在婚恋结合上，传统模式强调"父母之命，媒妁之言"，现代性则要求以婚恋自主性为基础的自由选择权。新生代农民工遭遇的既非前者，也非后者。前者已经式微，后者却步履维艰。前文已经论述，男多女少的结构性矛盾使得一些区域的适龄女性稀缺，从而使得婚恋选择中女性的要价权增强，并提升了女性的社会地位。农村中的女性有着更多的婚恋自由选择权，并且不断推高彩礼的价格，甚至二婚的女性依然有着很多的婚恋自由选择权，由此促发了男性惧怕离婚并"重返光棍"的社会现象。女性的要价权扰乱了婚恋选择的秩序，没有形成真正的以婚恋自主性为基础的自由选择权，婚恋选择的乱象让不少男性陷入严重的失婚的焦虑之中。其次，以夫妻共谋为基础的自主生活权扰乱了既有的家庭生活秩序。婚姻结合是家庭再生产的有机组成部分，婚姻生活是家庭生活的重心。在家庭生活中，除了夫妻关系，还有代际关系、亲子关系。传统模式下，家庭生活是代际相互扶助的结果，讲究代际平衡。打工经济兴起之后，农村社会形成了以代际分工为基础的"半工半耕"模式，年轻的夫妻外出务工，年迈的父母留守家园并照管孩子，形成"新三代家庭"。这种家庭模式以家庭生活被割裂为典型特征。生活于城市的年轻夫妻有着愈加明显的自主生活要求，他们经济独立，消费独立，对于家庭事务拥有决定权，是一个家庭对外交流的窗口，而年迈的父母在这种家庭结构中愈加边缘化。显然，这种夫妻共谋的自主生活权愈加凸显，家庭生活的重心日渐向年轻人倾斜，老人被动的局面愈加明显，原本的家庭生活秩序遭到破坏，甚至形成"老年人危机"（李永萍，2018c）。最后，离婚自由权的凸显让婚姻丧失了神圣性，打击了婚姻的道德秩序。婚姻的传统模式有其道德基础，讲究忠贞、责任、从一而终等。而结婚自愿、离婚自由的权利宣导让新生代农民工的婚恋丧失了神圣性，以传统文化为基础的婚姻道德丧失了其发挥作用的空间，新的婚姻道德却还未成形。如此，在婚姻上，道德无序就成为既有事实。

伦理关系没有了合法性论证，道德实践让位于权利意识。以上三种权利的彰显都在一定意义上动摇了婚恋秩序，使其陷入无法自拔的秩序陷阱。

3. 以爱情为借口的道德陷阱

打工经济兴起之后，新生代农民工的婚恋实践将以感情为核心的自由恋爱与以父母意志和物质条件为核心的相亲对立起来。但是很快，以感情为核心成为新生代农民工婚恋选择的实然状态，尽管父母还希望自己能够帮助子女成家立业，但是他们的干预也需建立在感情基础之上。爱情在农村社会得到重视并日益深入农民的认知系统中。

爱情在乡村社会的演绎体现在三个方面。首先，以爱情之名，行利益之实。在进行婚恋选择的时候，自由选择权既可以关于爱情，也可以关于物质条件；在婚姻生活中，爱情会被物质所伤，物质的匮乏会吸干爱情的耐性。其次，爱情易变，无法用外在的形式加以规范，个体却以爱情的名义进行自我论证。新生代农民工群体中多次恋爱，同时与多人恋爱，这都是在自由恋爱的背景下发生的典型现象；配偶都不在身边的外出务工者"搭伙过日子"，组成临时夫妻，当事人可以以爱情的名义聊以自慰；而婚外情的实践者也以爱情的名义，为自身的行为论证。爱情有了正当性之后，其所引发的所有行为似乎都可以摆脱责任、道德、伦理的束缚，而变为正当的，这对于既有的婚恋生活来说无疑是个灾难。最后，爱情只能为自身做合法性论证，却无法纳入既有的道德系统。在婚恋浪漫主义者看来，感情才是婚姻最大的道德。然而，以上由感情引发的婚恋乱象也可被道德吸纳吗？对于个体而言，道德伦理是外在的客体。外在的道德伦理只能在行为层面对个体进行规约，而无法对主体体验进行规范，即既有的道德对于爱情无为，因而，特定情况下，道德与爱情就是对立的。若爱情被构建成为婚恋行为的核心要素，道德必定会成为一种摆设而失去约制作用。

相信爱情，却在无形中陷入道德陷阱中，这是相当一部分新生代农民工正在经历的婚恋困境。

从个体的视角来看，发展主义嵌入婚恋引发了婚恋转型，其中发生了以婚恋自由选择权为代表的权利意识觉醒，也建构了爱情的正当性。然而，正是这些逻辑上的变化在复杂的社会情境中演绎为利益陷阱、秩序陷阱和道德陷阱，并且相当一部分新生代农民工在这些婚恋陷阱中无法自拔。

（二）社会的视角

婚恋转型不仅在个体层面上演绎为一些逻辑陷阱，在社会层面上同样如此。个体层面的婚恋陷阱聚集，会产生一些集群效应，从而塑造了社会的特殊样态。而事实上，无论是在村庄还是在乡镇，抑或在城市，都在进行着一定程度的社会构建。新生代农民工的婚恋在社会中成为一个观察社会转型机制的特殊窗口。

1. 婚恋风险与民风变异

打工经济兴起之后，发展主义深度嵌入婚恋，引发了婚恋逻辑的转变，新生代农民工的婚恋风险增多。不论是在婚前恋爱期，还是在婚姻选择与婚姻缔结期，抑或在婚姻生活中，婚恋风险都以一种前所未有的速度和方式呈现。婚恋不稳定性增加，婚恋纠纷集中爆发，婚恋危机所引发的社会问题也层出不穷，关于婚恋的社会讨论以前所未有的方式进行。婚恋风险增多引发了一些特殊的社会效应，造成了民风变异的社会后果。

婚恋风险主要呈现为三个层面，一是物化趋势带来的婚恋风险，二是婚恋去神圣性引发的婚恋风险，三是价值观多元带来的婚恋风险。婚恋风险引发的社会后果体现在两个层面，一个是事实层面，即婚恋风险能引发婚恋稳定性降低，冲击现有的婚姻家庭生活，进而影响婚恋秩序；另一个是价值层面，即婚恋风险能够引发社会大众对于婚恋价值的讨论和反思，特别是对于既有婚恋价值的怀疑和悲观情绪。两个层面的社会后果综合成为民风变异的主要体现。

　　婚恋是民间风俗习惯的主要承载者，与人们的日常生活密切相关。事实上，农民在日常生活中已经习得了一套关于婚恋的风俗习惯，这套风俗习惯或者来自传统，或者来自日常生活。然而，在打工这个外在变量的影响下，婚恋风俗习惯愈加变异，破除了原有的框架，却还未有一套成熟的习俗加以替换。民风变异使得婚恋生活秩序受到前所未有的挑战，家庭再生产受到严重影响；民风变异也使得民众对于婚恋的信心减弱，婚恋的不确定性像社会的毒瘤一样蔓延开来，影响着人们的价值判断和意义追寻。

　　2. 婚姻分化与压力传导

　　事实层面的婚恋失序和价值层面的婚恋失信，并不能完全描述婚恋转型的逻辑，重要的是社会层面的分析。

　　通过婚恋物化和婚恋自由选择权的作用，乡村社会形成了愈加明显的婚姻分化趋势。条件上等的男性有着较大的婚恋自由选择权，他们在婚姻结合的时候会有比较和选择，在婚姻生活中也并不惧怕离婚；而条件中等及以下的男性则几乎没有婚恋自由选择权，他们能够达成婚姻结合已是万幸，在婚姻生活中也处处谨慎，惧怕离婚而"重返光棍"（宋丽娜，2015）。如此，以男性的婚恋自由选择权为核心，乡村社会出现了婚姻分化的趋势。乡村社会的女性整体向上向外流动，这便意味着乡村社会中男性的婚恋机会很不平等，条件中等及以下的男性婚恋机会稀缺，即光棍风险加大。如此，婚姻压力便集中在乡村社会的中下层男性身上。

　　这套婚姻分化的逻辑可以扩展至整个婚姻市场。地域社会的自然地理环境和经济条件、男性的个人条件是影响女性婚姻流动的关键，而婚姻流动的方向则意味着婚恋机会的不均质分布，如此，婚姻压力便被社会分配在自然经济条件差的地区和个人条件差的男性身上。3000万人的光棍风险（刘燕舞，2014）便通过婚姻流动机制进行压力传导和压力集聚，全社会的婚姻压力便日渐集中在一些特殊地区和特殊群体身上，产生"失婚的焦虑"。这套社会运作机制可能最终使得婚恋问题集中爆发，落后农村社会被动地承受了这样的婚姻压力。

一些吊诡的社会现象已经出现：个人条件越差的男性婚恋机会越少，越不讲究婚恋自由选择权；自然经济条件越差的地区男性婚恋的成本越高，越要为仅有的婚恋机会付出沉重的代价。婚配本是每个人的既有权利，在婚恋转型的背景下却越来越变为稀缺商品。显然，这对于个人条件差的男性和自然经济条件差的地区是不公平的，他们需要付出超常的代价才能争取婚配的正当机会，长此以往，这必将影响社会稳定，形成严重的社会问题。

3. 婚恋焦虑与意义追寻

婚恋风险增多、婚姻压力失控，必将引发严重的婚恋焦虑与对于婚恋的意义追寻。

稳定的婚恋关系是圆满人生的重要组成部分。对于中国人而言，成家立业乃是成人的基本权利；我们的传统文化也将成家立业界定为人生任务之一。可以说，婚恋问题对于中国人的意义非同寻常，因为它往往与能否实现人生价值、获得圆满人生的意义命题相连。

然而，打工经济介入引发婚恋转型，新生代农民工的婚恋实践中有着前所未有的婚恋焦虑，如对于自身条件的不自信，对于婚恋对象的忧虑，对于婚恋风险的担忧，对于婚姻生活维系依然惶惶不安。婚恋焦虑来自已有的各种婚恋现象在人心灵上的投射，婚恋失去了稳定的预期，缺乏确定性，这便让其中的人们无所适从、盲目用力。然而更严重的是，婚恋焦虑会相互传染，一个负面的典型可以打击到一群人对于婚恋的信心，婚恋生活不安定，人的价值感和获得感便会降低。新生代农民工也会不断追问婚恋的意义、生命的意义。当社会不能够给他们以确定的答案，自我又无法凭着一己之力给出一个确定的答案时，这个意义追寻就已经动摇了人生之基、立命之本。

婚恋转型中的逻辑陷阱为婚恋转型本身蒙上了一层阴影，这也正是现实中婚恋问题和婚恋风险多发的地带。这些陷阱的存在都不是偶然和突发的，它们是内含于婚恋转型逻辑本身的一种必然。当发展主义的逻辑裹挟着城乡之间的流动生活与男多女少的结构性矛盾扑面而来的时候，作为主体的新生代农民工只能在理想的驱使与现实的困境中苦苦挣扎，婚恋转型本身也承载了父母的预期与新生代农民工自身对于美好婚恋生活的向往。如此，在迂回与博弈中完成自身的婚恋生活，已经成为不少新生代农民工的现实选择。也许，等到有一天，流动生活停止了，结构性矛盾消散了，人们才可以乘着理想的东风和对于美好生活的向往，毫无负担地去大胆追求自己所希望和预期的婚恋生活，那时候，婚恋转型才能真正完成……

参考文献

鲍曼，2002，《流动的现代性》，上海：上海三联书店。

鲍曼，2007，《液态之爱：论人际纽带的脆弱》，何定照、高瑟濡译，台北：商周出版社。

班涛、陈讯，2017，《转型期农村离婚的类型、变迁及后果》，《西北农林科技大学学报》（社会科学版）第 3 期。

布雷姆、伯尔曼等，2005，《亲密关系》，北京：人民邮电出版社。

布迪厄，2003，《实践感》，蒋梓骅译，南京：译林出版社。

陈锋，2010，《依附性支配：农村妇女家庭地位变迁的一种解释》，《西北人口》第 1 期。

陈锋，2012，《"闪婚"与"跨省婚姻"：打工青年婚恋选择的比较研究》，《西北人口》第 4 期。

陈文玲，2009，《道德分层与农民的"脸面"》，《江西社会科学》第 11 期。

陈文琼、刘建平，2016，《婚姻市场、农业剩余与光棍分布——一个理解农村光棍问题的中观机制》，《人口与经济》第 6 期。

陈讯，2014a，《抛夫弃子：理解农村年轻妇女追求美好生活的一个视角》，《贵州社会科学》第 9 期。

陈讯，2014b，《婚姻价值的变革：一个乡镇里的离婚现象研究（1978—2012）》，北京：中国社会出版社。

陈琳、陈讯、蒲琨，2016，《打工潮背景下农村 80 后返乡妇女家庭地位崛起研究》，《中国青年研究》第 12 期。

陈辉，2016，《过日子：农民的生活伦理——关中黄炎村日常生活叙事》，北京：社会科学文献出版社。

邓智平，2004，《打工妹的婚姻逆迁移研究》，《社会》第 7 期。

邓国彬、刘薇，2001，《农村女青年的远嫁现象》，《青年研究》第 6 期。

狄金华等，2014，《农村子女的家庭禀赋与赡养行为研究》，《南京农业大学学报》（社会科学版）第 2 期。

狄金华、郑丹丹，2016，《伦理沦丧抑或是伦理转向：现代化视阈下中国农村家庭资源的代际分配研究》，《社会》第 1 期。

杜鹏、李永萍，2018，《新三代家庭：农民家庭的市场化转型与功能性建构——兼论中国农村的发展型结构》，《中共杭州市委党校学报》第 1 期，

杜姣，2018，《地域差异视角下农村光棍的形成原因分析》，《华中农业大学学报》（社会科学版）第 2 期。

樊欢欢，2000，《家庭策略研究的方法论——中国城乡家庭的一个分析框架》，《社会学研究》第 5 期。

范成杰、杨燕飞，2013，《"无媒不婚"：家庭策略下的农村打工青年婚配模式研究》，《华南农业大学学报》（社会科学版）第 1 期。

费孝通，1985，《美国人与中国人》，北京：生活·读书·新知三联书店。

费孝通，1998，《乡土中国　生育制度》，北京：北京大学出版社。

风笑天，2006，《农村外出打工青年的婚姻与家庭：一个值得重视的研究领域》，《人口研究》第 1 期。

弗里德曼，2000，《中国东南的宗族组织》，刘晓春译，上海：上海人民出版社。

傅建成，1994，《论民国时期华北农村的早婚现象》，《社会学研究》第 4 期。

甘品元，2007，《毛南族婚姻行为变迁研究》，《广西民族大学学报》第 11 期。

国务院人口普查办公室，2012，《中国 2010 年人口普查资料》（上、中、下册），中国统计出版社。

桂华、余练，2010，《婚姻市场要价：理解农村婚姻交换现象的一个框架》，《青年研究》第 3 期。

郭俊霞，2010，《打工经济对农民家计安排的影响》，《华南农业大学学报》（社会科学版）第 2 期。

郭俊霞，2015，《家庭关系变迁中的已婚妇女自杀现象研究》，《思想战线》第 5 期。

郭于华，2001，《代际关系中的公平逻辑及其变迁——对河北农村养老事件的分析》，《中国学术》第 4 期。

贺飞，2007，《转型期青年农民工婚恋观念和行为的社会学分析》，《青年研究》第 4 期。

贺雪峰，2005，《中国农村研究的主位视角》，《开放时代》第 2 期。

贺雪峰，2008a，《农村家庭代际关系的变动及其影响》，《江海学刊》第 4 期。

贺雪峰，2015，《论中坚农民》，《南京农业大学学报》（社会科学版）第 4 期。

贺雪峰，2013，《关于"中国式小农经济"的几点认识》，《南京农业大学学报》（社会科学版）第 6 期。

贺雪峰，2012，《论中国农村的区域差异——村庄社会结构的视角》，《开放时代》第 10 期。

贺雪峰，2008b，《农民价值观的类型及相互关系——对当前中国农村严重伦理危机的讨论》，《开放时代》第 3 期。

何倩倩，2019，《从"婚配"到"婚恋"：婚姻模式变迁与农村光棍形成》，《华中农业大学学报》（社会科学版）第 1 期。

胡湛、彭希哲，2015，《当代中国家庭变迁与家庭政策重构》，《中国社会科学》第 12 期。

吉登斯，2001，《亲密关系的变革：现代社会中的性、爱和爱欲》，陈永国、汪民安等译，北京：社会科学文献出版社。

吉登斯，1998，《社会的构成》，李康等译，北京：生活·读书·新知三联书店。

计迎春，2019a，《社会转型情境下的中国本土家庭理论构建初探》，《妇女研究论丛》第 5 期。

计迎春，2019b，《现代中国家庭关系如马赛克般杂糅》，澎湃新闻网，http://baijiahao.baidu.com/s? id = 1649868797849710938 & wfr = spider&for = pc，最后访问时间：2019 年 11 月 28 日。

贾兆伟，2008，《人口流动背景下农村欠发达地区男青年婚姻困难问题分析——以分水岭村为例》，《青年研究》第 3 期。

金一虹，2009，《离散中的弥合——农村流动家庭研究》，《江苏社会科学》第 2 期。

雷洁琼，1994，《改革以来中国婚姻家庭的新变化》，北京：北京大学出版社。

李漆，2006，《私人生活：婚姻与社会性别建构》，《广西民族研究》第 3 期。

李宽、王会，2017，《风险规避与身份维持：苏南农村并家婚居模式》，《当代青年研究》第 4 期。

李永萍，2016，《婚变：农村妇女婚姻主导权与家庭转型——关中 J 村离婚调查》，《中国青年研究》第 5 期。

李永萍，2018a，《北方农村高额彩礼的动力机制——基于"婚姻市场"的实践分析》，《青年研究》第 2 期。

李永萍，2018b，《功能性家庭与农民家庭的现代性适应》，《华南农业大学学报》（社会科学版）第 2 期。

李永萍，2018c，《家庭转型的"伦理陷阱"——当前农村老年人危机的一种阐释路径》，《中国农村观察》第 2 期。

李永萍，2019，《家庭发展能力：农村家庭策略的比较分析》，《华南农业大学学报》（社会科学版）第 1 期。

李树茁、王欢，2016，《家庭变迁、家庭政策演进与中国家庭政策重构》，《人口与经济》第 6 期。

梁漱溟，2005，《中国文化要义》，上海：上海世纪出版集团。

列维·斯特劳斯，1989，《结构人类学》，路晓禾、黄锡光等译，北京：文化艺术出版社。

刘燕舞，2011，《农村光棍的类型研究——一种人口社会性的分析》，《中国农业大学学报》（社会科学版）第 3 期。

刘燕舞，2014，《几千万光棍的社会风险》，《南风窗》第 14 期。

刘燕舞，2015，《婚姻中的贱农主义与城市拜物教——从农村光棍的社会风险谈起》，《社会建设》第 6 期。

刘成斌、童芬燕，2016，《陪伴、爱情与家庭：青年农民工早婚现象研究》，《中国青年研究》第 6 期。

刘升，2015，《家庭结构视角下的"半工半耕"及其功能》，《北京社会科学》第 3 期。

刘中一，2012，《身体迁移与性别遭遇——基于外来媳妇城市融合经历的分析》，《北京青年政治学院学报》第 3 期。

马克斯·韦伯，1997，《经济与社会》，林荣远译，北京：商务印书馆。

麻国庆，2016，《家庭策略研究与家庭转型》，《思想战线》第 3 期。

聂建亮，2009，《早婚不早育：传统与现代博弈中的农村青年婚姻》，《中国青年研究》第 4 期。

蒲琨、陈讯，2018，《性别失衡、阶层竞争与农村返乡年轻女性家庭地位的崛起——基于黔南 Z 村的调查》，《人口与发展》第 5 期。

秦凤鸣，2014，《彩礼一路飙升 农家不堪重负》，《中国老区建设》第 6 期。

任亚萍，2011，《外来媳妇婆媳矛盾的社会工作介入》，硕士学位论文，华东理工大学。

施坚雅，1998，《中国农村的市场和社会结构》，史建云、涂秀丽译，北京：中国社会科学出版社。

石人炳，2006，《青年人口迁出对农村婚姻的影响》，《人口学刊》第 1 期。

施磊磊，2008，《青年农民工"闪婚"现象的动因探析——以皖北村为个案的研究》，《青年研究》第 12 期。

施磊磊、王瑶，2010，《在现代与传统之间：青年农民工"闪婚"

的行为框架——以皖北 Y 村为个案的研究》,《南方人口》第
2 期。

石智雷、杨云彦,2012,《家庭禀赋、家庭决策与迁移劳动力回流
研究》,《社会学研究》第 3 期。

宋丽娜,2010a,《打工青年跨省婚姻研究》,《中国青年研究》第
1 期。

宋丽娜,2010b,《媒妁之言六十年:村庄传统与婚姻变革》,《西
南石油大学学报》第 1 期。

宋丽娜、曹广伟,2013,《中国式农民工的社会性质》,《华南农业
大学学报》(社会科学版)第 1 期。

宋丽娜,2015,《"重返光棍"与农村婚姻市场的再变革》,《中国
青年研究》第 11 期。

宋丽娜,2016,《婚恋技术主义:农村 90 后青年的婚恋实践》,
《中国青年研究》第 9 期。

宋丽娜、王娜,2017,《新生代农民工婚恋路径的社会学解释》,
《云南行政学院学报》第 4 期。

孙阳阳,2010,《外来媳妇的夫妻关系及其社工介入研究——以上
海市浦东新区×镇为例》,硕士学位论文,华东理工大学。

孙淑敏,2005,《农民的择偶形态——对西北赵村的实证研究》,
北京:社会科学文献出版社。

陶自祥,2012,《摇摆的家庭:农村"新逃婚"的呈现及其产生机
制》,《南方人口》第 4 期。

陶自祥,2019,《临时夫妻:青年农民工灰色夫妻关系及其连带风
险》,《中国青年研究》第 7 期。

唐灿,2010,《家庭现代化理论及其发展的回顾与述评》,《社会学
研究》第 3 期。

唐利平,2005,《人类学和社会学视野下的通婚圈研究》,《开放时
代》第 2 期。

田先红,2009,《碰撞与徘徊:打工潮背景下农村青年婚姻流动的
变迁——以鄂西南山区坪村为例》,《青年研究》第 2 期。

佟新、马丹，2014，《非婚生活方式与对美好生活的建构》，《南京社会科学》第 11 期。

王铭铭，1997，《社区的历程：溪村汉人家族的个案研究》，天津：天津人民出版社。

王会，2011a，《农村"闪婚"现象及其村庄社会基础》，《南方人口》第 3 期。

王会、杨华，2011，《规则的自我界定：对农村妇女主体性建构的再认识》，《华中科技大学学报》（社会科学版）第 4 期。

王会，2011b，《性别、社会分化的村庄实践：发达地区农村妇女的角色调适——基于浙东鹅村的考察》，《青年研究》第 1 期。

王德福，2012，《养老倒逼婚姻：理解当前农村早婚现象的一个视角》，《南方人口》第 2 期。

王德福，2014a，《变色的嫁衣：作为代际剥削手段的彩礼——转型期农村彩礼习俗的性质嬗变研究》，《湖北民族学院学报》（哲学社会科学版）第 2 期。

王德福，2014b，《去神圣化的"乡村爱情"》，《粤海风》第 6 期。

王德福，2015，《中国农村家庭性质变迁再认识》，《学习与实践》第 10 期。

王德福，2017，《弹性城市化与接力式进城——理解中国特色城市化模式及其社会机制的一个视角》，《社会科学》第 3 期。

王向阳，2017，《婚备竞赛：共识、策略与行动——理解华北农村婚恋压力的一个中观机制》，《华东理工大学学报》（社会科学版）第 5 期。

王向阳，2018，《婚备竞赛、底层婚姻挤压与外地媳妇生成机制》，《西北人口》第 5 期。

王利兵，2013，《家庭策略视角下的农民分家方式探讨——基于闽南北山村的考察》，《民俗研究》第 5 期。

王振、刘成良，2018，《媒妁之言：宗族村落的媒人、彩礼与婚姻市场》，《北京社会科学》第 12 期。

王跃生，2010，《婚事操办中的代际关系：家庭财产积累与转移——

冀东农村的考察》，《中国农村观察》第 3 期。

魏国学、熊启泉、谢玲红，2008，《转型期的中国农村人口高彩礼婚姻——基于经济学视角的研究》，《中国人口科学》第 4 期。

乌尔里希·贝克、伊丽莎白·贝克 - 格恩斯海姆，2011，《个体化》，李荣山等译，北京：北京大学出版社。

吴重庆，1999，《社会变迁与通婚地域的伸缩》，《开放时代》第 4 期。

吴圣刚，2001，《当代中国家庭秩序论纲》，《信阳师范学院学报》（哲学社会科学版）第 2 期。

吴鲁平、钟坚龙、蒋巧燕，2012，《农村早婚青年的自我合理化及其行动策略研究——对早婚现象的"过程—事件"分析》，《中国青年研究》第 8 期。

吴小英，2013，《婚姻的"祛魅"与家庭观的位移》，《探索与争鸣》第 5 期。

吴小英，2015，《家庭政策背后的主义之争》，《妇女研究论丛》第 2 期。

吴新慧，2011，《传统与现代之间——新生代农民工的恋爱与婚姻》，《中国青年研究》第 1 期。

吴帆、李建民，2012，《家庭发展能力建设的政策路径分析》，《人口研究》第 4 期。

夏柱智，2016，《半工半耕：一个农村社会学的中层概念——与兼业概念相比较》，《南京农业大学学报》（社会科学版）第 6 期。

夏柱智、贺雪峰，2017，《半工半耕与中国渐进城镇化模式》，《中国社会科学》第 12 期。

西蒙娜·德·波伏瓦，2011，《第二性》，郑克鲁译，上海：上海译文出版社。

徐京波，2015，《临时夫妻：社会结构转型中的越轨行为》，《中国青年研究》第 1 期。

许荣漫、贾志科，2010，《青年农民工的"闪婚"现象研究——以豫西南 M 村的个案为例》，《社会科学论坛》第 19 期。

徐安琪，1997，《世纪之交中国人的爱情和婚姻》，北京：中国社会科学出版社。

徐依婷，2016，《个体化视角下的农村离婚现象与婚姻价值观的变迁——以四川省 S 市为例》，硕士学位论文，华中师范大学。

姚俊，2013，《"不分家现象"：农村流动家庭的分家实践与结构再生产——基于结构二重性的分析视角》，《中国农村观察》第 5 期。

仰和芝，2006，《农村打工女跨地区婚姻模式出现的成因及其影响分析》，《农业考古》第 6 期。

阎云翔，2005，《私人生活的变革：一个中国村庄里的爱情、家庭与亲密关系（1949—1999）》，龚小夏译，上海：上海书店出版社。

阎云翔，2012，《中国社会的个体化》，陆洋等译，上海：上海译文出版社。

杨华，2008，《农村婚姻市场中的结构性因素——基于湘南水村"光棍汉"的调查》，《江西师范大学学报》（哲学社会科学版）第 2 期。

杨华、欧阳静，2013，《阶层分化、代际剥削与农村老年人自杀对近年中部地区农村老年人自杀现象的分析》，《管理世界》第 5 期。

杨华，2012a，《"中农"阶层：当前农村社会的中间阶层——"中国隐性农业革命"的社会学命题》，《开放时代》第 3 期。

杨华，2012b，《隐藏的世界：农村妇女的人生归属与生命意义》，北京：中国政法大学出版社。

杨华，2014，《农民分化程度与农村阶层关系状况》，《人文杂志》第 7 期。

杨华，2015，《中国农村的"半工半耕"结构》，《农业经济问题》第 9 期。

杨华、王会，2017，《从归属到爱情：农村年轻女性婚姻逻辑的变迁》，《中国青年研究》第 10 期。

杨华，2018，《私密生活的兴起与农村年轻女性的个体化构建》，《中国青年研究》第 7 期。

杨华，2019，《代际责任、通婚圈与农村"天价彩礼"——对农村彩礼机制的理解》，《北京社会科学》第 3 期。

杨静慧，2017，《家庭结构调适：进城务工农民的家庭策略实践》，《学术界》第 9 期。

易卓，2019，《摩擦性离婚：农村家庭制度去公共性与婚姻转型——一个西南地区农村离婚的解释框架》，《中共宁波市委党校学报》第 2 期。

尹子文，2010，《第二代农民工婚姻家庭问题探析》，《中国农村观察》第 3 期。

余练，2013，《农民分化与通婚圈结构的变迁——基于皖中大鼓村婚姻市场的考察》，《华中科技大学学报》（社会科学版）第 1 期。

袁松，2010，《生活世界中的村庄社会分层》，《西南石油大学学报》（社会科学版）第 2 期。

叶青，2014，《当代中国青年亲密关系的"超市化"转型》，《当代青年研究》第 11 期。

翟学伟，2017，《爱情与姻缘：两种亲密关系的模式比较》，《社会学研究》第 2 期。

张秀兰、徐月宾，2003，《构建中国的发展型家庭政策》，《中国社会科学》第 6 期。

张雪霖，2015，《城市化背景下的农村新三代家庭结构分析》，《西北农林科技大学学报》（社会科学版）第 5 期。

张雪霖、王会，2018，《非依附性包容性别秩序：农村妇女主体性建设的探讨》，《西南大学学报》（社会科学版）第 2 期。

张永健，1993，《家庭与社会变迁——当代西方家庭史研究的新动向》，《社会学研究》第 2 期。

朱战辉、余彪，2015，《乡村婚姻难关："洋房"成标配，彩礼在失控》，《半月谈》第 6 期。

祝平燕、王芳，2013，《返乡相亲：新生代农民工的一种择偶形态——以豫东 S 村为例》，《中国青年研究》第 9 期。

Cherlin, Andrew. 2004. "The Deinstitutionalization of American Marriage." *Journal of Marriage and Family* 66 (4).

Cherlin, Andrew. 2012. "Goode's World Revolution and Family Patterns: A Reconsideration at Fifty Years." *Population and Development Review* 38 (4).

Burgess, Ernest Watson. 1948. "The Family in a Changing Society." *American Journal of Sociology* 53 (6).

Burgess, Ernest Watson & Harvey James Locke. 1945. *The Family: From Institution to Companionship*. New York: American Book Company.

Lesthaeghe, Ron & Dirk van de Kaa. 1986. "Two Demographic Transitions?." *Population: Growth and Decline.*

Lesthaeghe, Ron. 2010. "The Unfolding Story of the Second Demographic Transition." *Population and Development Review* 36 (2).

Goode, William Josiah. 1963. *World Revolution and Family Patterns*. New York: Free Press.

致　谢

　　本研究的完成和本书的出版得到了许多人的关心和帮助，特此致谢！

　　以贺雪峰教授为代表的华中乡土派，为我提供了基本的学术训练的场域和学术增长的源泉，其中我有过多次与武汉大学中国乡村治理研究中心师生共同调研的经历，这不仅为我的学术成长提供了基本的动力，也是我树立学术信心、不断攀登学术高峰的基础所在。西北农林科技大学的陈辉教授百忙之中为本书写序，加以指点和鼓励，我也深受感染。

　　河南农业大学文法学院是我的工作单位，宽松的教研环境为我提供了大量的可用于自己支配的工作时间，能够按照自己的学术规划进行研究，为我提供了生存和生活的保障；领导和同事们的关心和爱护，是我能够安心进行大量调研和写作的基本保证。

　　本书的研究得到了许多基层工作和实务部门工作的朋友们的支持，他们为我的调研提供了许多方便，并且贡献了他们的经验与智慧！不过，为了让他们免受不必要的打扰，我并不能将他们的名字列举在此，然而，他们的名字、形象、言语和观点都已经深深铭刻在我心中。

　　本书的出版还得到了国家社会科学基金项目"新生代农民工的婚恋模式及其风险应对机制构建研究"（14CSH029）、河南省高等学校哲学社会科学研究优秀学者资助项目"农村社会学、三农问题"（2016 - YXXZ - 14）、河南省高等学校青年骨干教师培养计划项目"城镇化背景下的农民工家庭再生产研究"（2017GGJS039）、河南农业大学社会治理创新研究中心项目"农民工的家庭再生产：

要素、资源与出路"（2017－SG－05）的资助，特此致谢！

感谢社会科学文献出版社对于本作品的厚爱，尤其要感谢任晓霞、胡庆英和张真真三位编辑对于本书出版所付出的辛苦劳动！还要感谢我的家人，他们的关心和理解使我的工作充满了意义和动力。

本书的讨论远远不是中国婚恋转型的全部，还有丰富的实践经验需要总结和讨论，甚至还存在一些错误和误解需要纠正。本书只是抛砖引玉，特别期望读者朋友们能够不吝赐教。

宋丽娜

2020 年 10 月 25 日

图书在版编目(CIP)数据

婚恋转型：新生代农民工的婚恋实践 / 宋丽娜著
. -- 北京：社会科学文献出版社，2021.6
（田野中国）
ISBN 978 - 7 - 5201 - 8376 - 5

Ⅰ.①婚…　Ⅱ.①宋…　Ⅲ.①民工 - 婚姻问题 - 研究
- 中国　Ⅳ.①D669.1

中国版本图书馆 CIP 数据核字（2021）第 085060 号

田野中国

婚恋转型：新生代农民工的婚恋实践

著　　者 / 宋丽娜

出 版 人 / 王利民
责任编辑 / 胡庆英
文稿编辑 / 张真真

出　　版 / 社会科学文献出版社·群学出版分社 （010）59366453
　　　　　地址：北京市北三环中路甲 29 号院华龙大厦　邮编：100029
　　　　　网址：www.ssap.com.cn
发　　行 / 市场营销中心（010）59367081　59367083
印　　装 / 三河市尚艺印装有限公司

规　　格 / 开 本：787mm × 1092mm　1/16
　　　　　印 张：17.5　字 数：242 千字
版　　次 / 2021 年 6 月第 1 版　2021 年 6 月第 1 次印刷
书　　号 / ISBN 978 - 7 - 5201 - 8376 - 5
定　　价 / 118.00 元

本书如有印装质量问题，请与读者服务中心（010 - 59367028）联系